北京师范大学史学探索丛书

陈其泰史学萃编

梁启超评传

◎陈其泰 著

华夏出版社

HUAXIA PUBLISHING HOUSE

图书在版编目（CIP）数据

梁启超评传 ／ 陈其泰著 . —— 北京：华夏出版社，2018.1
（陈其泰史学萃编）
ISBN 978-7-5080-9365-9

Ⅰ．①梁… Ⅱ．①陈… Ⅲ．①梁启超（1873～1929）－评传 Ⅳ．
① B259.1

中国版本图书馆 CIP 数据核字 (2017) 第 286941 号

陈其泰史学萃编·梁启超评传

著　　者　陈其泰
责任编辑　杜晓宇　董秀娟　王　敏
责任印制　汪　军　周　然

出版发行　华夏出版社
经　　销　新华书店
印　　装　三河市万龙印装有限公司
版　　次　2018 年 1 月北京第 1 版
　　　　　2018 年 1 月北京第 1 次印刷
开　　本　720×1030　1/16 开
印　　张　19
字　　数　260 千字
定　　价　58.00 元

华夏出版社　地址：北京市东直门外香河园北里 4 号　邮编：100028
　　　　　　　网址：www.hxph.com.cn　电话：(010) 64663331（转）
若发现本版图书有印装质量问题，请与我社营销中心联系调换。

　　陈其泰　广东丰顺人，1939 年出生。1963 年毕业于中山大学历史系。现为北京师范大学历史学院教授、博士生导师，山东大学兼职教授，全国哲学社会科学规划学科组成员，享受国务院政府特殊津贴专家。主要著作有：《陈其泰史学萃编》（九卷）、《中国史学史·近代卷》、《从文化视角研究史学》、《历史学新视野——展现民族文化非凡创造力》。主编《20 世纪中国历史考证学研究》及《中国马克思主义史学的理论成就》，分获北京市第九届、第十一届哲学社会科学优秀成果二等奖、一等奖。发表论文、文章约三百篇。

就读于中山大学 / 1960 年

与白寿彝先生合影 / 1985 年

出版缘起

在北京师范大学的百余年发展历程中，历史学科始终占有重要地位。经过几代人的不懈努力，今天的北师大历史学院业已成为史学研究的重要基地，是国家"211"和"985"工程重点建设单位，首批博士学位一级学科授予权单位。拥有国家重点学科、博士后流动站、教育部人文社会科学重点研究基地等一系列学术平台，综合实力居全国高校历史学科前列，被列入国家一流大学、一流学科建设行列，正在向世界一流学科迈进。在教学方面，历史学院的课程改革、教材编纂、教书育人，都取得了显著的成绩，曾荣获国家教学改革成果一等奖。在科学研究方面，同样取得了令人瞩目的成就，在出版了由白寿彝教授任总主编、被学术界誉为"20世纪中国史学的压轴之作"的多卷本《中国通史》后，一批底蕴深厚、质量高超的学术论著相继问世，如十卷本《中国文化发展史》、二十卷本《中国古代社会与政治研究丛书》、三卷本《清代理学史》、五卷本《历史文化认同与统一多民族国家的发展》、二十三卷本《陈垣全集》以及《历史视野下的中华民族精神》、《上博简〈诗论〉研究》等巨著，这些著作皆声誉卓著，在学界产生较大影响，得到同行普遍好评。

上述著作外，历史学院的教师们潜心学术，以探索精神攻关，又陆续完成了众多具有原创性的成果，在历史学各分支学科的研究上连创佳绩，始终处在学科前沿。为了集中展示历史学院的这些探索性成果，我们组织了这套"北京师范大学史学探索丛书"，希冀在促进北师大历史学科更好发展的同时，为学术界和全社会贡献一批真正立得住的学术力作。这些作品或为专题著作，或为论文结集，但内在的探索精神始终如一。

当然，作为探索丛书，不成熟乃至疏漏之处在所难免，还望学界同仁不吝赐教。

北京师范大学历史学院

北京师范大学史学理论与史学史研究中心

北京师范大学史学探索丛书编辑委员会

自　序

　　我于 1939 年农历十月十九日出生在粤东韩江边的一个小镇。我的外祖父是清末秀才，曾担任本地一所小学的校长，母亲于 20 世纪 30 年代初在粤东著名的韩山师范学校就读，后来辍学出嫁到陈家，我舅舅是镇上中心小学的教师。我在少年时代经常随母亲到江对岸十几里地外的外祖父家，最有兴趣的一件事情，是读舅舅房间小楼上保存得很完整的《小朋友》《东方杂志》等书刊。我的父亲和叔叔也都上过中学，家里有一个小书橱，记得书架上摆有《辞源》、鲁迅、周作人、孙伏园的散文著作集，《三国演义》和中国地图、世界地图等书，因年龄小读不懂鲁迅的文章，而《三国演义》则很有吸引力，在家里曾经如饥似渴地读过。我母亲平日也常将她学习过的古诗和散文名篇给我背诵、讲解。因此，我从小就培养了阅读的兴趣，以后上初中、高中至大学，都喜欢在课余阅读文学作品和各种报章杂志，从中吸取知识和思想营养。

　　我的初中、高中阶段更有许多值得回忆的地方。1951 年，我考入家乡的球山中学。在我就读的三年中，担任校长、教导主任的都是教育界的精英，又恰好学校从汕头、潮州聘来一批有学识、有新的观念和作风、热爱教育事业的青年教师，课程开设齐全，采用新的"五分制"，老师认真改进教学方法，重视课堂上师生互动，提高教学效果，体育课也上得新颖、活泼，活动多样，总之整个学校呈现出蓬勃向上的景象。1954 年我考入丰顺中学读高中，学校设在县城，是县里的重点中学。这里不仅学校规模更大，环境更优美，更重要的是许多任课老师讲课都很精彩，每天引导我们在知识的海洋中畅游。县城离家乡山路一百里，我们这些来自球山中学的学生只有放寒假、暑假才回家，平时每个星期天上午都坐在教室里安静地做作业，或预习，下午则到操场锻炼身体，整理内务，生活过得很充实、愉快。在校也不是死读书，学校重视社会实践和参加生产，安排学生上山植树、挖水渠，参加附近乡村的生产劳动和抗旱，我虽然个子小，视力不好，但也能在烈日下蹬水车，蹬几个小时车水抗旱，干得劲头十足。从 1951 年上初中到 1957 年 9 月考入大学，这六年时间，正是新中国成立后国家蒸蒸日上、社会风气良好的时期，六年时间，我在老师指导下专心地读书，广泛地吸收知识，并且接触了一些社会实践。这是一段极其珍贵的岁月，使我以系统、坚实的各学科知识和奋发向上的社会理想武装了头脑，这对于我的人生道路和学术历程是极其重要的。在许多年之后，我的《史学与民族精神》出版，有一位作者在书评中说，"阅读本书能强烈地感受到著者论述诸多史家史著和文化传统时所怀有的昂扬、饱满的热情"。我以为这话讲出了书中的一个特点，而它恰恰是我在中学时代这一关键时期形成的世界观、价值观奠定的。

在中学阶段，我的文科、理科成绩都属优良，喜欢钻研数学、物理问题，记得高一《物理学》课本后面有约三百六十道总复习题，有的题很有难度，我利用假期大部分都做完了。当时对历史课兴趣一般，对地理却很有兴味，家中那两本《中国地图》《世界地图》是彩色大开本，虽是解放前出版的，却印制精美，又采用了一些很直观的显示方法，如"世界十大河流"，按比例并排地宛延画出每条河流从发源地流到海洋的示意图，依照当时测量的长度顺序为：密西西比河，尼罗河，亚马逊河，长江，多瑙河，黄河……并在地图边整齐地标出公里数，使读者一目了然，印象深刻难忘。我常常双手捧着"读"地图，一遍遍阅读、记忆图中城市、铁路、地形、河流、山脉、海岸线、港口、湖泊、名胜、沙漠、国界、省界、洲界等等，读得津津有味，许多知识历久而不忘。到了高中二年级时，我面临着高考选择什么志愿的问题。记得是和同学散步时一起议论，问到我报考什么时，我脱口而出："我当然报理工科。"立即有一位同学表示十分惊异，说："你怎么不报文科？你如果报理工科，考上名牌大学不一定有把握，如果报文科，就准能考上。"同学的话引起我的一番思索，我倒并不同样认为考文科定能考上最好的学校，而是考虑到自己先天性近视，报考理工科有许多限制；那就报文科吧！就这样，也没有请教过老师或其他长辈，报考文科的事情便这样决定了。到高三临近填报高考志愿时，班主任何方老师找我谈话，他是优秀数学老师，表示为我未报考理工科感到遗憾，建议我在志愿表中加填哲学系，说如学哲学，数理知识能有用处。事后多年回想起来，虽然我后来走上学习历史学科的道路，未能直接用上数、理学科知识，但是，在老师教育下长期下功夫学习数学、物理、化学、生物学等学科知识，长期地训练逻辑思维与严谨、严肃的治学态度和方法，对于以后在历史学领域的发展，仍然是十分重要的。

1957 年高考，我幸运地考上中山大学历史系。这一年正赶上大学招生的"低谷"，因为上一年，全国"向科学进军"，大学扩大招生，到这一年就赶上调整压缩，全国只招生 10.7 万人，录取率为 40%。丰顺中学由于师生奋发努力，成绩良好，录取率超过 60%，且有不少学生考上全国著名大学，我的母校因而一下子在粤东出了名。考上中山大学，当然是我学习的新起点。踏进美丽的康乐园，见到一座座古典式建筑的教学楼，藏书丰富的图书馆，宽敞的操场……这里一切都是那么新鲜！特别是，历史学系拥有一批全国著名的教授，陈寅恪、岑仲勉、刘节、梁方仲、戴裔煊、董家遵、金应熙，还有当时比较年轻的李锦全、蔡鸿生等先生，他们有的亲自为我们授课，有的虽未授课却能读到他们的著作或耳闻师生对其为人为学的讲述，让青年学子感受到他们的学术风范。我就在这样优越的环境中认真读书，吮吸着智慧的甘露。

在中大，对我影响最大的是著名史学家刘节教授。他于1928年毕业于清华大学国学研究院，师从梁启超、王国维、陈寅恪先生研习古代史。曾任国立北平图书馆金石部主任，自1946年起长期在中山大学任教授（1950至1954年兼任系主任）。他于1927年撰成的《洪范疏证》是学术界首次对《尚书·洪范》篇撰成年代进行系统、严密考证的名文，梁启超曾称赞文中提出的见解"皆经科学方法研究之结果，可谓空前一大发明"。其后撰著的《好大王碑考释》《管子中所见之宋钘一派学说》均受到学界的重视。新中国成立后，刘先生曾撰有《西周社会性质》等多篇文章，主张西周已进入封建社会，并论述由低级奴隶社会向封建制度的过渡、社会发展的不平衡性与一贯性等带规律性问题。他多年开设史料学和史学史课程，著有《中国史学史稿》，对于历代修史制度、史籍之宏富多样和著名史家的成就均有详实的论述，见解独到，尤其重视历史哲学的发展，是中国史学史学科重要代表作之一，著名史学家白寿彝先生称誉该书和金毓黻先生所著《中国史学史》"同为必传之作"。我在校即听了刘节先生开设的"历史文选"课程，对他渊博的学识和认真教学的态度深感敬佩。后来先生为研究生讲授《左传》，也让我去听讲。1963年初，全国第一次统一招考研究生，我即选择了刘先生的"中国史学史"为报考志愿。大约至5月初，正值等待录取消息的时刻，有一次恰好在路上遇到刘先生，那时他是校务委员会委员，高兴地对我说：你已被录取，校务委员会已经讨论批准，报教育部备案，你可准备下学期初开学要用的书籍。当时我们都绝未料到，一场批判刘节先生的风暴即将刮起，后来发生的一切就都完全事与愿违。虽然自毕业离校后我再无机会见到刘节先生，但我今日从事的专业，渊源则始自大学时代受业于先生，师恩难忘。

1963 年 7 月由中山大学毕业，我被分配到河南省工作，一直担任高中语文教师，至 1978 年。虽然在基层工作与科研机构差别很大，但我认真从事，十五年下来，自觉在对中国优良文化传统的认识，对古今名著名篇的钻研阐释，对语言文字的精心推敲运用等项，都有颇为深刻的体会，实也为此后学术研究之一助。粉碎"四人帮"之后，我国历史进入新时期，1978 年全国恢复统一招考研究生，我有幸考取了白寿彝教授指导的"中国史学史专业"研究生，真正实现了大学时代从事本专业的梦想。

这时，正值全国拨乱反正、解放思想的年代，举国上下意气昂扬、千帆竞发，彻底批判极左路线、砸烂思想枷锁，呼唤科学的春天、重视知识重视人才，成为不可阻挡的时代洪流。我深深庆幸自己赶上了这个伟大的时代，庆幸投到名师门下受业深造。白寿彝先生在多个学科领域均深有造诣，他又担任全国人大常委、中国史学会主席团成员、中国社会科学院历史民族宗教三个研究所学术委员等多项职务，而他的主要精力则放在学术工作上，尤其专注于主编多卷本《中国通史》和推动中国史学史学科建设。其时先生已届七旬，但他不知老之将至，相反地是迎来他学术上最辉煌的时期，许多重要著作，正是在他人生道路最后二十年中完成的。他热爱伟大祖国的历史文化，同时他坚信以与时俱进、不断发展的马克思主义来指导学术研究和各项工作。"在唯物史观指导下从事新的理论创造"这句掷地有声的话，精当地概括了白寿彝先生的学术宗旨。他真正做到了把认识和总结客观的历史、体现当今的时代要求、关心国家和民族的未来三者有机地统一起来。他几十年的著述，则是把坚持正确的理论方向、丰富详实可靠的史料、恰当优美、雅俗共赏的表现形式三者有机地统一起来。

白先生担任总主编、汇集国内众多学者共同完成的多卷本《中国通史》（共十二卷，二十二巨册，总字数约一千四百万字），于 1999 年由上海人民出版社全部出版，被学术界誉为"20 世纪中国史学压轴之作"。白先生又是中国史学史学科的重要奠基者和开拓者。他在这一领域辛勤耕耘达半个多世纪，出版有一系列重要著作，如：《史记新论》、《史学史教本初稿（上册）》、《历史教育与史学遗产》、《中国史学史论集》、《白寿彝史学论集》、《中国史学史》（第一册），并主编了《史学概论》、《中国史学史教本》、多卷本《中国史学史》等。他提出了许多精辟的论点和推进学科建设的构想，如，于 50 年代提出史学史研究要摆脱书目解题式格局，至 80 年代初进而提出要突破学术专史的局限，要总结史学如何反映了时代的特点和成功史书撰成之后又如何推动时代前进；论述研究史学史应区分精华与糟粕，传统史学是笔宝贵遗产，应当根据时代的需要，大力继承和发扬；对于史著或一个时期的史学成就，应从历史思想、史料学、历史编纂学和历史文学四个方面来分析评价。又如，论述古代史家提出的问题可以作为今人观察历史与社会的思想资料；论述不应以凝固不变或互相孤立的观点看待古代几种主要史书体裁，而应看到其发展和互相联系，要从传统史学提出的改革历史编纂的主张获得启示，并设想以"新综合体"来撰写通史或断代史。事实证明，白先生提出的这些重要观点和命题，对于推进史学史研究均有指导性意义。先生领我走进学术殿堂，我研究生毕业后，即留在北京师范大学历史学院任教，前后跟随先生达二十一年，时时聆听教诲，使我受益终生。

我在研究生阶段除完成学位论文《论魏源的爱国主义史学著述》外，还撰写有《司马迁经济思想的进步性》《龚自珍的社会历史观》《史书体裁应有创新》《中国古代史学史分期问题》的论文。以后在教学与科研工作中，逐步确立了以先秦两汉史学，清代及近代学术史，20世纪中国史学等作为研究的重点。我念研究生时已三十九岁，深感时间珍贵，时不我待，因而认真读书、写作。先后出版的著作有十一种，主编的著作二种，另有合著三种。进入80年代以后，学术界出现前所未有的思想活跃局面，一方面是大胆破除旧的思想束缚，勇于探索和创新，另一方面，又出现不同观点的交锋和碰撞。我认为，置身于这样的环境实属难得，使我能够从多方面吸收思想营养，也启发我思考：在各种主张纷至沓来的时候，应当坚持正确观点，大力弘扬先辈们的优秀学术遗产，同时要防止和克服消极的倾向。只有这样，经过大家努力，才能不断创造学术发展的大好局面。在科研和教学工作中，我坚持两项基本指导思想。第一，史学史研究应当以发掘、阐释优良遗产为主；对于传统学术的精华，要根据时代需要加以改造和大力弘扬。第二，要充分占有材料，遵循"实事求是"的原则，严谨治学。既重视材料的发掘，又要重视理论的分析。"充分占有材料"应当包含三层意思，一是研究问题务必尽可能完备地搜集材料，通过发现新材料提出新见解，二是对材料要深入分析，去伪存真，去粗取精，三是尤应重视典型材料的价值，提供有力的论证依据。创新不是故意标新立异，不是为了取得轰动效应。尊重前人的成果，以之作为出发点，根据自己发掘的新材料，认真地进行广泛联系、上下贯通、客观辩证的分析，从而得出证据确凿、经得起时间考验的新见解，这才是学术创新的大道。

为了推进学术研究和中国史学史学科建设，我们应当着力探讨中国史学演进中带有关键性的问题，要努力总结和阐释那些显示出中国史学的民族特色，彰显民族文化伟大创造力，具有当代价值，具有中西融通学理意义的内容、思想、命题、方法，以展示传统史学和近现代史学的成就和独具魅力，促进中国学术向世界的传播。这是中国学人的时代责任。围绕这些问题，遵循这一思路，我鼓励自己深入探索，并力求作出新概括、新表述。举例来说，有以下八项。

（一）从文化视角研究史学

中国古代史学高度发达，但以往对史家、史著的研究，却容易局限于单科性的局部范围之内。因此，应当跳出这种局限，转换角度，"从文化视角研究史学"。即是说：认识历史学的发展与文化学和其他学科有多向性的联系，它跟一个时代的文化走向、社会思潮有紧密联系，不可分割。因此，研究者应当跳出单科性研究的局限，将"史学"与"文化"作互动考察。即：探究和评价一部优秀的史著，应当与它所产生的时代之社会生活、民族心理、文化思潮、价值观念等结合起来，从而更恰当地揭示出这部优秀史著的思想价值，捉住书中跳动的时代脉搏。同时，"史学"与"文化"互动考察，又能通过更加准确评价优秀史家、史著的成就，增加我们对中国优秀文化传统丰富蕴涵的了解，更加深刻地认识中华文化的向心力、凝聚力和伟大创造力，提高民族自信心。我所著《史学与中国文化传统》《史学与民族精神》《再建丰碑》《学术史沉思录》等书，对于《史记》《汉书》《史通》《文史通义》，以及《春秋》《左传》《日知录》，乾嘉考史三大家钱大昕、王鸣盛、赵翼及龚自珍、魏源、崔述等名著、名家，都力求提出新的看法，作出新的阐释。

（二）深入探索，揭示出史学演进的纵向联系和时代的特点

史学史作为一门专史，对它的研究应当将深度开掘与纵向考察二者相结合。前者是指对一部名著或一个时期的史学成就，应当从著述内容、编纂形式、同时代人的学术交往、史著与社会思潮的互动等项作深入的分析；后者是指应将史著置于史学长河的演进作纵向考察，探讨它对前代学术的承受、对后代的影响，它解决了史学演进中的什么问题而构成了新的学术高峰。还需注意对学术界曾经提出过的一些看法作出回应，或赞成、引申，或解疑、辩难，通过学术争鸣，以推进真知。如《史记》，之所以被赞誉为"史家之绝唱""传统史学之楷模"，这除了司马迁本人具

有雄奇的创造力以外，又决定于他对先秦各家学说精华的大力吸收，和对汉初多元文化格局的自觉继承。汉初思想家陆贾、贾谊、晁错等人吸收秦亡教训，谴责秦的文化专制政策，他们勇于提出自己的思想主张，同时重视吸收各家之长。如陆贾重视儒家"仁义"学说，又吸收道家、法家思想。司马谈《论六家要旨》总结各家学说，有肯定，也有批评，成为司马迁的重要学术渊源。汉初学术的多元化局面，是先秦百家争鸣的继响，是对秦朝文化专制政策的巨大超越，因而成为司马迁社会思想成长的肥沃土壤。当时，封建制度处于上升时期，具有蓬勃的活力，国家的空前统一，都为他的著述提供了极好的时代机遇，因而勇于提出"成一家之言"的目标，形成自由表达思想的高尚志趣。还有，以往有的哲学史教科书评价司马迁的思想倾向是"崇道抑儒"，实际上，我们结合司马迁生活的时代，却能从书中举出大量证据，证明他高度评价"六经"对于治理国家的作用，以"继《春秋》"自任，书中评价人物和历史事件的标准均大量地以孔子的论断作为依据，其《孔子世家》系对孔子在文化史上的崇高地位作了全面的论述。所以梁启超称他是西汉时代独一无二的大儒。当然司马迁又善于吸收各家学说之所长，有拥抱全民族文化的宽广胸怀，他对道家的智慧和哲理也重视采纳。

再如《汉书》，本来历史上长期《史》《汉》并举，但是在一段时间内，《汉书》的评价却处于低谷。其中一个重要原因，是一度盛行"对立面斗争"的思维定势的影响，要肯定《史记》的杰出成就，称它是"异端"思想的代表，就要拿《汉书》作为陪衬，贬低它是"正宗"思想的典型。这与史学发展的实际情形大相径庭，需要结合中国史学的纵向发展与班固所处的时代环境作深入分析，重新评价《汉书》的历史地位。《史记》著成之后，成就卓异，人们仰慕不已，此后一百余年间只能"续作"，写出若干零篇。这些续作者自褚少孙以下有十余人，所做的工作自觉不自觉地置于司马迁巨大成就的笼罩之下。他们并未意识到需要构建新的史学体系，而这个问题不解决，则"保存历史记载长期连续"的目的便会落空。试看，这些"续作"之大部分都已湮灭无闻，就是明证。班固既继承了司马迁的纪传体结构，同时又认识到"大汉当可独立一史"，因而"断汉为史"。在内容上提供了时代所需的历史教材，在构史体系上取得了重大突破，推动中国史学向前跨进一大步。以前，有的研究者对班固"宣汉"大加批评，认为是对封建皇朝唱赞歌。其实，与班固同时代的大思想家王充著《论衡》一书，内容有《宣汉》《恢国》《超奇》《齐世》等篇，都是记述和赞美汉朝比前代的进步。他并且尖锐地批评当时俗儒"好褒古而贬今"，因为他们生下来读的就是颂扬三代的书，"朝夕讲习，不见汉书，谓汉劣不若"，所以识古不识今。我们联系王充的大量论述，正可证明：班固是以其成功的史学实践回答了时代的需要。在历史编纂上，起自高祖，终于王莽，这一断代史格局正与以后历代皇朝周期性更迭相适应，所以被称为后世修史者"不祧之宗"，历两千年沿用不改。进而再深入探析《汉书》的内容，有大量史实证明，班固发扬了司马迁的实录精神，"不为汉讳"；在对汉初历史变局和藩国由猖獗到废灭等历史问题的阐述上，具有唯物主义的因素；有一定的人民性，尤其是对封建刑律的残酷作了深刻揭露；十志则在反映封建国家政治职能上提供了丰富的材料和很有价值的看法。简要言之，我们结合纵向和横向考察，可以雄辩地得出结论：《汉书》是一部适应时代需要的、继《史记》而起的巨著，在史学发展上无疑应占有崇高的地位。由于《汉书》的成功，自东汉至唐六百年间形成了一门发达的"汉书学"。

（三）对"经"与"史"作贯通考察，拓展史学史学科的研究领域

经史关系对史学研究有重要的意义。"六经"是中国文化的源头，是古代先民智慧的结晶。其中包含着关于自然、社会以及人类思维活动的现象和规律之深刻观察和概括，影响极其深远，

构成了中华民族的文化基因。"六经"在长期封建社会中处于独尊地位，成为政治指导思想和学术指导思想，因此，重视考察各个时代的经史关系，是深化史学史研究和拓展学术探索范围的关键之一。《春秋公羊传》即与史学的长期发展关系很大，它是儒家经典之一部，又是解释《春秋经》的三传之一，在西汉和晚清时期曾两度大盛于世，但因时过境迁，当代许多人都对它感到陌生。公羊学说既有深刻的政治智慧和精微的哲理，又包含有隐晦芜杂甚至怪异神秘的内容。研究这套学说，就特别需要思辨的智慧和剥离剔别的能力，才能于"荒诞丛中觅取最胜义"。公羊学说的源头，在于《春秋》之"义"，而《公羊传》对《春秋》大义的解释，便构成公羊学说具有活跃生机的内核。再经过汉代董仲舒和何休的大力推演，更成为有体系的学说，以专讲"微言大义"而在儒家经典中独具特色。我在以上分析的基础上，归纳、提炼出公羊学体系的三大特征：一是政治性。主张"大一统"，倡导适应时代需要而"改制"，"拨乱反正"，"为后王制法"，阐发经义以谴责暴君贼臣，关心民族关系。二是变易性。提出一套含义深刻的变易历史观，强调古今社会和制度都在变，变革是历史的普遍法则，时代越来越进步。三是解释性，或称可比附性。其优点是善于解释，在阐发经书"微言大义"的名义下，为容纳新思想提供合法的形式。但大胆解释又容易造成穿凿武断，随意比附，这又是明显的弊病。清中叶以后，研治春秋公羊学的学者甚众，有庄存与、孔广森，至晚清夏曾佑、皮锡瑞等十余家，写出风格多样的著作，经过深入探究、辨析，我们能够准确地把握住其演进脉络和本质特征。晚清公羊学说的展开，恰与清朝统治危机相激荡，又与新思想的传播相伴随、相呼应。它环环相扣，符合逻辑地有序展开，由庄存与揭起复兴序幕，至刘逢禄张大旗帜，至龚自珍、魏源改造发展，至达到极盛，成为近代维新派领袖康有为倡导变法维新的理论武器。戊戌前后，好学深思之士，都喜谈《公羊》。至20世纪初年，公羊学说在政治上的作用，随着变法失败而告终结，但在思想文化层面，它却成为中国学者接受西方进化论学说的思想基础，并且是五四前后兴起的"古史辨"派学术源头之一。这些足以证明，绌绎春秋学说，对于深化先秦、西汉史学的研究和清代、近代学术史的研究，确实裨益甚大。

（四）重视比较研究

比较研究的主要功能在于，它能够推进我们的认识能力，开阔我们的视野，使我们对研究对象的认识更加准确、更加深刻。事物的特点和意义是相比较而存在的，而且由于适当的比较而相得益彰。马克思研究资本主义的生产、交换、流通的特点，就不仅研究它们本身，还以之与前资本主义的生产方式相比较，与资本主义生产关系发展程度不高的国家作比较。比较不同时期的史学名著，就可以广泛地考察两者之间联系、继承、发展的各个侧面，更加清楚地认识其不同特点，以及各自在史学发展史上的地位，促使我们的认识更趋深化和更加正确。

如，《史通》和《文史通义》这两部名著被称为"古代史评双璧"，但是章学诚本人却曾经强调二者的相异，在其一封家书中说："自信发凡起例，多为后世开山，而人乃拟吾于刘知几。不知刘言史法，吾言史意；刘言馆局纂修，吾议一家著述。截然两途，不相入也。"但我们通过认真的比较研究，却的确能够深刻地认识这两部名著的共同性：刘、章二人都重视总结史学演进的经验和教训，以理论的创新推进著史实践的发展；二人都具有强烈的批判意识，都有独到的哲学思想作指导，重"独断"之学，重"别识心裁"。通过比较研究而认识这两部书的共同性，对于史学史研究意义甚大，证明刘知几和章学诚都重视历史体裁创新，凸显出中国史学有重视理论总结的优良传统，以之指导史学实践。这就更加彰显中国传统文化的独特魅力！通过比较研究，我们又能认识到两部著作的差异性，由此更深刻地把握唐代与清代史学面临的不同特点和刘、章二位著名史家不同的学术个性：刘知幾处在断代史正史纂修的高峰期，他承担的主要使命是总结以往、提出著述的范式，他提出的范畴、命题内涵丰富，且颇具体系性。章学诚则处于正史末流在编纂上陷于困境阶段，其主要任务是开出新路。他洞察当时史识、史学、史才都成为史例的奴隶之严重积弊，又发现晚出的纪事本末体因事命篇的优点正是救治之良方，因此主张大力改造纪传体，创立新的体裁，其论述具有深刻的哲理性和明显的超前性。

又如，魏源完成于鸦片战争时期的《海国图志》和黄遵宪于甲午战争前撰成的《日本国志》同为近代史学两部名著。《海国图志》第二次增订本为一百卷，全书包括论（《筹海篇》一至四）、图（各国沿革图）、志（《志东南洋海岸各国》《志大西洋欧罗巴各国》等）、表（《中国西洋纪年表》等）。《日本国志》全书共四十卷，分为十篇"志"（国统、邻交、地理、职官、食货等）。假如从表象看问题，《海国图志》介绍外国史地知识包括了亚、欧、美、非各大洲，而《日本国志》只专记日本一国，两书范围之广狭相去甚远，似乎不适于比较。其实，这是由于未能达到对两部史书深层认识的原故。我们试就两书的背景、观点、内容、影响作逐层比较，即可以认识：两部史书具有相同的主题，都不愧为近代向西方寻找真理的里程碑式的著作。这两部书的编纂内容和体裁的共同特点，是创造性地运用典志体以容纳具有时代意义的新鲜内容。作为谙熟史书体裁特性和感觉敏锐的学者，魏源和黄遵宪都采取改造了的典志体来撰写史著。他们充分地发挥了传统典志体所具有的两大长处。一是它适合于反映社会史的丰富内容。典志体可以包容各种典章制度、天文、地理、民族、经济、物产、军事、外交、学术文化等。每一部分既可反映社会史的一个侧面，同时又可储备各种知识。在近代，迫切需要了解外国的历史、地理、制度文化，典志体史书正适合囊括这些内容。二是具有灵活性。这种体裁没有固定的框框，可根据需要调整，可以灵活变通。通过比较，我们能够进一步认识近代史学发展的阶段特点。在近代史开端，反侵略的需要十分迫切；到了19世纪后期，则进而要求学习西方的制度文化。处在近代史开端时期的进步史家向往资本主义的民主制度，但认识比较肤浅；到19世纪后期，这种认识则要深刻得多。在历史编纂上，《海国图志》和《日本国志》有共同的特点，但后者的编撰技术更加成熟了。

（五）探讨传统史学向近代史学转变的途径，阐发其理论意义

"传统史学"一词，大体上是指鸦片战争以前在中国文化自身环境中演进的、原有的史学。至鸦片战争后，则进入近代史学时期；而"近代史学"的正式产生，应以20世纪初梁启超发表《新史学》，以及在此前后出版的新型学术史和通史著作，为其标志。"传统史学"与"近代史学"基本格局迥异，近代史学无论在历史观念、治史内容等方面都有极其鲜明的时代色彩。由此之故，对于"传统史学是如何向近代史学转变的？"这一问题，研究者的看法很有分歧。我国历史进入改革开放时期后，国门大开，西方思想大量涌入，使人感到格外新鲜。于是，有的人因对中国文化的自身价值认识不足，遂产生一种偏颇看法，认为传统史学与近代史学之间存在一个断裂层，近代史学从理论到方法都是由外国输入，在编纂上也是摒弃了传统史书形式而从外国移植的。我认为，这种"断层论""摒弃论"的看法，与历史事实极不相符。传统史学向近代史学演进的轨迹清晰可寻，而转变的动力，乃在于传统史学内部有近代因素的孕育。研究这一"转变的中介"，不但内涵十分丰富，而且具有重要的理论价值，进一步证明传统文化的精华在近代具有一定的应变力，具有向现代学术转变的内在基础。从清初顾、黄、王三大家，到乾嘉时期一批出色学者，再而继起的龚自珍、魏源等人，都为酝酿、推动这种转变做出了贡献。他们相继的努力汇集起来创辟了如下的转变途径：在历史观点上，批判专制，憧憬民主，以及对公羊学朴素进

化观的阐释；在历史编纂上，是章学诚提出的改革历史编纂的方向，和魏源、夏燮等史家所作的成功探索；在治史方法上，则是乾嘉史家严密考证的科学因素在新时代条件下的发展。近代史学就是发扬传统学术的精华与接受西方新学理二者结合的产物。近代著名史家，如梁启超、王国维、陈寅恪、陈垣等人，他们都勇于吸收西方新思想，同时又都深深地扎根于中国文化土壤之中，写出来的论著都是地道中国式的，所以才为学者和大众所欢迎。

（六）高度珍视 20 世纪中国史学的思想遗产

20 世纪中国史家人才辈出、成果丰硕。由于中国文化悠久的优良传统的滋养，又适逢中西文化交流提供的相互对话、切磋和启示，加上大量考古文物和稀有文献重见天日，凭借这些难得的时代机遇，学者们精心耕耘，因而取得众多佳绩，蔚为大观，这里包含着对待祖国文化传统的正确态度，包含对外来学说吸收容纳的勇气和善于鉴别的眼光，是留给我们的极其珍贵的思想遗产。由于 20 世纪史家大量的创新性、系统性研究，使我们对于中国漫长历史认识的广度、深度和准确度，都大大推进了，使我们对中国统一多民族国家如何发展巩固，各个历史时期的特点，国家治乱盛衰的总结，各种制度的建立、沿革，民族关系的处理，历史人物评价，学术文化的发展、变迁等重要方面的认识，较之以往要丰富得多、正确得多。20 世纪几代学人的贡献，诚然功不可没！我们绝不能因为中国近代社会积贫积弱，就妄自菲薄，而对先辈的遗产有丝毫的低估。20 世纪中国史学遗产的丰厚，最集中的显示是形成了"三大干流"，并且它们互相吸收、互相影响和互相推动。第一，是新历史考证学派。它与乾嘉考证学派有继承关系，同时又接受西方近代史家重视审查史料、拓展史料、严密考证等观念的影响，代表性人物有王国维、陈寅恪、陈垣、胡适、顾颉刚、傅斯年等。第二，是马克思主义史学流派。其创始在五四时期，以后经过奠基、壮大，新中国成立后在全国范围确立其指导地位等阶段，代表性人物有李大钊、郭沫若、范文澜、翦伯赞、吕振羽、侯外庐等。第三，是新史学流派。以往，曾称前二者是"20世纪史学两大干流"，对于"新史学"则一般只关注它是20世纪初年由梁启超倡导、形成磅礴声势的重要学术思潮，而未明确认识它事实上已经形成为一个重要"学派"。我们经过深入探究即能把握到，这一学派不但有影响巨大的领军人物、重要的代表性著作，而且有共同遵奉的学术旨趣，有明显的学术传承关系。构成"新史学流派"基本的学术特点是：以进化史观为指导，主张探求历史的因果关系和规则性；不局限于研治政治史，而要研究、叙述人类社会生活的整体面貌；史家要关心国家民族命运，著史要激发国民的爱国热情；重视史学与其他学科的关系，扩大视野，扩大史料范围；重视历史编纂的创新，写出受大众欢迎的史著。不仅"新史学"倡导者梁启超本人，他如萧一山、吕思勉、张荫麟、周予同、周谷城等，尽管各有其学术个性，而上述诸项，又构成他们学术上的共性。不同学派并非互不相干、壁垒森严，而是互相吸收、互相影响。譬如，梁启超的史学方法影响了新考证学派学者，而马克思主义史家郭沫若、侯外庐等又很重视考证学派的成就。学派繁盛，各展风采，又互相取鉴，正是20世纪中国史学发达的确证。更加深入地考察"三大干流"的形成及其影响，无疑是推进20世纪史学研究的重要课题。

推进对20世纪史学的研究，还需要着力解决一些难点、重点问题。如，唯物史观和实证史学都是为了探究历史的真相，二者之间绝非互不关联，更不是互相对立。唯物史观也强调搜集史料，要求占有充分的材料；同样重视对材料的考辨，去伪存真，重视史料出处的环境，重视甄别、审查的工作，务求立论有坚实的史料依据；同样遵从孤证不能成立的原则，遇有力之反证即应放弃，训练严谨、科学的态度，反对主观臆断，所得的结论必须经受住事后的验证，发现原先认识有错误迅即改正，决不讳饰；同样要求尊重前人的成果，同时又反对盲从，学贵独创，要有所发现，不断前进，等等。诸如此类，因为都是做学问的基本方法和原则，所以唯物史观与实证史学都是相通的。新中国成立后，许多研究者通过自觉学习唯物史观，收获巨大，能够对复杂的历史现象和学术问题，透过现象，看到本质，以辩证的眼光作具体、细致的分析，互相联系，上下贯通，从而得出正确的结论，解决了长期困惑自己的问题，获得真理性的认识。这些事实证明唯物辩证法确是比传统思想和近代流行的诸多学说远为高明，唯物辩证法能给人以科学分析问题的理论武器。当时有一批四十岁上下的学者，如徐中舒、杨向奎、王仲荦、韩国磐、邓广铭、周一良、谭其骧、唐长孺等史学俊彦，他们原本熟悉传统经史文献典籍，在运用历史考证方法上很有造诣，其具有科学价值的观念和方法，本来就与唯物史观相通；而马列主义、唯物史观理论又比传统学术、近代学术具有更高的科学性，以之为指导，能帮助研究者更全面地把握研究对象的全局，更深入地揭示研究对象的本质。因此，这些学者得到科学世界观指导以后，极感眼前打开了一片新天地，学术研究达到更高的层次。这些年，有的人由于痛恨教条主义，而不恰当地将之与提倡唯物史观联系起来。关键在于，对教条主义盛行的原因应当作深入的具体分析。"十七年"中一度教条主义泛滥，其原因甚为复杂，除了研究者因经验不足，运用不当以外，主要的，是因当时政治上"左"的路线的影响、干预，以及其后"四人帮"别有用心的破坏。实际上，"十七年"中存在着两种对立的学风，与教条主义恶劣学风相对立的，是实事求是的优良学风。这是许多正直的马克思主义学者和像徐中舒、杨向奎、谭其骧、唐长孺等一批严谨治学的学者所坚持的，因此，"十七年"史学虽经历了严重曲折，但仍取得许多重大的成绩。令人欣喜的是，进入新时期以后，教条主义恶劣学风受到彻底清算，而实事求是、坚持唯物史观与时俱进的优良学风则更加显示出其蓬蓬勃勃的活力！

（七）历史编纂学：新的学术增长点

传统史书体裁的丰富多样充分显示出中华文化的巨大创造力，每一种体裁都有成功之作，世代流传。这些名著是历史家呕心沥血著成的，其成功，包含着进步的史识，渊博的学识，高明的治史方法，合理、严密的编纂技巧，这些具有宝贵价值的内涵都承载在历史编纂的成果之中。以往一般认为，史书的体裁、体例，似乎只关乎技术性问题。其实决非如此。史书的组织形式与其内容、思想是辩证的统一，组织形式的运用，结构、体例的处理，体现出作者的史识、史才、史学，包含着多方面的思想价值和深刻的哲理。白寿彝先生在其所著《中国史学史》（第一册）中曾说："史书的编纂，是史学成果最便于集中体现的所在，也是传播史学知识的重要的途径。历史理论的运用，史料的掌握和处理，史实的组织和再现，都可以在这里见个高低。刘知幾所谓才、学、识，章学诚所谓史德，都可以在这里有所体现。"这对于我们有深刻的启发。我们应当对历史编纂学的内涵和特点重新给予恰当的定位：历史编纂学是一个时代史学发展水平的集中体现，也是衡量史家的史识、史学、史才、史德达到何种水平的有效尺度。史家再现历史的能力如何，其史著传播历史知识的效果如何，在这里都直接受到检验。历史编纂学既是史学史研究的内容之一，同时，它又是推进研究史学发展的新颖视角和重要方面。通过深入研究历史编纂学，就能提出一系列新的课题，拓展史学理论与史学史的研究广度与深度，因而是重要的新的学术增长点。近些年，历史编纂学领域的研究成果已日见增多，这是很好的现象，我们应当举起双手欢迎，并经过共同努力，尽快建立起"中国历史编纂学"这一分支学科。无论从主要史书体裁的发展，或不同历史阶段历史编纂的特点，或一些名著中对体裁体例的匠心运用等项，值得探讨的问题无疑都很多，而其中我们尤应深入地探讨"编纂思想"如何体现和运用，作为推进研究工作的关键环节；因为史书的框架设计、体例运用，都是为了反映客观历史进程的需要，而精心安排，或作调整、改造、创新。故此，应当特别重视从"编纂思想"这一角度来深入揭示史学名著成功的真谛。所谓"编纂思想"，可以初步提出主要包括以下数项：一是史家著史的立意，最著名者，如司马迁之"究天人之际，通古今之变，成一家之言"，司马光之"关国家盛衰，系生民休戚，善可为法，恶可为戒者"。二是史家对客观历史进程的理解，并在史著中努力加以凸显的。三是史家为了达到再现客观历史的复杂进程，如何精心地运用体裁形式和体例上的处理。四是史家的编纂思想如何与社会环境、时代条件息息相关。以此作为重要的切入点，再联系对风格各异的史学名著的独创性、时代性，不同时期历史编纂的特点，以及学者提出的观点主张等项深入考察，就一定能够不断获得有原创性价值的新成果。

（八）大力发掘和阐释传统学术精华的当代价值

传统文化典籍内容博大精深，承载着古代先民观察社会生活、总结历史进程所得到的睿思和经验。历史是过往的社会生活，当今时代是历史的发展。现代社会虽然比古代远为复杂和进步，但作为人类社会活动的一些最基本的内容和原理，古今是相通的，因此，古代经典中的精深哲理和先辈们的创造性成果，具有超越时空的意义，具有当代价值。我们应当大力发掘和阐释这些珍贵的原理、原则和精神，展示中华文化的独特魅力，并结合今天时代的需要进行改造和再创造，以大大增强民族文化创造活力。对于古代历史名著，同样应当努力发掘、总结其中具有珍贵价值的思想、观念和方法，作为我们发展新史学的借鉴。譬如，《史记》创立的体裁以"本纪"为纲，其余"表""书""世家""列传"与之配合，体例完善，故被后代学者称誉为"载笔之体，于斯备矣"，又称为著史之"极则"。《史记》的体裁一般称为"纪传体"，实际上其本质和优长，是五体配合的综合体裁。以后历代正史的纂修者只知因循，不求创造，只会刻板地沿用体例，而丧失运用别识心裁加以驾驭和灵活变通的能力，因而遭到章学诚的严厉批评，称之为如洪水泛滥，祸患无穷！章学诚由此提出改革历史编纂的方向："仍纪传之体，而参本末之法。"这就是：要创造性地发扬《史记》诸体配合、包罗宏富的体例特点，和根据记载客观历史变迁的需要，灵活变通、"体圆用神"的著史灵魂；同时，糅合纪事本末体的特点，以解决"类例易分而大势难贯"的严重缺陷。此后，梁启超、章太炎撰著中国通史的尝试和罗尔纲著《太平天国史》，都体现出朝着这一方向继续努力。至20世纪末白寿彝明确主张对传统纪传体实现创造性改造，用"新综合体"撰著多卷本《中国通史》，完成了既大力发扬传统史学精华，又具有鲜明时代特色的成功巨著。

我们既有历经数千年形成的中华文化优良传统，又有一百年来创造性运用马克思主义、引领社会前进的优良传统，这两者是保证中华民族处于当今国际激烈竞争中繁荣、发展的强大精神支柱。马克思主义中国化，正是中国共产党人创造性地将马恩著作中的基本原理，与中华民族的优良传统相结合而确立的正确方向。如何在实现现代化大业中，更加自觉地把这两个优良传统结合起来，是当前我们应该解决的具有重要理论意义和现实意义的课题。通过研讨，更加深刻地认识传统文化的精华与马克思主义中国化方向二者互相贯通，使我们在大力弘扬民族优良文化传统的同时，更加自觉地坚持马克思主义中国化的正确方向，与时俱进，发展21世纪的中国马克思主义理论。我在2008年主编《中国马克思主义史学的理论成就》一书时，专门写了一个题目：传统思想的精华何以通向唯物史观。我提出的基本观点是："中国传统思想中的精华，同样表达了历代人民大众的美好追求和理想，虽然未达到欧洲19世纪先进学说的高度，但其发展方向是相同的；这就成为'五四'以后先进的中国人接受唯物史观学说的思想基础和桥梁。""马克思主义的基本原理与传统思想的精华，与中国文化形成的价值观的内涵深深地相契合，无疑是马克思主义中国化的伟大事业在过去将近一个世纪中与时俱进地发展，一直保持旺盛的生命力的重要原因。"并从传统思想中有丰富的唯物主义思想资料；历代思想家有大量关于辩证、发展的观点的论述，光辉闪耀，前后相映；历代志士仁人反抗压迫、同情民众苦难的精神；先哲们向往的大同思想四个方面，作详细论证。文章发表后，得到学界同仁的肯定和鼓励。我愿继续对此探索，为学术研究和服务社会尽绵薄之力。

当前我们正处于社会主义学术文化发展的黄金期。发扬中华文化的优良传统和近现代优秀学者的精神；当前学术界持续高涨的创新意识；大力吸收外来文化并加以鉴别、选择的自觉态度：这三大要素，为学术的繁荣、发展提供了极佳条件。我深信，更加光辉灿烂的未来必将展现在我们面前！

2015 年 3 月 17 日
于北京师范大学寓居

前　言

　　19 世纪末叶、20 世纪初期，中国文化史上出现了一幅壮观的场面：浑浩流转的传统史学的长河，与来势迅猛的西方文化潮流互相碰撞，发出了轰鸣，溅起漫天的浪花，形成了"新史学"的高潮。这一"新史学"高潮的代表人物，就是近代文化名人梁启超。他以丰富的著述，代表了传统史学的终结和近代史学的开端。

　　梁启起，广东新会人，1873 年 2 月 23 日（清同治十二年正月二十六日）出生。字卓如，一字任甫，号任公，别号沧江，又号饮冰室主人。从小由祖父、父亲教授经、史，并得力于母教。十二岁中秀才。十五岁起，在广州学海堂就读，学业出众，为他以后从事著述和宣传活动打下了坚实的基础。十七岁中举人。以后师从康有为学习，并大量接触当时传入的西学的知识，形成了系统的近代变法思想，立志献身报国。

　　1895 年春，梁启超与康有为同赴北京参加会试，从此他结束了学生生活，投入社会。他一生的活动可分为四个时期。1895 年至 1903 年，是梁启超投身于变法运动和进行启蒙宣传的辉煌时期。甲午战争失败，亡国的危险刺激着这位满腔热血的青年爱国者，《马关条约》的内容刚刚传出，梁启超便立即发动广东、湖南两省举人上书都察院，要求拒绝和议。接着，协助康有为组织声势很大的"公车上书"，形成近代史上第一次以爱国知识分子为主体的群众性爱国运动。此后，梁氏编辑《中外纪闻》，协助康有为创办强学会。次年由京到沪，任《时务报》主笔，连续发表《变法通议》等名文。《时务报》盛行国中，数月之内销行至万余份。时人以"康梁"并称，自通都大邑至僻壤穷陬，无人不知有新会梁氏者。1897年秋，梁氏到长沙任湖南时务学堂总教习，蔡锷就是当时学堂中的高材生。

1898年春梁启超到北京，协助康有为，进一步推动变法运动。在"百日维新"高潮中，梁启超帮助康有为倡行新政。戊戌政变发生，梁氏流亡日本，10月到达东京。顽固派的血腥镇压和流亡国外的遭遇，使梁氏对清廷的反动腐朽有进一步的认识，到日本后，他大量阅读日文所译西书，"脑质为之改易"，故思想一度激进。他克服流亡国外的各种困难，更加积极进行思想启蒙的宣传，先后创办《清议报》《新小说》《新民丛报》，自称"明目张胆，以攻击政府，彼时最烈矣"。这一时期他发表的批判专制和传播西方进步社会学说的文章，对国内爱国人士特别是青年学生产生了巨大影响。黄遵宪称誉他的文章"惊心动魄，一字千金"。

自1903年至1914年，是梁氏一生中比较暗淡的十一年。他先是以改良派代表人物的身份，与革命派展开论战。当时的时代潮流是用革命手段推翻清朝，梁氏的活动违背了时代的要求，故当1907年《新民丛报》停刊时，"革命论已盛行国中矣。"

辛亥革命爆发，清朝被推翻，梁氏结束了长达十四年的国外流亡生活，回到北京。在1913至1914年两年间，他与袁世凯关系密切，故屡受舆论抨击。此后，他们之间关系日趋疏远，梁举家移居天津。1915年至1917年，梁氏在政治活动上再度有出色的表现。从1915年夏天起，袁世凯加紧密谋策划复辟帝制。其时，仰仗袁贼鼻息的一群反动军阀、政客和无耻文人纷纷"劝进"，丑态百出，梁启超不顾危险，决心保护共和政体，他在天津与蔡锷商定反袁大计。梁公开发表《异哉所谓国体问题者》一文，警告袁世凯若恢复帝制便自取灭亡。近代史家陈寅恪曾以亲身经历，论述此文具有拨开云雾见青天的威力。在梁的周密计划下，蔡锷秘密到达云南，组织护国军讨袁。梁氏也南下，经历了难以形容的艰难，冒险到达广西，策动陆荣廷独立，大大壮大反袁声势。在袁世凯被迫宣布取消帝制后，梁启超以非凡的远见，说服、协调南方各反袁力量，坚决主张袁世凯必须无条件退位，并在广东肇庆成立护国军军务院。袁世凯在忧惧气愤中暴死，护国战争取得胜利。梁启超作为这场保卫共和政体的正义战争的最高指挥者名垂青史。1917 年，张勋、康有为拥溥仪复辟，梁启超通电反对。并为段祺瑞起草向全国通电，讨伐张勋。

从 1918 年起，是梁启超专心从事著述的十年。1918 年他即奋力著《中国通史》，因用功过度致吐血数次。1919 年，他在欧洲考察了一年。1920 年初回国后，集中力量从事著述和讲学，以近代观点写下了大量论著，著名的有《清代学术概论》、《中国近三百年学术史》、《中国历史研究法》及其《补编》、《墨子学案》、《先秦政治思想史》、《儒家哲学》、《中国文化史·社会组织篇》、《国学入门书要目及其读法》、《古书真伪及其年代》、《要籍解题及其读法》等。曾在清华、南开多所大学任教。由于梁氏本人存在严重的局限性，他对中国共产党成立、马克思主义传播及北伐战争，都说过反对的话。1929 年 1 月 19 日，梁启超病逝于北京。

综观梁氏一生，从对历史发展的影响说，他在戊戌前后的十年和晚年从事著述是主要的。他是近代维新派的领袖人物，又是一位启蒙思想家和近代学术文化的开拓者——这就是梁启超的历史地位，而从其所处地位已过去了半个多世纪以后的今天来冷静考察，更是这样。梁氏的经历复杂，本书只能重点论述其最突出者，这就是他爱国的思想和行动、思想启蒙的贡献，而这些也是梁氏在史学上取得超越前人成就的重要原因。

梁氏的史学论著数量十分浩巨，当代学者估计他的著述起码有半数以上可归入史部。① 本书的研究方法，是把梁氏的史学成就分为前期（19 世纪末至 20 世纪初）和后期（晚年著述）两个阶段，以求更清晰地显示他思想和学术演进的脉络；以分析代表性论著为主，并与其他成果结合论述，力求揭示他作为杰出史家具有深刻意义的贡献，以避免东抓西抓，据表象立论。那么，贯穿梁氏前后期史学论著共同的东西是什么呢？答曰，最重要的有三项。第一，站在近代的时代高度，对传统史学作了总结，批判旧史中以帝王将相为中心、为封建统治服务的毒素，而大力发扬我国史学记载广泛、内容宏富、大史学家富有创造精神、体裁形式多样等优良传统。第二，大力吸收西方近代进步的学术思想，构建了近代史学的理论体系，初步规划了近代史学的蓝图。弘扬中国史学的优良传统，并与吸收西方进步文化相交汇，才形成了梁启超史学这一新的高峰。第三，恢宏渊博，涉及广泛的领域，对于清代学术史、先秦两汉学术、春秋战国史、重要历史人物、文献学等方面的论著尤具有总结性的特色，因而经受了时间的考验，显示出生命力。梁氏"笔锋常带感情的文字"曾风靡海内数十年，在今天读来也仍具有审美价值，故本书对表达其新颖思想和独到见解的名言、名文，酌予征引，以利于读者更好地了解其原作的风貌。

---

① 许冠三《新史学九十年》卷一，香港中文大学出版社，1986 年版，第 1 页。

目　录

第一章　南国英才 …………………………………… 1

（一）家世和启蒙教育 ……………………………… 1

（二）学海堂的高材生 ……………………………… 3

（三）南海潮音撼心弦 ……………………………… 5

（四）万木草堂师生情 ……………………………… 6

第二章　维新变法的领袖人物 ……………………… 9

（一）为变法图强奔走呼号 ………………………… 10

（二）天才宣传家 …………………………………… 13

（三）时务学堂总教习 ……………………………… 17

（四）戊戌维新高潮及其失败 ……………………… 19

第三章　启蒙的华彩乐章 …………………………… 26

（一）启蒙思想家的卓越贡献 ……………………… 26

（二）批判封建专制 ………………………………… 32

（三）剖析国民性弱点，力倡新民之说 …………… 37

（四）传播西方近代思想文化 ……………………… 43

（五）倡导"诗界革命"和"小说界革命" ………… 47

第四章　"史界革命"：宣告旧史时代的终结 ……… 50

（一）《新史学》的划时代意义 …………………… 50

（二）《论中国学术思想变迁之大势》的非凡气魄……… 60

（三）当代史述·人物传记·亡国史鉴 …………… 69

（四）推进外国史领域的研究 ……………………… 84

（五）比较研究的尝试 ……………………………… 97

第五章　九曲回澜，归依著述 ································ 99
　　（一）十一载风雨路途 ···························· 99
　　（二）策划讨袁，建立殊勋 ···················· 108
　　（三）专心著述的晚年 ·························· 118
第六章　恢宏渊博：中国史学优良传统的发扬 ··········· 123
　　（一）恢宏的风格 ······························ 123
　　（二）论清学史的两部名著 ···················· 129
　　（三）建构史学理论体系 ······················ 147
　　（四）多层面、多格调的先秦史研究 ············ 165
　　（五）文化史开山之作 ························ 192
　　（六）文献学领域的非凡建树 ·················· 201
1996 年版后记 ····································· 207

增 订 篇 目

一、梁启超的学术风范和爱国情怀 ···················· 211
二、理性主义对待"排满"与近代民族理论体系的初步构建
　　　··· 225
三、梁启超晚年的文化自觉：《欧游心影录》的思想价值
　　　··· 245
四、梁启超生平著述年表 ···························· 253

跋　　语 ·· 271

第一章　南国英才

五岭之南、大海之滨，是钟灵毓秀之地，在19世纪末，成长了一批为民族救亡图存事业建立了卓著功勋的人物，梁启超就是其中的一位。少年时代，他即具有聪慧的天资，勤奋的精神。由于特殊的时代环境和人生际遇，使他由终日只闻诵习经典之声的幽雅书院，一下子卷入时代大潮之中，成为推动晚清社会前进的爱国志士。

（一）家世和启蒙教育

梁启超出生于1873年（清同治十二年）正月二十六日（阳历2月23日）。这一年是太平天国天京陷落之后十年，欧洲普法战争后第三年。他的家乡是广东省新会县熊（音奶）子乡茶坑村。这里当西江入海之冲，居江口七岛的中央。北回归线在本乡北境不远横过，此地气候温热多雨，草木四季苍茏。乡内共有五个村庄，以茶坑村为最大。村后凤凰山上矗立着一座熊子塔，建于明代，给这座小岛增添了秀美的景色。村南仅五里许，是有名的历史遗迹厓山，当年南宋抗元英雄们用木船在浩荡的水面上与元兵接战，南宋著名忠臣陆秀夫背幼主帝昺跳海之处，就在这里。

梁家先祖务农，到梁启超的祖父梁维清时，开始有读书仕进的记录，他中了秀才，成为府学生员，曾任教谕。梁启超的父亲梁宝瑛，字莲涧，也从小读书，但屡试不第，长年当私塾先生，教授乡里。母亲赵氏，出身于读书人家，粗识诗书。

梁启超是长子，他的诞生给家中带来欢乐和希望，家人盼望他将来读书仕进，光耀门庭。他自幼的启蒙老师就是祖父和父母。他曾回忆说，在孙儿辈中，他最受祖父钟爱，四五岁时就由祖父教他学《四书》《诗经》，"夜则就睡王父（即祖父）榻，日与言古豪杰哲人嘉言懿行，而尤喜举亡宋亡明国难之事，津津道之。六岁后，就父读，受《中国略史》《五经》卒业。八岁学为文，九岁能缀千言。"自童年起，梁启超就喜欢古诗词和古文，觉得比起死板的八股文有味得多，祖父和父母便常教他唐诗。当时家里只有《史记》和《纲鉴易知录》各一部，天天熟读成诵，至三十岁时，《史记》中绝大多数篇章他仍能背诵。乡里父辈喜欢这个孩子聪明过人，送他《汉书》和姚鼐编的《古文辞类纂》，使他爱不释手，把全书读得烂熟。① 祖父还对童年的梁启超进行"户外教育"，每到元宵节，带领孙儿到乡中庙里看古代功臣、孝子的图画，讲岳飞精忠报国一类故事。每年还要坐船到厓山祭祖坟，每次舟行往返，祖父都要指着古战场，讲南宋爱国人物抗元的英雄故事，朗诵诗词，慷慨悲壮。② 这些都使少年梁启超受到教育和感染，在他幼小的心灵里播下坚守民族气节、为国家建功立业的爱国思想的种子。

父母对梁启超管教甚严。他在《三十自述》一文中说："父慈而严，督课之外，使之劳作。言语举动稍不谨，辄呵斥不少假借，常训之曰：'汝自视乃如常儿乎？'至今诵此语不敢忘。"他

① 以上均见梁启超《三十自述》，《饮冰室合集》文集之十一，中华书局，1989年版，第15—16页。

② 梁启勋《曼殊室戊辰笔记》，见《梁启超年谱长编》，上海人民出版社，1983年版，第6—7页。

的童年还受到母教很深的影响，他曾对此作过深情的回忆。他说，母亲性格温和，但有一次他因小事说谎，母亲发觉后，盛怒之下狠狠打了他一顿，对他严词责备。"可怜我稚嫩温泽之躯，自出胎以来，未尝经一次苦楚，当时被我母翻伏在膝前，力鞭十数。我母当时教我之言甚多，我亦不必一一为汝等告，但记有数语云：'汝若再说谎，汝将来便成窃盗，便成乞丐！'汝等试思，我母之言，得毋太过否？偶然说句谎话，何至便成窃盗，便成乞丐？我母旋又教我曰：'凡人何故说谎，或者有不应为之事，而我为之，畏人之责其不应为而为……今说谎者，则明知其为罪过而故犯之也。不惟故犯，且自欺欺人，而自以为得计。人若明知罪过而故犯，且欺人而以为得计，则与窃贼之性质何异？天下万恶，皆起于是矣！然欺人终必为人所知，将来人人皆指而目之曰，此好说谎话之人也，则无人信之。既无人信，则不至成为乞丐焉而不止也！'我母此段教训，我至今常记在心，谓为千古名言。"[1] 梁启超回忆母亲当时教训的话未必完全准确，但他童年的成长跟母教关系很大，则是可以相信的。

祖父和父亲见梁启超已能下笔作文，聪慧过人，十岁（虚岁）这年就送他到省城广州应童子试，这次没有考取。两年后，他又到广州应学院试，果然中了秀才，补了博士弟子员。消息传来，全家欢天喜地，亲朋赶来庆贺，少年梁启超成了远近闻名的"神童"。

（二）学海堂的高材生

1887年，梁启超十五岁时，即进入学海堂学习，次年转为正班生。在这里他一共学习了五年时间。

当时广州有五大书院，学海堂、菊坡精舍、越秀书院、越华

---

① 梁启超：《我之为童子时》，见《饮冰室合集》文集之十一，中华书局，1989年版，第20页。

书院、广雅书院，是省城最高学府。主持书院的教授称为山长，必须是名望高的老儒才能担任，在本省有颇高社会地位，新任总督巡抚到任时，要先到书院看望。鸦片战争前夕，广东名儒梁廷枏任越华书院山长，林则徐受任为钦差大臣，一到任就先拜会梁廷枏，就是著名例子。这些书院有田租收入，拿出一部分设置奖学金，称为"膏火"。按月出题让学生写作，获一等一名的可得奖金五十元，依次递减。梁启超在学海堂的买书费用，就靠他获得奖学金解决，他所视为十分宝贵的重要书籍，如《皇清经解》《续皇清经解》《四库提要》《四史》《二十二子》《百子全书》《粤雅堂丛书》《知不足斋丛书》等，在这期间都先后获得。梁启超取得正班生资格，同时又是菊坡、越秀、越华三所书院的院外生。

学海堂是由清代著名学者阮元于嘉庆年间任两广总督时创办的书院，收集清代考证学者重要著作的大型丛书《皇清经解》就是阮元在这里主持刊刻的，堂内藏书极为丰富。以前梁启超考秀才时，"不知天地间于帖括外，更有所谓学也。"如今在学海堂，他受到严格的训诂考据的训练和学习词章，"至是乃决舍帖括以从事于此，不知天地间于训诂词章之外，更有所谓学也。"[1] 他是学海堂的高材生，十七岁时专课生季课大考，四季都是第一名。"自有学海堂以来，自文廷式外，卓如一人而已。"[2] 几年的刻苦攻读，使他在经史、考据、词章这些传统学术方面打下坚实的基础。

这一年（1889），梁启超在广州参加广东乡试，中第八名举人，在中榜的一百人中，他年龄最小。主持此次广东乡试的刑部侍郎李端棻赏识他才华过人、意气风发，托副主考王任堪做媒人，将妹妹李蕙仙许配给他。据说，当时王任堪也有意招梁启超做自己的女婿，但因正主考大人先出口，只好将已到嘴边的话咽

---

[1] 梁启超《三十自述》，《饮冰室合集》文集之十一，中华书局，1989年版，第16页。

[2] 林慧儒等《任公大事记》，见《梁启超年谱长编》，上海人民出版社，1983年版，第22页。

了下去，二人相视而笑。两年后，梁启超到北京完婚。以后李端棻因受梁启超影响，这位清朝名翰林、二品官员，也逐渐成为维新派重要人物。

（三）　南海潮音撼心弦

1890年（光绪十六年），梁启超到北京参加进士会试，没有考取。他南归途经上海，买到一本《瀛寰志略》，打开一看，书中讲地球是圆的，有五大洲、四大洋……新鲜的知识扑面而来。又见到上海制造局译出的一些西方著作，他内心很喜爱，却无力购买。此时他还没有想到，回到广州以后，他将要经受一场心灵的巨大震撼，并且从此根本改变他人生的方向。

原因就在他拜谒了康有为。康有为（1858—1927），广东南海人，号长素，又称南海先生，是中国近代向西方寻找真理的代表人物之一。青年时代到过香港，接触过资本主义文明，又在上海精心研读过各种西方译书和报纸，形成了变法维新思想，要求在中国发展资本主义。在哲学上，他发挥今文经学的变易发展观点，作为反对二千年来禁锢人们头脑的复古、僵化世界观的武器。1888年，康有为到北京应顺天府试，再次落榜。在北京，他第一次向清帝上书，鉴于民族危机深重，指出日、英、俄、法四国从不同方向窥伺中国，建议变成法、通下情、慎左右三项，较系统地提出维新变法的主张。但因顽固派的阻挠，这次上书没有到达光绪帝手里。原先，康有为已在广州教授学生。这次落榜归来后，便更大规模讲学，宣传他的变法主张，并且培养从事维新活动的人才。梁启超在学海堂的同学陈千秋（字通甫）便是康氏门下优异的学生。1890年的一天，陈千秋向他介绍了康有为的学问和思想，陈千秋所讲的新颖的哲学思想和知识，使梁启超这个容易接受新事物的热血青年一下子被吸引住。梁启超急切地盼望做康有为的学生，诚恳地请求陈千秋引见。

这次会见时间长达十个小时左右，康有为居高临下，以磅礴的气势，雄辩的道理，把梁启超原先颇为自负、也是清代乾嘉以来读书人一向彼此夸耀推重的考据、词章一套学问，驳个体无完肤。梁启超以往形成的思路一下子被轰毁，遂决定抛弃旧学，跟随康有为投身到宣传维新变法、改革社会的政治涡漩之中。梁启超曾用文采飞扬的语言，生动地记述当年的一幕：

> 其年秋，始交陈通甫。通甫时亦肄业学海堂，以高才生闻。既而通甫相语曰："吾闻南海康先生上书请变法，不达，新从京师归，吾往谒焉，其学乃为吾与子所未梦及，吾与子今得师矣。"于是乃因通甫修弟子礼事南海先生。时余以少年科第，且于时流所推重之训诂词章学，颇有所知，辄沾沾自喜。先生乃以大海潮音，作师子吼，取其所挟持之数百年无用旧学更端驳诘，悉举以摧陷廓清之。自辰入见，及戌始退，冷水浇背，当头一棒，一旦尽失其故垒，惘惘然不知所从事，且惊且喜，且怨且艾，且疑且惧，与通甫联床竟夕不能寐。明日再谒，请为学方针，先生乃教以陆王心学，而并及史学、西学之梗概。自是决然舍去旧学，自退出学海堂，而间日请业南海之门。生平知有学自兹始。①

（四）万木草堂师生情

康有为原在广州府学宫的孝弟祠讲学。1891 年，讲学地点迁到广州长兴里，正式挂起"万木草堂"的牌子。梁启超在这里共学习三年时间，康有为的学生人数，从起初二十人左右逐渐增多，竟达到几百成千。师生磨砺意志，学堂内生气蓬勃，成为康有为训练维新志士和锻造变法运动理论武器的场所。

康有为摒弃了当日书院死背八股文章或埋头训诂考据的做法，对教学的内容和方法做了大胆的改革。在学习内容上，突出

---

① 梁启超《三十自述》，《饮冰室合集》文集之十一，中华书局，1989 年版，第 16—17 页。

今文经学的"微言大义"和学术统系，政制的沿革和西学知识。在教学方法上，重视学生写札记、问难答疑和师生共同编纂鼓吹维新变法的著作。据梁启超回忆，万木草堂开办时，同学大多是不满二十岁的少年，"皆天真烂漫，而志气蹀蹀向上，相爱若昆弟，而先生视之犹子"。令他受益最大的，是先生讲中国数千年来学术源流，历史、政治沿革得失，并且拿世界各国的历史、制度相比较。每次大约讲二三个小时，讲者忘倦，听者亦忘倦。这些进取心极强的学子，每从老师的讲授中获得新的启示，都欢喜踊跃，下课后互相交换听课心得，反复玩味。每到傍晚以后，则三几个或独自向先生请教，先生始则回答疑难，然后广泛联系，由此及彼，随兴之所至，往往讲到至广大至精微处，先生心情极舒畅，学生也无比神往。学习的又一重要方法是写札记，着重发挥各人的心得，过一段时间交给先生批改。学习的课程，主要有《公羊传》，以及点读正史、《资治通鉴》、《宋元学案》、《明儒学案》、诸子语类等，阅读的西方书籍则有《万国史记》《瀛寰志略》《西国近事汇编》。但另有一项，康有为常常带学生演习古礼，梁启超对此不感兴趣。如此受教一年，梁启超自己总结说，"一生学问之得力，皆在此年"。①

最快乐的，是月夜或春秋佳日师生出游，这些少年学子的豪语欢歌，惊起树上栖鸟。梁启超曾深情地回忆说："每月夜吾侪则从游焉。粤秀山之麓，吾侪舞雩也，与先生或相期或不相期。然而春秋佳日，三五之夕，学海堂、菊坡精舍、红棉草堂、镇海楼一带，其无万木草堂师弟踪迹者盖寡。每游率以论文始，既乃杂沓泛滥于宇宙万有，芒乎沕乎，不知所终极。先生在则拱默以听，不在则主客论难锋起，声往往振林木。或联臂高歌，惊树中栖鸦拍拍起。於戏！学于万木，盖无日不乐，而此乐最殊

---

① 关于万木草堂受教情形，综合了《三十自述》、《清代学术概论》（《饮冰室合集》专集之三十四）第二十三节，及《南海先生七十寿言》（《饮冰室合集》文集之四十四）。

胜矣!"①

万木草堂中师生共同著书,更是对晚清社会产生深远影响的大事。康有为著《新学伪经考》,由梁启超、陈千秋等任校雠。著《孔子改制考》,则由康有为确定宗旨、论点、体例,由梁启超等任分纂。《大同书》是康有为独著,也将书中部分内容对学生讲述。

万木草堂的教学,所重在构建发动维新变法的理论体系和培养维新人才,因此始终对学生灌输"民生憔悴,外侮凭陵"、担当救亡重任的爱国经世意识。学生回到本乡便以此向亲戚宣传,流俗感到大骇怪,指为"康党",他们也心安理得地承认。1893年春,梁启超曾与同学韩文举一起在东莞教授学生,教学的要点见于《读书分月课程》,系他根据康有为《桂学问答》编写的。有一位学生当时这样记载:"先生命治公羊学,每发大同义理,余思想为之一变,始知所谓世界公理,国家思想。"② 这是梁启超将万木草堂所学向别人灌输的明证。

梁启超领悟力极强,加上刻苦用功,学业与见识迅速提高,最后一年,他与陈千秋同为万木草堂学长。在这里,他也培养了日后进行文字宣传与从事社会活动的能力。老师对他十分嘉许,当1891年冬,梁启超入京结婚时,康有为写有赠诗:

> 道入天人际,江门风自存。小心结豪俊,内热救黎元。
> 忧国吾其已?乘云世易尊。贾生正年少,跌荡上天门。③

老师把梁启超比为西汉青年政治家贾谊,对他寄托无限希望。这正预示着梁启超将乘着时代风云,干出一番大事业!

---

① 梁启超《南海先生七十寿言》,《饮冰室合集》文集之四十四上,中华书局,1989 年版,第 28 页。

② 《张篁溪日记》,见《梁启超年谱长编》,上海人民出版社,1983 年版,第 30页。

③ 康有为《送门人梁启超任甫入京》之一,《康有为诗文选》,人民文学出版社,1958 年版,第 173 页。

第二章　维新变法的领袖人物

　　1894年6月，梁启超由广东到北京，他的学生生活至此结束。这位二十二岁的青年心中系念的，是"今后如何报国？"每当想到这个严肃的问题，他不禁感到心中热情燃烧，肩上责任重大。他首先想到著述，将少年时代以来苦学所得的知识，特别是在万木草堂中获得的新哲理、新感受，"与二三同志著书以告来者"。其次，他想得最多的是兴修铁路。当时他认为，中国社会的落后，人心的保守，是因为交通不便，风气闭塞。"铁路既兴之后，耳目一新，故见廓清"，并且各种资源可以开发、利用。他还曾设想，如果以汉口为中枢，把南北交通要道修成一贯通的铁路，再由各省商民筑铁路联接，全国就可联成一气，那是多么鼓舞人心的前景！为了保国，他还时时想到要"广联人才，创开风气"，因此多次与友人夏曾佑、汪康年写信，恳切表达这一愿望，请他们在浙江等地物色改革社会的同志。① 然而，时局的剧变，并不容许他从容著述或继续作兴修铁路的设想，而把他推向已经酝酿成熟的维新变法运动的高潮之中。

_____

　　① 以上可参见这期间梁启超致汪康年、夏曾佑书信五封，见《梁启超年谱长编》，上海人民出版社，1983年版，第29—30页。

（一） 为变法图强奔走呼号

在北京，梁启超住在琉璃街新会会馆，时时一起读书、议论国事的朋友，有麦孟华、夏曾佑、江孝通等人。这年七月，发生了顽固派弹劾康有为的事件。清朝官员余晋珊、安维峻代表守旧势力上书朝廷，给康有为加上吓人的严重罪名："惑世诬民，非圣无法，同少正卯，圣世不容"，请求朝廷下令"毁《新学伪经考》，而禁粤士从学"。西太后立即准奏，着令两广总督李瀚章"依议办理"。① 事情发生时，康有为本人在广州。客居北京的梁启超先得到消息，立即在京城各处奔走，营救老师。由于梁启超近年数次进京已注意联络人才，他与同情变革派的京官沈曾植和社会名流张謇等已有交往，通过沈曾植、文廷式等联名发电报给广东学使徐琪，求他向李瀚章疏通，又找到张謇，请求他向翁同龢说情。翁是光绪帝师傅，任军机大臣、户部尚书，握有部分实权，又是同情变革派的"帝党"人物，有他在朝廷起到折冲作用，自然就使惩处康有为的气氛缓和下来。最后，以两广总督命令康有为自行焚毁，结束此事。老师这次成功营救，是梁启超自学堂走向社会之后，第一次显示出其胆识和组织才能。

由于时局的发展，梁启超开始从事宣传爱国救亡的活动，此项占据他一生最宝贵年华和精力的事业，从此揭开了序幕。七月底，甲午战争爆发，清朝陆军在朝鲜战场、海军在黄海战役中同时遭到大败。前方的战火，标志着中华民族危机的加剧，暴露出封建清皇朝的腐朽。西太后和朝官们不顾前方将士死难和国家的危险，依然醉生梦死，决定要为西太后举行六十寿辰庆典。梁启超在北京目睹这种腐败情景，他满怀忧愤，向一些士大夫吐露他对时局的看法，无奈"人微言轻，莫之闻也"。他想到上书皇帝，更无法呈达，不禁感慨泪下。下面这首著名的《水调歌头》词，

---

① 康有为《康南海自编年谱》，中华书局，1992 年版，第 24 页。

真切地表达出他慷慨激愤的心情：

> 拍碎双玉斗，慷慨一何多！满腔都是血泪，无处著悲歌。三百年来王气，满目山河依旧，人事竟如何？百户尚牛酒，四塞已干戈。

> 千金剑，万言策，两蹉跎。醉中呵壁自语，醒后一滂沱。不恨年华去也，只恐少年心思，强半为销磨。愿替众生病，稽首礼维摩。①

梁启超只好把他的热情用到吸收新知识上，更加努力读译书，学习算术、历史、地理。十月，回到广东。到次年（1895）春天，他和康有为一起到北京参加会试。据说，这次梁启超的考卷，本来文章做得极好。可是主考的封建官僚事先约定，对于不依据"御纂"经义而自行发挥的卷子就可断定为康有为试卷，摒弃不取。副主考李文田见到梁启超思想新颖、不落旧套、发挥淋漓尽致的考卷，既感到惊异又加以排斥，不予录取，在卷末写上："还君明珠双泪流，恨不相逢未嫁时"，似是讥讽，又像是惋惜。

　　然而，康有为、梁启超的思想早已不是区区科举考场所能牢笼，他们密切关注着中日战事。二月，前方传来更令人震惊的消息，由于清政府腐朽无能和李鸿章颟顸可笑的指挥，清朝北洋水师全军覆没，参战的陆军也一败涂地。三月二十三日，清廷签订空前丧权辱国的《马关条约》，赔款二万万两白银，割让辽东半岛、台湾全岛、澎湖列岛给日本。消息传来，集中在北京参加会试的各省举人顿时陷入极度的惊愕和悲愤之中。康有为先得知消息，他布置梁启超鼓动广东举人上书拒绝和议。梁启超日夜奔走呼号，联络发动，至三月二十八日，广东、湖南二省举人一百九十人，同时向朝廷递上奏折，开爱国知识分子集体上书要求变法图强的先声。康有为、梁启超又分头请京官中的开明人士鼓动，有更多省份的举人起而响应，连日到都察院上书，激愤的人群拥集在都察院门前，见到有官员坐车出入，就一齐上前围住，激昂

---

① 梁启超《饮冰室合集》文集之四十五（下），中华书局，1989 年版，第 83 页。

地表达爱国的要求，台湾的举人更痛哭呼喊，表示不当亡国奴的决心，使人感动落泪。康有为因势利导，联合十八省举人在松筠庵集会，参加者共一千二百人，事先康有为以一日二夜草成上皇帝的万言书，提出"拒和"、"迁都"、"变法"三大要求，由梁启超、麦孟华二人连夜书写，又转抄多份张贴在北京街头。于四月八日，各省举人汇成一里多长的队伍，向都察院上书。这就是震动朝野的"公车上书"。

"公车上书"虽然由于顽固派的阻梗，没有呈送到光绪帝的手里，但是它声势浩大，第一次显示出近代维新派在舆论上的力量。它标志着维新变法运动由过去的宣传阶段发展到提出实际行动纲领的阶段，而且已从边远的广东一隅一下子发展到京师，又传播到各省，对推动全国范围的爱国觉醒有着重大意义。诚如梁启超所说：由于广东、湖南两省举人率先行动，"士气之稍伸，实自此始"。"公车上书"声势浩大，宗旨是响亮地要求"变法"。"自是执政者渐渐引病去，公车之人散而归里者，亦渐知天下大局之事，各省蒙昧启辟，实起点于斯举。"①

此年六月，康有为在北京创办宣传维新变法的报纸《万国公报》（后改名为《中外纪闻》），由梁启超、麦孟华负责编辑。七月，康有为又发起组织强学会，陈炽任会长，梁启超任书记员。梁启超起草的强学会组织章程，强调学会宗旨是组织志士仁人，协助朝廷变法维新，走上富国强兵道路。九月，康有为离京到上海，十月上海强学会分会成立，张謇、黄遵宪、汪康年等人都报名入会。

梁启超被委任办《中外纪闻》，显示出他的出色宣传才华和奉献精神。当时北京没有机器排印，用粗木板雕印，日出一张，只有议论一篇，由梁启超每天执笔写一篇数百字的短文。报纸托售京报者分送到各官宅，还要付给代送的酬金。开始担心无人愿看，但一月以后，发行数达到每天三千份左右。顽固派恐惧维新

---

① 梁启超《戊戌政变记》，《饮冰室合集》专集之一，中华书局，1989 年版，第 113—114 页。

派宣传的力量，于是对报纸恶意攻击，官员拒收报纸，对送报者怒目而视，以致付给重酬也无人敢送。强学会的情形也令人感慨。从性质，兼具学习新学的团体和近代政党的雏型。因此学会成立后即从上海买来西学书籍和仪器，还辗转托人从上海买来一幅世界地图。学会中人把这幅地图视为宝贝，到处求人来看地图，偶然有人来观看，会中人就如同过节一样欢喜！①

维新派的报纸和学会暂时的活跃，很快被顽固派一个巴掌打下去。此年十一月，《中外纪闻》被查禁，梁启超本人的衣物书籍也被没收，只好过流浪生活，在佛寺中寄住了几个月。十二月，北京、上海两地强学会也被清廷下令解散。

（二）　天才宣传家

1896 年，二十四岁的梁启超当了中国近代影响巨大的《时务报》主笔，他撰写了大量文章，以犀利感人的文笔宣传维新变法，宣传新的世界观。随着《时务报》畅销大江南北，时人以"康梁"并称。新会梁启超的名字传扬遐迩。

这一年三月，康有为召梁启超到上海。梁到后认识了黄遵宪，从此两人成为至交。黄遵宪于上年刚从国外归来。他是晚清重要外交官和学者，曾在日本担任驻日使馆参赞，著有《日本国志》介绍日本明治维新"改从西法"的经验和巨大成效，后又任驻美国旧金山总领事、驻英国使馆参赞、驻新加坡总领事等职，对于废除封建专制、实行民主共和的世界潮流深有了解。回国次年，在上海加入强学会，积极地参与维新变法运动。由于强学会被解散，黄遵宪感到愤慨，希望南方的维新活动能重新发动起来，他对于报纸在西方社会生活及日本明治维新中所起的作用感受很深，所以又特别主张办报。这些见解和主张同梁启超契合。

---

① 梁启超：《莅报界欢迎会演说辞》《莅北京大学欢迎会演说辞》，《饮冰室合集》文集之二十九，中华书局，1989 年版，第1—6、38—43 页。

黄遵宪首先捐出一千元作为报纸开办费，于是利用上海强学会余款作经费，由黄、梁及吴德潇、汪康年等创办了在近代极负盛名的《时务报》，梁启超任主笔。报址设在上海四马路，于七月正式发行。《时务报》成为维新派的喉舌，风行海内，发挥了极大的宣传新思想的作用，数月之内销至一万二千份，"举国趋之，如饮狂泉"。

青年梁启超以他饱满的爱国热情和奉献精神投入办报工作。他曾回忆当时废寝忘食、挥汗执笔的情景："（启超）忝任报中文字，每期报中论说四千余言，归其撰述；东西文各报二万余言，归其润色；一切奏牍、告白等项，归其编排；全本报章，归其复校。十日一册，每册三万字，经启超自撰及删改者几万字，其余亦字字经心经目。六月酷暑，洋蜡皆变流质，独居一小楼上，挥汗执笔，日不遑食，夜不遑息。记当时一人所任之事，自去年以来，分七八人始乃任之。"① 一个人做了七八个人的工作，这样全身心投入地从事变法运动的宣传，宜乎人们普遍地将《时务报》与梁启超的名字直接联系在一起。

梁启超主持《时务报》，充分显示出他宣传家的天才。他所撰写的富于感召力的文章，打破了顽固派统治长期造成的闭目塞听的状态，将列强疯狂侵略、中国面临亡国灭种危险的情景突兀地显示在人们面前，满腔热情地呼喊变革进取是不可抗拒的规律，变法图强是中国唯一的出路。他以《变法通议》为总题，连续发表《论不变法之害》《论变法不知本原之害》《学校总论》《论科举》《论学会》等文，用尖锐的言辞向国人指出：在当前各国激烈竞争、弱肉强食的时代，中国保持闭塞落后，不思进取，处境的危险有如"一羊处群虎之间，抱火厝之于积薪之下而寝其上"。他相当透彻地论述了世界形势的特点：西方国家由于在竞争中求进步，在 18 世纪这百年之中取得了迅速发展，日本经过明治维新，改从西法，三十年间已由弱变强；印度、缅甸、越

---

① 《创办时务报源委》，见中国近代史资料丛刊《戊戌变法》（四），上海人民出版社，1957 年版，第 526 页。

南、朝鲜、波兰及中东弱小国家，已相继沦为列强的属国，或惨遭瓜分，它们是中国的前车之鉴；更为严重的是，自甲午之役中国战败以来，列强的侵略野心受到鼓励，"磨牙吮血，伺于吾旁"，亡国灭种之祸已迫在眉睫。中国社会却仍然百弊丛生，工艺不兴，商业不振，学校不立，兵学不讲，官制不善，在帝国主义的武力侵略面前，简直是"敝痈当千钧之弩"！因此，当前之急务，应以日本为榜样，上下一心变法图强。他向顽固派发出警告，变革的潮流无法阻挡，不变革终将逃脱不了被推翻的命运："法何以必变？凡在天地之间者，莫不变。""变者，天下之公理也。……变亦变。不变亦变。变而变者，变之权让诸己，可以保国，可以保种，可以保教。不变而变者，变之权让诸人，束缚之，驰骤之，呜呼！则非吾之所敢言矣！"①

在当时政治极端腐败、国家危在旦夕的年代，梁氏的言论确实振聋发聩、催人奋起，它是声震封建古国长空的第一声爱国启蒙，所以在大江南北产生了强烈的反响。

这一时期，梁氏发表的许多文章都具有强烈的警醒作用。《论中国之将强》（1897）一文报告说：西方列强和日本的报纸近来一齐鼓噪，大讲中国国政、纲纪吏治、风俗样样败坏紊乱，这正是侵略者企图悍然发动进一步侵略的严重信号！②《南学会叙》（1897）一文，痛斥了统治集团在签订了奇耻大辱的《马关条约》后一片文恬武嬉的景象："曾不数月，和议既定，偿币犹未纳，戍卒犹未撤，则已以歌以舞，以遨以嬉，如享太牢，如登春台。其官焉者，依然惟差缺之肥瘠是问；其士焉者，依然惟八股八韵、大卷白折之工窳是讲。"他再次警告，统治集团这种恶浊的空气是在把国家推向更加危险的境地："敌无日不可以来，国无日不可以亡。数年以后，乡井不知谁氏之藩，眷属不知谁氏之奴，血肉不知谁氏之俎，魂魄不知谁氏之鬼。及今犹不思洗常革故，同心竭虑，摩荡热力，震撼精神，致心皈命，破釜沉船，以

---

① 梁启超《饮冰室合集》文集之一，中华书局，1989年版，第1、8页。
② 梁启超《饮冰室合集》文集之二，中华书局，1989年版，第11—12页。

图自保于万一。而犹禽视息息，行尸走肉，毛举细故，瞻前顾后，相妒相轧，相距相离。譬犹蒸水将沸于釜，而鲦鱼犹作莲叶之戏；燎薪已及于栋，而燕雀犹争稻粱之谋，不亦哀乎！"①

梁启超所发表的《变法通议》等文章极大地唤醒了人们认识国家前途的危险和维新救国的迫切需要，为近代启蒙运动立下了不可磨灭的功勋。《时务报》的发行量迅速增至一万余份，当时人真实地记载了梁氏文章产生的影响："当《时务报》盛行，启超名重一时，士大夫爱其语言笔札之妙，争礼下之。自通都大邑至僻壤穷陬，无不知有新会梁氏者。"② 严复也曾在致友人信中说："任公文笔原是畅达，其自甲午以来，于报章文字，成绩甚多，一纸风行，海内观听为之一耸。"③ 又因受《时务报》所推动，在相当广泛的范围内激起人们议论国家命运和维新变法的热情，短时间内涌现出为数甚多的学会和报纸，戈公振在《中国报学史》中说："时四方新学士子喜康、梁议论新颖，群相呼应，起而组织学会讨论政治问题与社会问题。举其著者，如长沙之湘学会、时务学堂；衡州之任学会；苏州之苏学会；北京之集学会；其它如算学会、农学会、天足会、禁烟会等，犹不可计数，而每会必有一种出版物以发表意见。于是维新运动，顿呈活跃之观，而杂志亦风起云涌，盛极一时。"④ 这里所提供的重要史实，正是《时务报》所进行的启蒙宣传将维新运动推向高潮的生动写照。甚至张之洞的《劝学篇》中也说，由于报馆创办，报纸发行，"始于沪上，流行各省，内政外事学术皆有焉。虽论说纯驳不一，要以析见闻，长志气，涤怀安之鸩毒，破扪籥之瞽说，于是一孔之士，山泽之农，始知有神州；筐箧之吏，烟雾之儒，始知有时局。不可谓非有志之男子之一助也。"指的也是这一时期的情况。之后，维新变法逐步掀起高潮。

---

① 梁启超《饮冰室合集》文集之二，中华书局，1989 年版，第 65—66 页。
② 胡思敬《戊戌履霜录》卷四，见《续修四库全书》史部，杂史类，南昌退庐民国二年刻本，第 337 页。
③ 吴宓主编《学衡》，上海中华书局，1922 年第 12 期，第 112 页。
④ 戈公振《中国报学史》，三联书店，1955 年版，第 123 页。

本年梁启超结识严复，严氏译成《天演论》，未刊之前即持以示梁。次年，谭嗣同隐居南京著《仁学》，他间月由宁至沪，所撰《仁学》每成一篇，均与梁讨论，并共治佛学。此期间梁氏在北京、上海结交的爱国志士或学者，除谭嗣同、夏曾佑、黄遵宪、严复外，还有张謇、文廷式、孙诒让、马相伯、马建忠，以及后起的章炳麟，他们之中多数人是代表着当时长江流域思想文化最高水平的俊秀之士。故有的研究者认为，随着梁氏学术交往的进展，此时其"政治思想虽仍未脱离维新，其学术思想已越出南海之范围，更以长江文化代表人自任。而后任公之言论与思想，对全国，尤其是长江一带的人士，自有其深远的影响。……以后与任公共生共死共事业之人士，也以长江流域居多。"①

不久，《时务报》报社内部形势发生变化。原因是，《时务报》宣传变法产生巨大威力，引起大封建官僚张之洞的不满，他横加干涉，幕后操纵报社经理汪康年，造成汪、梁之间矛盾激化。至1897年10月，梁启超愤然离开上海，到湖南长沙任时务学堂总教习。

（三）时务学堂总教习

在全国范围内逐步出现宣传和要求实行变法的声势中，湖南成为最有生气的省份。当时这里集中了一批主张实行新政的人物：巡抚陈宝箴，署按察使黄遵宪，督学江标及其后任徐仁铸，本省人士谭嗣同、唐才常、熊希龄，以及陈宝箴之子陈三立。在他们的主持、赞助下，湖南先后实行的新政有内河小轮、商办矿务、湘粤铁路、时务学堂、武备学堂、保卫局、南学会、《湘报》、《湘学报》等，气象为之一新。

梁氏未到湖南之前，他所主编的《时务报》就已在该省范围

---

① 邓明炎《梁启超的生平及其政治思想》，台湾天山出版社，1981年版，第23页。

内产生很大影响。省内订《时务报》二百余份，多颁发省城及外县书院，作为各院生的讲义；主管学政的徐仁铸，也谕示诸生研读西书，须依据梁氏所著《西学书目表》。因黄遵宪力主，聘请梁启超任时务学堂总教习。梁启超参照康有为万木草堂的教学方法加以发展，把时务学堂办得生气勃勃，成为中国近代学堂的创始。教学的两个主要项目，一是陆王学派的修养论，一是借《公羊传》《孟子》发挥民权的政治论。教学方法，除由教师讲授外，又拟出题目让学生写札记，教师批阅并指导，发还时师生共同讨论。梁启超曾这样叙述当时的教学情形："以《公羊》《孟子》教，课以札记。学生仅四十人，而李炳寰、林圭、蔡锷称高才生焉。启超每日在讲堂四小时，夜则批答诸生札记，每条或至千言，往往彻夜不寐，所言皆当时一派之民乐论。又多言清代故实，胪举失政，盛倡革命。"①湖南劣绅王先谦、叶德辉曾刺取时务学堂札记批语作为维新派煽动"叛逆"的证据。现举出梁启超批语数则如下：

> 今日欲求变法必自天子降尊始，不先变去拜跪之礼，上下仍习虚文，所以动为外国讪笑也。
>
> 屠城、屠邑皆后世民贼之所为，读《扬州十日记》尤令人发指眦裂。故知此杀戮世界非急以公法维之，人类或几乎息矣。
>
> 二十四朝，其足当孔子王号者无人焉，间有数霸者生于其间，其余皆民贼也。②

这些宣传民权思想和宣传变法的言论，使学堂中的热血青年很快趋于激进。梁启超又曾回忆学生对新思想的倾服："开学几个月后，同学们的思想不知不觉就起剧烈的变化，他们象得了一种新信仰，不独自己受用，而且努力向外宣传。……到了放年假同学回家去，把我们那种'怪论'宣传出去，于是引起很大的反

---

① 梁启超《清代学术概论》第二十五节，《饮冰室合集》专集之三十四，中华书局，1989 年版，第 62 页。

② 《翼教丛编》卷五所摘引《时务学堂课艺》《时务学堂日记》中梁批。

动，为后来戊戌政变时最有力的口实。"① 王先谦、叶德辉派人窃得札记本作为依据，诬蔑时务学堂是"革命造反之巢窟"。②

时务学堂第一班学习四十人之中，就有1900年举行自立军起义遇害的"庚子六君子"唐才常（教习）、林圭、李炳寰、田邦璿、蔡钟浩、傅慈祥。班中年龄最小的蔡锷，后来任护国军总司令，同老师梁启超共同导演了辛亥革命后保卫共和政体的英勇壮烈的一幕。

（四）戊戌维新高潮及其失败

1898年，是近代维新志士和中国近代史上极其重要的"戊戌"年。

这年正月，梁启超因大病，离开湖南到上海就医。二月，他辞去《时务报》主笔职务。大病初愈，接康有为在北京来信，要他和康广仁一同赴京参加即将举行的春季会试，于是到了北京。

这是个不平常的春天。北京的上空，政治风云正在集结，自甲午战争以来逐步高涨的救亡图强、变法维新、推动中国前进的进步势力，与阻碍中国前进、企图扼杀社会进步生机的封建顽固派之间一场激烈的较量，正在酝酿。刚刚在长沙经历了湖南新旧两派激烈斗争的梁启超，对于新的斗争风暴似乎有预感，他曾对友人表达了以身许国的情怀："吾国人不能舍身救国者，非以家累即以身累，我辈从此相约，非破家不能救国，非杀身不能成仁，目的以救国为第一义，同此意者皆为同志。吾辈不论成败是非，尽力做将去，万一失败，同志杀尽，只留自己一身，此志仍不可灰败，仍须尽力进行。"③

---

① 梁启超《蔡松坡遗事》，见《梁启超年谱长编》，上海人民出版社，1983年版，第84页。

② 狄保贤《任公先生事略》，见《梁启超年谱长编》，上海人民出版社，1983年版，第88页。

③ 狄保贤《任公先生事略》，见《梁启超年谱长编》，上海人民出版社，1983年版，第107页。

　　当梁启超踏入都门之时，北京城的气氛的确不同往时。康有为在去年冬天即到北京展开活动。德帝国主义在 11 月强占胶州湾，以此为导火线，列强掀起瓜分中国的狂潮。亡国危险威胁着中国人民，举国群情激昂，矛头所向，集矢于野蛮的帝国主义和腐朽的清皇朝。康有为决心掀起维新变法的新高潮，赶到北京，于 12 月呈送了《上清帝第五书》。尽管顽固派继续施展阻挠上达的故技，这次上书终于在 1898 年初被光绪看到了。他大为感动，立即传旨总理各国事务衙门，此后康有为若有条陈，不准阻隔，须即日呈送。光绪帝深深赞赏康有为的见识，下旨令康统筹全局。康有为提出了变法维新的纲领：一、大誓群臣以定国是；二、设上书所广开言路；三、开制度局拟定新制；四、各道设民政局举办地方自治。从此，这位满洲贵族中比较能接受新思想、颇想有所作为的青年皇帝，与变法图强的维新力量二者相结合，掀开了近代史上著名的"戊戌维新"的一幕。

　　梁启超到达北京后，立即与康有为配合，投身于"大力鼓铸全局"的活动。二月间，沙皇俄国向清政府索要旅顺、大连。梁启超与麦孟华连日奔走，联合两广、湖南、贵州、山西、陕西、浙江、江苏各省举人，于三月初六日上书都察院，力陈旅顺、大连之不可割。不想在国家局势危急之际，都察院竟找不到一个负责的官员，致使他们的呈奏不能上达。后来奏稿在《湘报》发表，其中吁请说："今日救亡之术，惟曰力拒俄请而已。"办法是一面峻拒，一面诉诸英、日各国要求干涉，"然后变法以图存，天下存亡在此一举"。奏稿中对于英、日抱有幻想，但这一爱国行动同样是维新高潮到来的一个推动。

　　年初以来，京师人士因形势危急而心情激愤，康有为分头联络，先后开了粤学会、蜀学会、闽学会、陕学会，互相应和，振奋士气。至三月，康有为发起保国会，梁启超帮助赞画奔走，目的是联合群策、群智、群力，愤起救亡，推动变法运动。保国会一连开会三次，到会均超过百人，北京风气大变。首次开会，康有为上台演说，反对俄国索要旅顺、大连。梁启超在第二次开会时发表演说，对士大夫明知亡国危险而不图变革、无所作为的思想状态大加针砭，呼吁立即行动起来挽救危亡。顽固派则极度仇视，荣禄口出狂言，以杀保国会员之头相威胁。御史潘庆澜弹劾保国会，指责康有为聚众滋事，图谋不轨。军机大臣刚毅将查究参加保国会人员。光绪驳斥："会能保国，岂不大善，何可查究也？"康、梁得到保护。康梁是这场具有声势的政治运动的中心人物，他们顶住顽固派压力和爱国的精神，受到人们的钦佩赞扬，有一位两次参加保国会的人士发表感想说："康、梁诸公乃敢犯冒严谴，成此异举，实在不能不钦佩。"[1]

四月，光绪帝酝酿实行新政已到最后阶段，梁启超配合康有为的维新活动也更活跃。此月从山东传来德国人在山东半岛横行、毁坏即墨县文庙的事，一时各省举人异常愤慨，梁启超与麦孟华等十一人上书都察院，请求清政府对德严重交涉。梁启超对时局忧心如焚，他日夜思虑必须找出一个危害极大、人们已有共识，又比较容易实行，而且能收到极大功效的问题作为突破口，最后决定从提出废除八股考试开始。就在四月，他联合各省举人百余人，联名上书请求废除八股取士制度，先交到都察院，都察院不代奏，又送到总理衙门，总理衙门也拒不接受。上书主要内容是："为国事危急，由于科举乏才，请特下明诏，……停止八股试帖，推行经济六科，以育人才而御外侮。""夫近代官人皆由科举，公卿百执皆自此出。……然内政外交，治兵理财，无一能举者，则以科举之试，以诗文楷法取士，学非所用，用非所学故也。……故科举为法之害，莫有重大于兹者。""夫当诸国竞智之时，吾独愚其士人，愚其民，愚其王公，以与智敌，是自掩闭其耳目，断弃其手足，以与乌获离娄搏，岂非自求败亡哉！……无如大地忽通，强邻四逼，水涨堤高，专视比较，有一不及，败绩立见，人皆智而我独愚，人皆练而我独暗，岂能立国乎？"[2] 奏书写得沉痛激切，陈明利害，分析这种腐朽制度不废除，将会导致

---

① 李宣龚《与丁在君书》，见《梁启超年谱长编》，上海人民出版社，1983年版，第112页。

② 载《国闻报》光绪戊戌年五月十三、十四日，见《梁启超年谱长编》，上海人民出版社，1983年版，第114—115页。

亡国！当时人们对此的反应，则是截然相反两种态度。思想开明的人士早就认识几百年来八股科举制度的祸害，发自内心地拥护上书的举动。而一些中毒很深的举人，眼光短浅，认为自己穷年累月背诵八股范文、苦练小楷笔法，千辛万苦赶来京城，就是要靠八股考试侥幸中榜，取得进身之阶，如今要废八股，就认为是堵死自己的前程！这些人视八股为生命的依托，"闻启超等此举，嫉之如不共戴天之仇，遍播谣言，几被殴击"。①

至百日维新时，五月初五、十二日两次谕令废八股，初闻时，"京师哗然，喜色动人"，"命下之日，欢声雷动"。说明废除这一数百年来禁锢士人头脑、造成庸才的制度，正是大势所趋，人心所向。

光绪帝接受维新派的改革方案，于四月二十三日（6月11日）毅然下"明定国是诏"，宣布维新变法。侍读学士徐致靖（徐仁铸之父）上奏荐举康有为、张元济、黄遵宪、谭嗣同和梁启超。奏折中称康有为"忠肝热血，硕学通才，明历代因革之得失，知万国强弱之本原，当二十年前，即倡论变法"，梁启超"英才亮拔，志虑精纯，学贯天人，识周中外，其所著《变法通议》及《时务报》诸论说，风行海内外，如日本、南洋岛及泰西诸国，并皆推服"。② 五月十五日，光绪帝召见梁启超。按照清朝规矩，皇帝所召见者，必须是五品以上官。康有为以六品（礼部主事）召见，已属破例降格。梁启超未中进士，没有官职，"以布衣召见，尤为本朝数百年所未见"。光绪帝命呈所著《变法通议》，大加奖励。当日即下诏，赏给六品衔，办理译书局事务。此次召见之前，旁人有所猜测，认为梁启超在《时务报》著文传遍海内，几年来一直为变法维新奔走呼号，声名与其师并称，"赫赫在人耳目"，此次召见定要授予重要职务，而结果却颇感意外。据当时传闻，原因是梁启超说话广东口音太重，对光绪帝讲的一口北京话也听不明白，"召对时口音差池，彼此不能达意"，

① 梁启超《饮冰室合集》专集之一，中华书局，1989年版，第70页。
② 中国史学会主编《戊戌变法》（Ⅱ），上海人民出版社，2000年版，第336—337页。

因而很影响光绪帝对他的了解。①

"百日维新"期间，维新派通过光绪帝所下的几十项改革法令，可以归纳为"除旧""布新"两项内容。关于"除旧"的法令，主要有：一、废除八股，改试策论。二、各省书院祠庙改设学堂。三、裁减绿营。四、裁减京内外大批衙门、冗员。五、准许满人自谋生计。"除旧"的法令，必然损及腐朽的封建官僚、豪绅，原享有特权的满人、军队将吏，以及守旧的八股士人的利益，这些人便站到维新变法的对立面。关于"布新"的命令：一、办学堂，首先筹办京师大学堂。并将全国各地大小书院一律改为兼习中学西学的学堂。二、设中国银行、矿务铁路总局、农工商总局，提倡各种实业。三、奖励新著作、新发明。四、设立译书馆，翻译外国新书。五、准许自由开设报馆、学会。六、编国家预算，公布岁出岁入。七、广开言路，不论官民一律得上书言事，严禁官吏抑阻。八、办农会（农业研究机关）、商会（商业公司）。如范文澜所说："短期间内给了人民相当充分的民权自由是维新派运动的最大成绩。"② 民族资本主义工商业第一次获得法律的承认，人民也争到了一定程度的出版结社的民主权利。维新派提出"兴民权"、"开议院"、"君民共和"（君主立宪），要求资产阶级参预政权，所以"戊戌维新"是一场具有反封建性质的、要求在中国发展资本主义的进步运动，标志着中国近代历史前进的重要阶段。

维新变法的主要领袖是康有为，而梁启超起到协助康有为领导维新运动的重要作用，因此也是领袖人物。当时他在致夏曾佑信中即说："新政来源真可谓令出我辈，大约南海先生所进《大彼得变政记》《日本变政记》两书，日日流览，因摩出电力，遂于前月二十间有催总署议覆先生条陈制度局之议。仆等于彼时，乃代杨侍御、徐学士各草一奏，言当定国是，辨守旧开新之宗旨，不得骑墙模棱，遂有二十三日之上谕。南海、菊生召见，力

---

① 中国史学会主编《戊戌变法》（Ⅱ），上海人民出版社，2000 年版，第 573 页。

② 范文澜《中国近代史》（上册），人民出版社，1962 年版，第 252 页。

言科举事，既退出，即飞告仆，令作请废八股折，宋侍御言之，是日即得旨送往园中，至初五乃发耳。大率有上开新折者，则无不应，盖上下之电力热力，皆以相摩而成也。"① 京师大学堂章程，自甲午战争后提出，酝酿已达三年，最后也是由梁启超所拟定。

但是，由于中国民族资产阶级太软弱，尤其代表其上层的维新派更具有软弱妥协的严重弱点，且有浓厚的封建性，而顽固派的力量则太强大，所以这场自上而下的变法维新运动注定要失败。当康有为等人参与政权，筹备变法时，顽固派也开始准备政变。梁启超在变法高潮中已看出顽固派随时可能一反手将维新派压下去，故在致夏曾佑信中已经点明："常熟（即翁同龢）去国，最为大关键，此间极知其故……南海不能大用，菊生（即张元济）无下文，仆之久不察看，率皆由此生也……初时极欲大办，今如此局面，无望矣。"新旧两派斗争十分激烈，湖南的旧党一再向北京参劾维新派人物，在省内，气焰嚣张，哄散南学会，殴打《湘报》主笔，谋毁时务学堂。北京则发动政变。

八月，因袁世凯卑鄙地向西太后出卖维新派，初六日（9月21日）凌晨，顽固派发动政变，光绪帝被幽禁于中南海的瀛台，西太后再次宣布"训政"。八月十三日（9月28日）维新派骨干人物谭嗣同、林旭、杨锐、杨深秀、刘光第、康广仁"六君子"惨遭杀害。康有为、梁启超被通缉，维新派官员陈宝箴、黄遵宪、江标、李端棻、徐致靖等数十人被罢免。除京师大学堂外，废除全部新政。

戊戌变法这场中国近代史上资产阶级维新运动虽然失败，但它在历史上却具有重大的意义。它又是一场思想解放运动。八股考试制度在维新期间被废除，后来由于顽固派反对又恢复了，然而短短几个月中的废止，却意味着为思想解放打开一个缺口。梁启超对此有真切的叙述："海内有志之士，读诏书皆酌酒以庆，

---

① 梁启超《与碎佛书》，见《梁启超年谱长编》，上海人民出版社，1983年版，第121—122页。

以为去千年愚民之弊，为维新第一大事也。八股既废，数月以来，天下移风。数千万之士人，皆不得不舍其兔园册子帖括讲章，而争讲万国之故，及各种新学，争阅地图，争讲译出之西书。昔之梦梦然不知有大地，以中国为世界上独一无二之国者，今则忽然开目，憬然知中国以外，尚有如许多国，而顽陋倨傲之意见，可以顿释矣。虽仅数月，八股旋复，而耳目既开，民智骤进，自有不甘于谬陋者，旧藩顿决，泉涌涛奔，非复如昔日之可以掩闭抑遏矣！故此数月废八股之效，其于他日黄种之存亡，实大有关系也。"[①] 顽固派企图使僵尸复活也决不能长久，至 1905 年终于宣布废除，八股考试制度被扫进了历史垃圾堆。

梁启超于政变当晚，避入日本公使馆。后化装逃到天津，半夜由塘沽上日本军舰，逃亡日本。康有为经英国人保护，从天津经上海到香港，再转赴日本。九月初二日（10 月 26 日），梁启超到达日本东京。从此开始了他长达十四年的海外流亡生活。

---

① 梁启超《戊戌政变记》，见《饮冰室合集》专集之一，中华书局，1989 年版，第 26 页。

第三章　启蒙的华彩乐章

（一）启蒙思想家的卓越贡献

由于政变发生，西太后为首的顽固派残酷扼杀变法运动的行径使梁启超深受教训，本人被通缉、逃亡海外的遭遇激起他对专制黑暗统治的仇恨。在日本，明治维新后的新气象使他耳目一新，又借助"和文汉读法"，阅读孟德斯鸠等西方启蒙思想家和福泽谕吉等日本学者的著作，因而思想一度趋于激进。如他本人所说："广搜日本书而读之，若行山阴道上，应接不暇，脑质为之改易，思想言论，与前者若出两人。"[1]

到日本后，梁启超眼界大开，他深切感受到，"近世泰西各国之文明，日进月迈，观已往数千年，殆如别辟一新天地"。他认为促成这一历史巨变的最根本的因素，是新思想传播的力量，"思想自由，言论自由，出版自由，此三大自由者，实惟一切文

---

① 梁启超《夏威夷游记》，见《饮冰室合集》专集之二十二，中华书局，1989年版，第186页。

明之母，而近世世界种种现象，皆其子孙也"。反观中国，他认为，要改变国家的落后和社会空气的恶浊，输入新思想乃是首要的关键。因为，"凡欲造成一种新国民者，不可不将其国古来误谬之理想，摧陷廓清，以变其脑质。而欲达此目的，恒须借他社会之事物理论，输入之而调和之，如南北极之寒流，而与赤道之热流，相剂而成新海潮；如常雪界之冷气，与地平之热气，相摩而成新空气。故交换智识，实惟人生第一要件。"①

于是梁启超认定办报纸继续从事宣传是最紧迫的事情。1898年11月，他与冯镜如等在日本横滨创办《清议报》（旬刊），先后刊登的文章，有谭嗣同的《仁学》，梁启超所撰《饮冰室自由书》《述近世政学之大原》《瓜分危言》《少年中国说》等，自称"明目张胆以攻击政府，彼时最烈矣"。至1901年11月，《清议报》出版一百册后，由于火灾停刊。旋于次年正月初一日在横滨创办《新民丛报》（半月刊）。至1907年10月停刊，共出九十六号。在此期间，梁启超还于1902年创办了《新小说》，梁所著政治小说《新中国未来说》即发表在创刊号上。从1898年底至1905年，他的主要贡献就在致力于启蒙宣传，批判封建专制的罪恶，输入西方民权思想和其他进步社会学说，奏出他一生进行启蒙宣传的华彩乐章。

自从梁启超在《时务报》出色地宣传维新变法之时起，他从事的就是近代启蒙的工作。思想启蒙——启开几千年封建专制统治所造成的蒙昧状态，向民众灌输民主共和、思想自由、个性解放、理性思维等近代意识，是结束封建黑暗统治、促使中国社会走向近代化的极其关键而艰巨的任务。为了完成这项艰巨任务，处于上升时期的中国民族资产阶级的代表人物，在思想文化领域内以蓬勃的锐气向封建顽固势力展开冲击。就影响而论，梁启超是19世纪末20世纪初思想启蒙运动最主要的代表人物，在批判封建势力、宣传新思想上做出巨大的贡献。

---

① 梁启超《清议报一百册祝辞并论报馆之责任及本馆之经历》，见《饮冰室合集》文集之六，中华书局，1989年版，第49—51页。

如何看待维新派在 20 世纪初年的进步作用？又如何评价思想宣传工作在促使清朝封建统治基础陷于瓦解和国内人士革命思想形成的过程中所发挥的作用？对这两个问题很有必要加以探究。

有的论者认为：近代史上的维新派在 19 世纪末曾起到其进步作用，随着百日维新失败，证明了改良的道路在中国走不通，维新派的进步作用便消失了。这种看法是以绝对化观点看问题，腰斩历史，忽视历史现象的前后联系。政变发生，固然证明改良的办法在政治上无出路，但这场文化运动猛烈批判封建专制、传播新思想、要求在中国建立和发展资本主义的进步意义，仍然没有消失。当时有识之士的共同看法是："只有推翻清朝统治，中国才有革新的希望。"① 梁启超大量传播新思想的文字，正是在 20 世纪初期、思想明确转向激化之时（1901—1903）写成的。他致信康有为说："今日民族主义最发达之时代，非有此精神，决不能立国，……中国以讨满为最适宜之主义。弟子所见，谓无以易此矣。"② 又在给徐勤信中说："中国实舍革命外无别法。"③ 由于仇恨清朝顽固派和 1900 年帝国主义残暴侵略的刺激，他在这一时期转向革命、排满，并且与康有为坚持的保皇路线产生了分歧。以往论述这段历史时，都说是梁启超"投机"、"伪装革命"，实际上这一时期他有许多激进的言论，《瓜分危言》中，谴责帝国主义借勾结、利用的手段，"役使满洲政府之力压制吾民"。在《新民说》中呐喊："必取数千年横暴混沌之政体破坏而齑粉之"，号召人们去"破坏"，"不破坏之建设，未有能建设也"。故戊戌政变后，改良派有消极的一面，也有起进步作用的一面，在一段时间，改良派与革命派在要求改革、反对清朝统治上有某种联合。梁启超到日本后因受西方近代学说的影响，思想起了剧烈变

① 陈旭麓《中国近代史上的革命与改良》，见《近代史思辨录》，广东人民出版社，1984 年版，第 81 页。

② 丁文江、赵丰田《梁启超年谱长编》，上海人民出版社，1983 年版，第 286 页。

③ 丁文江、赵丰田《梁启超年谱长编》，上海人民出版社，1983 年版，第 318 页。

化，因此已在一定程度上摆脱了康有为的支配控制，相当独立地传播一套新的思想。

从呼吁维新变法、救亡图强，批判专制统治的祸害，到提倡史学革命，诗界革命，小说界革命，梁启超前期在上述广阔的领域撰写了大量文章，宣传一整套在当时是先进的新颖的资产阶级意识形态，宣传的对象是当时正在涌现的近代学生和近代知识界。民权思想、进化论、西方经济学说、"新史学"等新鲜知识，一下子涌进原先只读封建经典，只知八股、考据的人们的头脑中，打开他们的眼界，把他们引进别一个丰富多彩的新世界。不只是传播新知识，更重要的是大量新鲜的理论、观点、价值标准，被越来越多的人所掌握，由此燃起救国和革命的热情，青年人更可经由此初步的启蒙，走向更广阔的思想解放的境界。这就是思想启蒙的力量，启蒙的意义。梁启超成为20世纪知识界心目中最有影响的人物。近代著名的爱国者黄遵宪当时即在致梁启超信中说："此半年中，中国四五十家之报，无一非助公之舌战，拾公之牙慧者。乃至新译之名词，杜撰之语言，大吏之奏折，试官之题目，亦剿袭而用之。……以公今日之学说，之政论，布之于世，有所向无前之能，有惟我独尊之概，其所以震惊一世，鼓动群伦者，力可谓雄，效可谓速矣。……一言兴邦，一言丧邦，芒芒禹域，惟公是赖。"[1] 不夸大地说，梁启超传播新思想的论著教育了20世纪前期几代青年，包括其中最杰出的人物。毛泽东讲过，他青年时期曾经崇拜过梁启超，爱读《新民丛报》。[2] 鲁迅青年时代也受他的影响，还曾购买《清议报》汇编、《新民丛报》和《新小说》赠人阅读。[3] 特别值得注意的是，郭沫若在一段回忆中，翔实地写出他在成都上中学堂时受梁启超影响的情况，且对梁启超的历史功绩作了公正的评价：

但那时候他（指章太炎）办的《民报》是禁书，我们没

---

① 丁文江、赵丰田《梁启超年谱长编》，上海人民出版社，1983年版，第306—307页。

② 见埃德加·斯诺《西行漫记》，人民出版社，2011年版，第113页。

③ 周启明《鲁迅的青年时代》，中国青年出版社，1957年版，第36页。

有可能得到阅读的机会。《清议报》很容易看懂,虽然言论浅薄,但他却表现得很有一种新的气象。那时候,梁任公已经成了保皇党了。我们心里很鄙屑他,但却喜欢他的著书。他著的《意大利建国三杰》,他译的《经国美谈》,以轻灵的笔调描写那亡命的志士,建国的英雄,真是令人心醉。我在崇拜拿破仑、俾士麦之余,便是崇拜加富尔、加里玻蒂、玛志尼了。

平心而论,梁任公地位在当时确实不失为一个革命家的代表。他是生在中国的封建制度被资本主义冲破了的时候,他负载着时代的使命,标榜自由思想而与封建的残垒作战。在那新兴气锐的言论之前,差不多所有的旧思想、旧风习都好像狂风中的败叶,完全失掉了它的精采。二十年前的青少年——换句话说,就是当时有产阶级的子弟——无论是赞成或反对,可以说没有一个没有受过他的思想或文字的洗礼的。他是资产阶级革命时代有力的代言者,他的功绩实在不在章太炎辈之下。他们所不同的,只是后者的主张要经过一次狭义的民族革命,前者以为这是不必要的破坏罢了。他们都是醉心资本主义的人,都是资本制度国家的景仰者,都在主张立宪,同样的立宪,美、法的民主和英、日的君主是并没有两样的。①

《少年时代》著于1929年,与《中国古代社会研究》著成于同一年,此时的郭沫若已经确立了唯物史观。这段话真实、明确地讲出梁启超是近代史上猛烈冲击封建制度及其意识并且产生了巨大影响的"资产阶级革命时代有力的代言者",因而他"确实不失为一个革命家的代表"。换言之,郭沫若认为梁启超是杰出的近代启蒙思想家,他是根据自己青年时代的亲身感受经历,又依据辛亥革命、五四运动和北伐战争以来中国近代历史潮流的检验,才得出这一评价的。诚然,梁启超后来的活动有严重的消极面,但从思想史、学术史的主要方面讲,他又是在近代史上教育、激

---

① 郭沫若《少年时代》,人民文学出版社,1979年版,第112—113页。

发了几代青年的杰出的思想启蒙的代表人物。——梁启超的这一历史地位，是依靠他写出的大量犀利地批判封建制度、封建思想的论著所确立，并且由从黄遵宪到郭沫若这些近代著名的人物所论定了的。

还应看到，这一时期梁启超对于传播新思想、新观点，有着相当自觉的认识。他总结他所主办的《清议报》使命是："输入文明思想，为吾国放一大光明。"因为，他相当明确地认识到19世纪与20世纪之交是新旧思想激烈搏斗的年代，说："中国两异性之大动力相搏相射，短兵紧接，而新陈嬗代之时也。"因此报纸要"广民智，振民气"；尤其以宣传民权、反对专制为最中心的任务："倡民权，始终抱定此义，为独一无二之宗旨，虽说种种方法，开种种门径，百变而不离其宗。海可枯，石可烂，此义不普及于我国，吾党非措也。"他还预见到，"二十世纪之中国，有断不能以长睡终者。此中消息，稍有识者所能参也。"人民将被唤醒，专制政体必然崩溃，它不能存在于世界，也不能存在于中国。① 在《清议报》停刊后，《新民丛报》同样继续以传播新思想、输入西方社会学说为宗旨。这份刊物当时对国内产生的广泛而巨大的影响，当时人多有评论，如说："杭州开化之速，无有如去岁之甚也，……推其故，溯其因，乃恍然于《新民丛报》之力也。"②

在20世纪初，革命派在政治思想上已占主流，但"相对忽视了思想启蒙工作"。③ 而由于《清议报》《新民丛报》在思想宣传上起到瓦解清朝统治基础和客观上促进了进步阶层思想革命化的作用，所以清廷把康、梁同孙文一样列为最仇恨的人物。在此之前，清廷曾企图借扼杀新政之机，一举扑灭各地报馆。④ 至此

---

① 梁启超《清议报一百册祝辞并论报馆之责任及本馆之任务》，见《饮冰室合集》文集之六，中华书局，1989年版，第53～56页。

② 《与陈君逸庵论杭州宜兴教育会书》，见《新世界学报》，1903年第3期。

③ 李泽厚《中国近代思想史论》，人民出版社，1979年版，第429页。

④ 西太后复政后在上谕中充满仇恨地咒骂报馆"莠言乱政，最为生民之害"，"即饬地方官严行访拿，从重惩办，以息邪说，而清人心"。（光绪二十四年八月二十四日）

对梁启超在海外办报更为忌恨，又于光绪二十六年（1900）正月十五日下谕："前因康有为、梁启超罪大恶极，迭经谕令沿海各省督抚，悬赏缉拿，迄今尚未弋获。该逆等狼子野心，仍在沿海一带，煽诱华民，并开设报馆，肆行簧鼓。"悬赏银十万两通令缉拿，对购阅报章者予以严惩。顽固派此恐惧和仇视正好证明《清议报》进行思想启蒙产生了巨大的威力。

梁启超本人对于他在戊戌时期至 20 世纪初年传播新思想的工作也曾有这样的评价："启超复专以宣传为业，为《新民丛报》《新小说》等诸杂志，畅其旨义，国人竞喜读之；清廷虽严禁，不能遏；每一册出，内地翻刻本辄十数。""启超务广而荒，每一学稍涉其樊，便加论列，故其所述著，多模糊影响笼统之谈，甚者纯然错误，及其自发现而自谋矫正，则已前后矛盾矣。平心论之，以二十年前思想界之闭塞委靡，非用此种卤莽疏阔手段，不能烈山泽以辟新局。就此点论，梁启超可谓新思想界之陈涉。"①而《新民丛报》合订本，至 20 世纪 30 年代仍被重印至十数次，仍有许多热心的读者，宣传新思想的生命力由此可见。

（二）批判封建专制

梁启超从事启蒙宣传工作范围广泛，主要包括四个方面：批判封建专制；剖析中国国民性的弱点；大力传播西方近代思想文化；倡导史界革命、诗界革命、小说界革命。

梁启超对封建统治罪恶的揭露，有一个发展过程。戊戌以前，他批判的范围还主要限于封建官制和官场风气等。到日本后，由于学习了西方民权学说，他进一步认识到封建专制制度是造成中国衰弱落后、民族遭受灾难的祸根，他的批判锋芒因而对准专制政体及其利用来毒害人民的腐朽意识形态，并且自觉地把

---

① 梁启超《清代学术概论》第二十五、二十六节，《饮冰室合集》专集之三十四，中华书局，1989 年版，第 62、65 页。

倡导民权思想作为始终不渝、不可动摇的目标。

发表于 1901 年的《中国积弱溯源论》一文，集中地、尖锐地对封建专制制度的祸害展开批判。梁氏认为，造成中国衰弱的根源之一，是"不知国家与国民之关系"。本来国家的主人，是一国之民。中国历史上却完全颠倒过来，认为君主至高无上。"盖我国民所以沉埋于十八层地狱，而至今不获天日者，皆由此等邪说，成为义理，播毒种于人心也。数千年之民贼，既攘国家为己之产业，縶国民为己之奴隶，曾无所于作，反得援大义以文饰之，以助其凶焰，遂使一国之民，不得不转而自居于奴隶，性奴隶之性行奴隶之行。""有国者仅一家之人，其余则皆奴隶也。"梁氏愤怒地指斥数千年专制统治的根本出发点，即在于"以国家为彼一姓之私产，于是凡百经营，凡百措置，皆为保护己之私产而设"，这是专制政体罪恶的总根源！为保护一家一姓之私产，专制统治者从来把民众视为压迫、防范的对象，"但使能挫其气，窒其智，消其力，散其群，制其动，则原主人永远不能复起"。封建专制制度延续时间越长，统治者所编织的束缚钳制人民的政令法术越来越严酷，"千条万绪而不紊其领，百变亿化而不离其宗。多历一年，则其网愈密，多更一事，则其术愈工"。至清朝所施行的一套制度、法术，已使专制统治的巨网达到高度强化的程度。此乃积累了"几百千万枭雄阴鸷、敏练桀黠之民贼"，[1] 经过他们煞费苦心的算计谋划，而至集大成的程度，对于民族祸害更加酷烈，已使国家濒于灭亡的危险境地，务必使人们对此有共同认识而摧陷廓清之。

因此，梁氏举数千年来专制统治视为天经地义的各项制度设施，无不分析其压制、奴化以至敌视人民的实质，而加以痛切的批判。他总结专制统治者统治、奴役人民有四种法术：驯之之术；饸之之术；役之之术；监之之术。所谓"驯之之术"，是指严重窒息士人思想的科举制度、考据学风和理学空谈这一整套的

---

① 梁启超《中国积弱溯源论》，见《饮冰室合集》专集之五，中华书局，1989年版，第 17、28—29 页。

封建意识形态，揭露它们毒害人民思想的实质。梁启超引用法国启蒙思想家孟德斯鸠和日本维新思想家福泽谕吉的话："专制君主之国，其教育之目的，惟在使人服从而已。""支那旧教，莫重于礼乐。礼也者，使人柔顺屈从者也；乐也者，所以调和民间勃郁不平之气，使之恭顺于民贼之下者也。"梁启超认为，封建皇朝实行的科举考试，就是训练人们恭顺于民贼之下的工具。他举出两个专制皇帝的言论：明太祖制定八股文考试的办法，就满意地说："天下莫予毒！"清雍正帝时，下诏禁满人学八股说："此等学问，不过笼制汉人。"可见，科举考试，同秦始皇焚书坑儒一样，目的是为了愚弄人民，不过手段更加巧妙罢了。结果是造成一批又一批不懂经国治世事务、毫无办事能力、只是对于统治者来说没有危险的庸才。梁启超生动地形容八股士人是只会摇头搔首背诵科举范文的"歌匠"，或是终日埋头练习小楷、讲究点撇笔法的"抄胥"。统治者所提倡的训诂考据、性理空谈，也都是愚弄士人的毒品，养成一批又一批没有思想、丧失气节、奴性十足的蠢物。他沉痛地揭露统治者实行奴化手段造成的丧失廉耻、是非颠倒的情形："盖圣经贤传中有千言万语，可以开民智长民气厚民力者，彼一概抹杀而不征引，惟撷拾一二语足以便己之私图者，从而推波助澜，变本加厉，谬种流传，成为义理。故愤时忧国者则斥为多事，合群讲学者则目为朋党；以一物不知者为谨慝，以全无心肝者为善良。此等见地，深入人心，遂使举国皆盲瞽之态，尽人皆妾妇之容。"奴性与愚昧，虚伪和怯懦等等，本来都是可耻的事，"今不惟不耻之而已，遇有一不具奴性、不甘愚昧、不专为我、不甚好伪、不安怯懦、不乐无动者，则举国之人，视之为怪物，视之为大逆不道，是非易位，憎尚反常！"①这是多么令人痛心的局面！

所谓"话之之术"，是指统治者用爵位、赏赐作为引诱的手段，使臣僚为贪求爵赏，一心向上爬。他引用孟德斯鸠的话：

---

① 梁启超《中国积弱溯源论》，见《饮冰室合集》专集之五，中华书局，1989年版，第29、30页。

"专制政体之国，其所以持之经久而不坏裂者，有一术焉。盖有一种矫伪之气习，深入于臣僚之心，即以爵赏自荣之念是也。彼专制之国，其臣僚皆怀此一念，于是各竞于其职，孜孜莫敢怠。以官阶之高下，禄俸之多寡，互相夸耀，往往望贵人之一颦一笑，如天帝如鬼神然。"梁氏以此分析中国的现实，统治者正是用爵位利禄作为钓饵，引诱众多的小人，如群蚁般"营营逐逐以企仰此无量之荣光"，真是可悲可笑之至！

所谓"役之之术"，是指封建官僚机构和统治者控驭群臣的权术。使举国之下，不论贤愚，都不得不俯首服从。像明太祖、清乾隆帝之辈，驾驭臣下权术之高明无以复加，"直如玩婴儿于股掌，戏猴犬于剧场"，而各级官吏，又哪里知晓道义为何物，权利为何物，责任为何物，他们只不过是被随意摆布的木偶。"彼历代民贼筹之熟矣，故中国之用官吏，一如西人之用机器，有呆板之位置，有一定之行动。满盘机器，其事件不下千百万，以一人转捩之而绰绰然矣；全国官吏，其人数不下千百万，以一个驾驭之，而戢戢然矣：而其所以能如此者，则由役之得其术也。""今举国之官吏，皆变成无脑无骨无血无气之死物，所以为驾驭计者则得矣，顾何以能立于今日文明竞进之世界乎！"

所谓"监之之术"，指统治者设置官府、军队、法律等强制、压迫手段。外国军队的作用是"敌外侮"，中国军队的作用是"敌其民"，清朝某亲王就对外国人说："吾国之兵，有以防家贼而已！"一切以压迫、敌视人民为目的，所以人民一切自由权利被剥夺净尽。尊六经、废百家，使人民不得自由研究学术；禁止集会、结社，使人民不能联通声气；仇视报馆，兴文字狱，使人民不能获新鲜知识。"监之缚之既久，贤智无所容其发愤，桀黠无所容其跳梁。则惟有灰心短气，随波逐流，仍入于奴隶、妾妇、机器之队中；或且捷足争利，摇尾乞怜，以苟取富贵，雄长侪辈而已。"① 造成士林风气委琐龌龊，奄奄然毫无生气。

---

① 梁启超《中国积弱溯源论》，见《饮冰室合集》文集之五，中华书局，1989年版，第30、32—33页。

在这一时期，梁启超还一再针砭独尊儒术的严重弊病，造成了奴性盛行，阻碍中国社会的进步。比起梁氏本人在戊戌前追随康有为主张"保教"之说，也是认识上的巨大飞跃。写于1902年的《保教非所以尊孔论》一文，论述鞭辟入里。梁氏认为：思想自由，是文明进步的"总因"。欧洲学术思想的迅速进步，是由于经过文艺复兴之后，"一洗思想之奴性"而取得的。在中国历史上战国时代诸子学术勃兴，是"思想界自由之明效"。秦皇焚书坑儒，汉武独尊儒术，后果都是窒息学术自由思想。而此后历朝儒学居于正统地位，一直严重地起到束缚、禁锢的作用，阻扼了有创造性的思想的发展。"自汉以来，号称行孔子教二千年于兹矣，而皆持所谓表章某某、罢黜某某者，以为一贯之精神。故正学、异端有争，今学、古学有争。言考据则争师法，言性理则争道统，各自以为孔教，而排斥他人以为非孔教，于是孔教之范围，益日缩日小，寖假而孔子变为董江都、何邵公矣，寖假而孔子变为马季长、郑康成矣，寖假而孔子变为韩昌黎、欧阳永叔矣，寖假而孔子变为程伊川、朱晦庵焉，寖假而孔子变为陆象山、王阳明矣，寖假而孔子变为纪晓岚、阮芸台矣。皆由思想束缚于一点，不能自开生面。"[1] 重新审查和批判二千年封建社会的意识形态，是近代启蒙运动的重要内容，梁启超的论述对此具有先导的意义，因此被称为以后辛亥革命和五四新文化运动批判封建儒学的先驱。

梁启超批判封建专制的腐朽和罪恶，其落脚点，一是兴民权，要求实行共和立宪制度，这是他自从事启蒙运动以后所一贯坚持实行的，直到他在辛亥以后，反对袁世凯称帝、反对张勋复辟，都是他信奉共和制度的实际表现。二是开民智、兴民力、新民德，所以他又致力于剖析国民性的弱点，力倡"新民"之说。

---

[1] 梁启超《保教非所以尊孔论》，《新民丛报》第 2 号，清光绪二十八年（1902）。

（三）剖析国民性弱点，力倡新民之说

　　20 世纪初年，近代启蒙思想家都曾一再严肃地提出正视国民性弱点的问题。梁启超对此有不少重要论述，强调提高国民素质，成为近代思想家论述"改造国民性"之嚆矢。

　　《中国积弱溯源论》中他专辟一节，论"积弱之源于风俗者"，即是对于国民性弱点的集中解剖。他认为，国民中存在的劣根性是中国积贫积弱的原因之一，其表现是：奴性；愚昧；为我；好伪；怯懦；无动。奴性的养成，固然可归因于"民贼"（专制皇帝）历来以奴隶对待人民，同时也由于从高官到庶民层层形成对上谄媚对下欺压的风气，互相仿效而来。最高一层，拥有高官厚禄、居于权势地位的大官僚，便是最精通讨好奉迎、奴性十足的人。对上献媚取宠，必然对下骄横暴戾。州县官视百姓为奴隶，而对道府以上官员则自居于奴隶；道台知府视州县官为奴隶，而对总督巡抚则自居于奴隶……"是以一国之人转相仿效，如蚁附膻，如蝇逐臭"。乡下百姓，更视官吏如天帝，望衙门如宫阙，奉缙绅如神明。如果亲到京都，则满目皆是卑躬屈膝、奉迎钻营的官吏、士人，"见其昏暮乞怜之态，与其趑趄嗫嚅之形"，更令人感到可羞可悲可叹！文盲占国民的大多数，读书识字的人也大多对富国强兵之道昏暗无知，更不用说了解世界事务。国民中又缺乏尚武精神，误以"宽柔忍让""犯而不校"等为信条，风俗浸染，成为痼疾，"以冒险为大戒，以柔弱为善人，至有'好铁不打钉，好子不当兵'之谚"。① 若不革除这种怯懦退让之习，处于今日"生存竞争最剧烈、百虎眈视万鬼环瞰"之世界，如何能使国家自立?！"无动"，是指不求进取、墨守成规的风尚。梁启超斥责老子所说"无动为大"是"千古之罪

---

　　① 梁启超《中国积弱溯源论》，见《饮冰室合集》文集之五，中华书局，1989年版，第 19、25 页。

言"！由于国人向来以老成持重为美德，实则是扼杀改革、奋进的精神，凡事都要"依成法""查旧例"，结果是使举国之人"如木偶，如枯骨，入颓然不动之城"。"是故污吏压制之也而不动，虐政残害之也而不动，外人侵慢之也而不动，万国富强之成效，灿然陈于目前也而不动，列强瓜分之奇辱，咄然迫于眉睫也而不动。"① 梁启超认为，以上种种恶劣气习，千百年来互为因果，在国民中根深蒂固，造成民气不振，无所作为。不振刷国民的精神，国家就无法摆脱任人宰割的命运。

以后，梁氏又撰写《论中国国民之品格》一文，对比欧美先进国家国民性的特点，对上述六种弱点作进一步的分析，归纳为四种落后性：一、爱国心之薄弱；二、独立性柔脆；三、公共心的缺乏；四、自治力欠缺。呼吁全国民众"培养公德，磨厉政才，剪劣下之根性，涵远大之思想"，从而"蓄扩其势力，发挥其精神，养成一伟大国民，出与列强相角逐"！②

剖析国民性，目的是要改造它，注入新理想、新道德和创造的活力，以培养国民的元气。梁氏于1902年撰成著名的《新民说》，共分二十节，分别从新民的意义和途径、论公德、论国家思想、论进取冒险、论权利思想、论进步、论合群等角度加以论述，提出了许多极有价值的进步见解。

梁氏首先强调：国家富强直接依赖于民众的觉悟和能力，故迫切要培养出符合时代需要的"新民"。"国也者，积民而成。国之有民，犹身之有四肢、五脏、筋脉、血轮也。未有四肢已断，五脏已瘵，筋脉已伤，血轮已涸，而身犹能存者；则也未有其民愚陋、怯弱、涣散、混浊，而国犹能立者。故欲其身之长生久视，则摄生之术不可不明；欲其国之安富尊荣，则新民之道不可不讲。"他又论述国家政治状况与民众的关系，说："西哲常言：政府之与人民，犹寒暑表之与空气也。室中之气候，与针里之水

---

① 梁启超《中国积弱溯源论》，见《饮冰室合集》文集之五，中华书局，1989年版，第26页。

② 梁启超《论中国国民之品格》；《饮冰室合集》文集之十四，中华书局，1989年版，第5页。

银，其度必相均，而丝毫不容假借。国民之文明程度低者，虽得明主贤相以代治之，及其人亡则其政息焉，譬犹寒冬之际，置表于沸水中，虽其度骤升，水一冷而坠如故矣。国民之文明程度高者，虽偶有暴君污吏，虔刘一时，而其民力自能补救而整顿之，譬犹溽暑之时，置表于冰块上，虽其度忽落，不俄顷则冰消而涨如故矣。"因此，要"新国家""新政府""新制度"，则第一要务是"新民"，提高国民的思想与能力。具体途径则有二："一曰，淬厉其所有而新之；二曰，采补其所本无而新之。"所谓"淬厉其固有"，是要求从中华民族文化传统中提炼出新思想、新精神。"譬诸木然，非岁岁有新芽之苗，则其枯可立待；譬诸井然，非息息有新泉之涌，则其涸不移时。"所谓"采补其本无"，是迫切要做到"博考各国民族所以自立之道，汇择其长者而取之，以补我之所未及"，[①] 并且要能使发扬本民族传统中优良的东西，与吸收外来富强之道，二者"调和"，即融合起来。"故吾所谓新民者，必非如醉心西风者流，蔑弃吾数千年之道德、学术、风俗，以求伍于他人；亦非墨守故纸者流，谓仅抱此数千年之道德、学术、风俗，遂足以立于大地也。"[②] 则可以说是对近代中西文化冲突和如何建设新文化问题的具有卓识的表述。梁氏具体分析欧美先进国家国民品格的长处：具有竞争、进取意识；参与政治的能力强，有议会制度，人人参预政权，集众人的意志为公意，有独立自强之风，重视应享的权利，坚忍不拔。他认为这些优良的品质，正是我们应该吸取的东西，因此重点论述了"国家思想"、"进取冒险"精神、"权利思想"等项。

关于培养"国家思想"，梁氏认为有四项具体的体现：一、认识国家利益在个人利益之上；二、区分朝廷与国家，非国家无以自存，不做一家一姓之奴隶；三、遇外敌侵略，要热爱国家、坚决抵抗，不能出卖主权；四、当今面临世界范围的竞争，要力

---

① 梁启超《新民说》，《饮冰室合集》专集之四，中华书局，1989 年版，第 1—2、5—6 页。

② 梁启超《新民说》，《饮冰室合集》专集之四，中华书局，1989 年版，第 7 页。

求本国的自立、发展。惟全体国民养成国家思想，人人忠于国家，才是自立自强的保证："勿谓广土之足恃，罗马帝国全盛时，其幅员不让我今日也；勿谓民众之足恃，印度之土人，固二百余兆也；勿谓文明之足恃，昔希腊之雅典，当其为独立国也，声明文物甲天下，及其服从他族，萎靡不振以至于澌亡。"①

关于培养"进取冒险"精神，梁氏认为应以欧美民族的杰出人物为楷模，举出哥伦布、马丁·路德、麦哲伦、彼得一世、克伦威尔、华盛顿、拿破仑、林肯、玛志尼等人敢于冒险犯难，创建不朽功绩，赞颂他们："道天下所不敢道，为天下所不敢为，其精神有江河奔海不到不止之形，其气魄有破釜沉舟一瞑不视之概。其徇其主义也，有天上地下惟我独尊之观；其向其前途也，有鞠躬尽瘁死而后已之志。"②拿中国人的观念相比较，由于数千年来蒙受老子"知足不辱知止不殆"等谰言的毒害，而孔学的积极方面尽被抛弃，片面拾取具有消极意义的说教，造成进取冒险精神"澌灭殆尽"，一国之人，"有暮气而无朝气"。为了唤起中国人奋发向上，梁氏分析进取冒险精神的深厚来源，是生于对未来的希望，生于对事业的热诚，生于智慧和胆力。梁氏明之以理，动之以情，热切地呼唤中国人彻底改变暮气沉沉的气习，振奋无畏的精神，并且能涌现出像哥伦布、华盛顿这样的杰出人物。

关于"权利思想"，梁氏也有深刻的论述。他引用德国近代学者伊陵耶所著《权利竞争论》的原理，论证有权利思想，才能引起竞争，推动社会进步。"人人务自强以保吾权，此实固其群、善其群之不二法门。"并且极其形象地以古代希腊正义之神"左手握衡、右手提剑"的造型来说明：衡是用来衡量权利的轻重，剑是用来保护权利之实行。"有衡无剑，则权利者亦空言而卒归于无效。"梁氏论述了对内和对外两个范畴的权利。对内的权利，指实现国民内部平等权利，如此才能促进本国"平和完美之新法

①② 梁启超《新民说》，《饮冰室合集》专集之四，中华书局，1989年版，第23、25页。

律"出现；对外的权利，是指保卫国家主权不受侵略，即使一方里土地被侵占，也要起而抗争，因为这是争国家之权，"岂知一方里被夺而不敢问者，则十里亦夺，百里亦夺，千里亦夺，其势不至至全国委于他人而不止也。而此避竞争贪安逸之主义，即使其国丧其所以立国之原也"。并认为要争取中国与欧美列强各国之平等，"必先使吾国中人人固有之权皆平等，必先使吾国民在我国所享之权利与他国民在彼国所享之权利相平等"。① 这是对于二者辩证关系的精到的见解。

《新民说》中"论进步"一节，尤为脍炙人口的名篇，对于中国人千百年来迷信上古时代的复古倒退观点和弥漫于上下的保守意识，作了透彻的批驳。梁氏指出，由于这种错误观点流行，造成长期以来中国社会的政治、制度、学术处处演出"凝滞"的现象。他从多方面探究形成中国人顽固的"保守"习性的病根。一是因长期"大一统"观念起支配作用，缺乏竞争意识，不像欧洲那样，列国并立，不竞争则无以自存，"其所竞者非徒在国家也，而兼在个人；非徒在强力也，而尤在德智。分途并进，人自为战，而进化遂沛然莫之能御"。② 二是周围"蛮族"环绕，交通困难。由于周围都是文明程度低的少数民族，故造成自大、内向的封闭意识；又为抵御游牧民族对中原地区的袭扰，故亟力于保守中原地区固有的文献、传统。三是因为二千年来处于专制政治之下，统治者视天下为一家之私产，把人民当作奴隶以至盗贼。人民自由的权利历久受到桎梏、残贼，"窒其生机"。四是因儒家学说定于一尊，"强一国人之思想使出于一途，其害于进化也莫大。"历代专制皇帝以缘饰儒术以束缚人民，造成思想界极度消沉。梁启超以欧洲中世纪黑暗时代相比，说："中世史则罗马教皇最盛之时也，举全欧人民，其躯壳界则糜烂于专制君主之暴威，其灵魂界则匍伏于专制教主之缚轭。故非惟不进，而以较

---

① 梁启超《新民说》，《饮冰室合集》专集之四，中华书局，1989 年版，第 32、34、40 页。

② 梁启超《新民说》，《饮冰室合集》专集之四，中华书局，1989 年版，第 56 页。

希腊罗马之盛时，已一落千丈强矣。今试读吾中国秦汉以后之历史，其视欧洲中世纪何如！"

既然专制制度成为国家前进的严重障碍，中国要进步，就要摧毁专制统治，要敢于破坏！这是梁氏当日思想趋于激进的表现。他提出："吾请以古今万国求进步者独一无二不可逃避之公例，正告我国民。其例维何？曰破坏而已。""人群中一切事事物物，大而宗教、学术、思想、人心、风俗，小而文艺、技术、名物，何一不经过破坏之阶级以上于进步之途也！"又认为："破坏既终不可免，早一日则受一日之福，晚一日则重一日之祸。"且破坏并非盲目蛮干，而是"有意识之破坏，则随破坏随建设"。梁氏又说，处于顽固势力严重阻碍中国进步、"蠹大多数人而陷溺之"的情势下，新生力量必须勇敢地冲破阻力，"凿榛莽以辟之，烈山泽而焚之"。就好比医生治病，"肠胃症结，非投以剧烈吐泻之剂，而决不能治也；疮痈肿毒，非施以割剖洗涤之功而决不能疗也"。如果害怕耗亏、畏惧苦痛而不敢施以治疗，那么疾病将"日增而月剧"，而最后"非至死亡不可"！① 这些言论，与20世纪初革命派宣传革命的一些言论是很接近的。不过，梁启超并没有更深刻认识以革命手段推翻清朝统治的必然性，因而只是一度激进而已。

《新民说》中还有一点值得注意，在"论生利与分利"一节中，他运用西方近代政治经济学原理，论述国之兴衰，视总资本、总劳力是否增殖这一观念。所谓"生利"，指资本与劳力的投入能实行扩大再生产；所谓"分利"则相反，消耗社会财富。中国众多的官吏、幕府、八旗子弟和其他纨绔子弟、食客、游民、骗子、赌徒、妓女等等，都是消耗社会财富的阶层，食之者众，生之者寡，是国家衰弱的原因之一。中国要强大，必须把资本、劳力集中在前一项，广开生财之道，不断增强国力。

---

① 梁启超《新民说》，《饮冰室合集》专集之四，中华书局，1989年版，第60、62—63页。

（四）传播西方近代思想文化

"向西方寻找真理"是中国近代思想启蒙运动的基本课题。20世纪初年，许多爱国留日学生从日文翻译大量介绍西方学者或日本学者的社会科学著作，如梁启超所描述的："戊戌政变，继以庚子'拳祸'，清室衰微益暴露。青年学子，相率求学海外。……壬寅、癸卯间，译述之业特盛。定期出版之杂志不下数十种，日本每一新书出，译者动数家。新思想之输入，如火如荼矣。"①他本人利用和文汉读法阅读了大量近代社会学说的著作，对于西方民权学说、进化论、近代哲学思想、政治学说、法制理论等都有所涉猎，受到深刻影响，自称"思想言论，与前者若出两人"。他信奉这些理论，认为它们正是救国良药。因此连续撰写文章，倡导输入西方社会学说，进行了广泛的宣传。

这一时期梁氏撰写的大量论著，涉及西方民权学说、哲学、经济学、政治学、法制理论等，主要有：写于1901年的《霍布士学案》《斯片挪莎学案》《卢梭学案》；写于1902年的《论学术之势力左右世界》《生计学说小史》《进化论革命者颉德之学说》《近世文明初祖二大家学说》《天演学初祖达尔文之学说及其略传》《法理学大家孟德斯鸠之学说》《乐利主义泰斗边沁之学说》；写于1903年的《近世第一哲学家康德之学说》；写于1904年的《政治学大家伯伦知理之学说》。其中最有意义的是对孟德斯鸠、卢梭和达尔文学说的介绍。

梁启超论述孟德斯鸠《法意》（当时据日译名称《万法精理》）的巨大贡献在于奠定了近代政法学的基础。在18世纪以前，欧洲政法学基础很薄弱，但凭君主、首相一手把持，无法防止政治的腐败。至孟德斯鸠出，首先提出君主专制、君主立宪、

---

① 梁启超《清代学术概论》第二十九节，《饮冰室合集》专集之三十四，中华书局，1989年版，第71页。

民主共和三种政体的理论，分别论述其得失，使人们通过比较确定选择的方向。他又创立了三权分立学说，"后此各国，靡然从之，政界一新"。孟德斯鸠又主张法院应废除拷问，设立陪审制度，致使欧美法庭产生了根本变革。他又全力攻击贩卖奴隶制度违背人道，实际上是开后世美、英、俄诸国废除奴隶制的先声。①梁氏又撰《法理学大家孟德斯鸠之学说》一文，着重论述《法意》中关于政体论的学说。梁氏介绍说，孟德斯鸠痛陈专制政体之弊，一是"绝无法律之力行于其间"，"以使民畏惧为宗旨，虽美其名曰辑和万民，实则斫丧元气，必至举其所赖以立国之大本而尽失之"。二是"凡专制之国，必禁遏一切新奇议论，使国民颓然不动，如木偶然，其政府守一二陈腐主义，有倡他义者，则谓之为叛道为逆谋"。梁氏还盛赞孟德斯鸠论述共和政体下能出现"人人皆治人""人人皆治于人"的局面。②

梁氏称卢梭的天赋人权学说是使欧洲思想界"风驰云卷"、改变面貌的进步学说。当欧洲中世纪时，等级制度森严，贵族垄断一切政权、教会，平民被视为奴隶，专制统治更视为是天生合理。卢梭打破了这种视等级秩序、专制主义为天经地义的观念，首倡人生而平等，生而应当享受充分的权利，这是天赋的权利，没有高低贵贱之分。梁启超指出：卢梭著《民约论》申述这一学说，称国家的成立，是由人民合群定约，依靠群体的力量保卫公众的生命财产。在公众充分的自由意志的基础上，自愿定约，自愿立法，自己遵守。"故一切平等，若政府之首领及各种官吏，不过众人之奴仆，而受托以治事耳。"这种人人生而平等的主张彻底摧毁了中世纪贵族压迫平民的理论，梁氏形容卢梭学说所产生的震天动地的作用："如平地起一霹雳，如暗界放一光明。"由于《民约论》的传播，十余年后便爆发了法国大革命，此后欧洲

---

① 梁启超《论学术之势力左右世界》，见《饮冰室合集》文集之六，中华书局，1989年版，第112页。

② 梁启超《饮冰室合集》文集之十三，中华书局，1989年版，第20—22页。

各国革命也相继发生。① 为了使国人对卢梭学说有更多的了解，梁氏撰有《卢梭学案》，文中着重论述了如下几项：

一、民约的精髓在于保证公众享有自由权利。"必人人自由，人人平等，苟使有君主臣庶之别，则无论由于君主之威力，由于臣民之好意，皆悖于事理者也。"订定民约之后，若有利用获得高位役使众人，即便众人甘心崇奉，那么这时民约的价值全部丧失，这个役使众人者就是独夫，而不是公众的首领。

二、保持国民固有的自由权，是人生一大责任，凡是"人"，就必须尽到这个责任。"盖自由权之为物，非仅为铠胄之属，借以蔽身，可以任意自披而自脱之也。"放弃了自由权，就等于否定了"人"的本身。

三、国家的权力属于众人，而不能属于一个人或少数人。公众主权的体现，就是众人共同制定的法律。这种法律是"公意"决定的，它所代表的是现时国民的意志，如果法律与后代国民的意志不相符合时，就不能称之为"公意"。到那时，就可以由全国公众讨论对法律进行修改。梁启超说："由是观之，则卢梭所谓公意，极活泼极自由，自发起之，自改正之，自变革之。日征月迈，有进无已，夫乃谓之公意。且公意既如此其广博矣，则必惟属于各人所自有，有而不可属于他人。"

四、若一国民众相约拥立君主，公众也就丧失了作为国民的资格，这个国家的主权立即消亡。一国的制度，分为立法、行政、司法三个部门，这些机关官员都是受国民托付办事，国家的权力，始终属于公众所有。②

正当 20 世纪初年国内人民更加认清清朝专制的昏庸、腐败、革命思想逐步高涨的时刻，梁启超所介绍的卢梭"天赋人权"学说，无疑起到巨大的教育作用，使更多的人认识封建制度是公众的对立物，把它推翻是应乎天而顺乎人的，因而促使更多的人转

---

① 梁启超《论学术之势力左右世界》，《饮冰室合集》文集之六，中华书局，1989 年版，第 112 页。

② 梁启超《卢梭学案》，《饮冰室合集》文集之六，中华书局，1989 年版，第104—105 页。

向了革命。

梁氏还以充沛的热情，赞誉达尔文进化论学说在整个思想领域以至社会生活中所引起的巨大变革，并且反复强调以进化论学说激发国民发愤自强、摆脱在国际激烈竞争中落后的命运，争取民族光明的未来。他指出，进化论引起了人类思想的一场革命："达尔文者，实举十九世纪以后之思想，彻底而一新之者也。是故凡人类智识所能见之现象，无一不可以进化之大理贯通之：政治、法制之变迁，进化也；宗教、道德之发达，进化也；风俗习惯之移易，进化也。数千年之历史，进化之历史；数万里之世界，进化之世界也。……此义一明，于是人人不敢不自勉为强者为优者，然后可以立于此物竞天择之界。无论为一人，为一国家，皆向此鹄以进。""虽谓达尔文以前为一天地，达尔文以后为一天地可也。"并且预言进化论学说"将磅礴充塞于本世纪而未有已也"。① 在《进化论革命者颉德之学说》一文中，他进一步总结说："伟哉近四十年来之天下，一进化论之天下也！唯物主义昌，而唯心主义屏息于一隅，科学盛而宗教几不保其残喘，进化论实取数千年旧学之根柢而摧弃之翻新之者也！"② 他撰写《天演学初祖达尔文之学说及其略传》，介绍天演学说要点和这位思想家、科学家的生平，着眼点即在向国人传播有关天演学说在西方各国思想界引起巨大变化的信息，并以此激励人们挽救国家的危亡，故说："今所以草此篇之意，欲吾国民知近世思想变迁之根由；又知此种学术，不能但视为博学家一科之学，而所谓天然淘汰优胜劣败之理，实普行于一切邦国、种族、宗教、学术、人事之中，无大无小，而一皆为此天演大例之所范围，不优则劣，不存则亡，其机间不容发。凡含生负气之伦，皆不可不战兢惕厉，而求所以适存于今日之道。"③

总起来说，梁氏介绍西方近代社会学说，自然比不上严复那

① 梁启超《论学术之势力左右世界》，见《饮冰室合集》文集之六，中华书局，1989年版，第114页。
② 梁启超《饮冰室合集》文集之十二，中华书局，1989年版，第79页。
③ 梁启超《饮冰室合集》文集之十三，中华书局，1989年版，第17—18页。

样深刻、系统，影响也无法与严复相比。但梁氏对此项的贡献决不可低估。一是梁氏用浅显易懂、富有吸引力的文字介绍西方学说，且是在报刊上及时发表，读者面甚广。二是梁氏是有意识地运用他所接触的西方进步学说来分析中国的现状和历史。《中国积弱溯源论》中对封建专制的批判，明显地用孟德斯鸠的学说作武器。这种运用西方近代学术观点以分析中国历史、文化的特点，同样体现在梁氏的其他论著之中，此项是梁氏学术上的重要特色，很值得我们注意。

（五）倡导"诗界革命"和"小说界革命"

作为"诗界革命"和"小说界革命"的倡导者之一，梁启超的理论主张对于近代诗歌创作和小说的繁荣起了很大作用。"诗界革命"是戊戌新文化运动的组成部分。在戊戌前一两年，梁启超、夏曾佑、谭嗣同就提出了这一口号，并试作"新诗"。"纲伦惨以喀私德，法会盛于巴力门。"① "三言不识乃鸡鸣，莫共龙蛙争寸土"，这就是谭嗣同所自喜的"新学之诗"。这种新诗创作的尝试，反映了人们对新思想、新文化的要求，并且是试图解决以诗歌推动维新变法的问题，确有一定的意义，但正如梁启超所总结的，这是"新诗"的幼稚阶段，只是在形式上着眼，手法又生硬，"捃扯新名词以自表异"。梁氏进而指出："过渡时代，必有革命。然革命者，当革其精神，非革其形式。……若以堆积满纸新名词为革命，是又满洲政府变法维新之类也。能以旧风格含新意境，斯可以举革命之实矣。苟能尔尔，则虽间杂一二新名词，亦不为病。"② 在当时历史条件下，梁氏提出的"以旧风格含新意境"的确是很有积极意义的，"它是近代进步诗歌潮流的一个概

---

① 喀私德，Caste 的译音，指印度历史上的社会等级制度；巴力门，Parliament 的译音，指英国议院。
② 梁启超《饮冰室诗话》第六十则、第六十三则，《饮冰室合集》文集之四十五（上），中华书局，1989 年版，第 41 页。

括和理想"。①

在"新诗派"作者中，梁氏所最推崇的是黄遵宪，说："近世诗人能熔铸新理想以入旧风格者，当推黄公度。""要之，公度之诗，独辟境界，协然自立于二十世纪诗界中，群推为大家，公论不容诬也。"② 对于谭嗣同、严复、康有为、夏曾佑、蒋观云等维新志士的诗作也多有所肯定。故《饮冰室诗话》与历来泛论古今的"诗话"不同，它集中地表达了梁启超对"诗界革命"的理论主张。他极其重视诗歌创作对于改造近代社会生活的作用，认为"欲改造国民之品质"，诗歌、音乐乃是"精神教育之要件"。这同他认为小说是培养"新民"的有力手段是一致的。因此他斥责旧的缺乏进步思想的诗、词、曲三者"皆成陈设之古玩，而词章家真社会之蠹也"。他所赞扬的"新诗"，首先即着眼于其中熔铸的新理想新意境，包括：输入西方的新思想、新哲理；反对侵略、挽救国家危亡、誓死保卫祖国疆土的尚武精神；变革旧制度、献身国家民族的高尚抱负和雄伟气魄。

梁启超又认为，小说创作具有改造国民性、改造社会风俗以至革新政治的巨大作用，故说："欲新道德，必新小说；欲新风俗，必新小说；欲新宗教，必新小说；欲新政治，必新小说；欲新学艺，必新小说；乃至欲新人心，欲新人格，必新小说。"他认为，小说对一般人有不可思议的支配力，不但"浅而易解"，"乐而多趣"，有曲折的故事情节、生动的人物形象吸引人，而且小说创作能将普通人的生活景象加以升华，给人以新鲜感受，"导人游于他境界，而变换其常触常受之空气"，并且更能集中地表达读者内心积蓄的感情，将它"和盘托出，彻底而发露之"。③又提出文学家应利用小说体裁的特点，使民众在潜移默化中受到感染和教育："凡人之情，莫不惮庄严而喜谐谑。故听古乐，则

① 游国恩等《中国文学史》第四册，人民出版社，1963 年版，第 331 页。
② 梁启超《饮冰室诗话》第四则、第三十二则，《饮冰室合集》文集之四十五（上），中华书局，1989 年版，第 2、20 页。
③ 梁启超《论小说与群治之关系》，见《饮冰室合集》文集之十，中华书局，1989 年版，第 6—7 页。

惟恐卧，听郑卫之音，则靡靡而忘倦焉。……善为教者，则因人之情而利导之。"他还预言，小说创作将蔚为大观，成为文字著述的一大类，"增七略而为八，蔚四部而为五"。① 诚如当代文学史家所评价的，梁启超的主张，"反映了当时新兴的资产阶级蔑视传统的做法，勇于建树的革新精神。"② 由于梁启超这样大力提倡，原来被视为里巷琐言、不登大雅之堂的小说，地位显著提高了，成为近代文学史上影响力最大的体裁。

关于梁氏倡导"史学革命"的理论和实践，我们留在下一章专门论述。

---

① 梁启超《译印政治小说序》，见《饮冰室合集》文集之三，中华书局，1989年版，第34页。

② 游国恩等《中国文学史》第四册，人民出版社，1963年版，第357页。

第四章　"史界革命"：宣告
旧史时代的终结

　　倡导"史界革命"，是梁启超进行思想启蒙的内容之一。梁氏对此十分重视，曾说："'史界革命'不起，则吾国家遂不可救。悠悠万事，惟此为大。"不论在他活动的前期或后期，他都为撰写史学著作付出了巨大的精力。有的学者估计，梁启超一生所写的大约一千四百万字论著中，有半数可划归史学著作。故说梁氏是中国文化史上著述最丰富的史学家，并不为过。就前期的史学著作而言，即涉及史学理论、学术史、当代史、外国史著等诸多领域。这些论著大多撰写于 20 世纪初年，这对于二千年中国史学的发展，诚有极不平常的意义——它们标志着中国旧史时代的终结，宣告近代以具有科学价值的历史观点为指导，内容的丰富性为旧史所无法比拟，具有崭新的著述形式的"新史学"时代的到来。

（一）《新史学》的划时代意义

　　作为 20 世纪史学近代化潮流的独领风骚之作《新史学》，撰写于 1902 年。它的准备，是梁氏撰于 1901 年的《中国史叙论》。

这两篇名文，都是跨入 20 世纪之时来势迅猛的批判封建主义、爱国救亡的时代潮流的产物。20 世纪初年，爱国、启蒙、革命的呐喊响遍东方文明古国的上空。西方列强再一次掀起瓜分狂潮，更加激起全国民众特别是爱国知识分子的义愤。爱国留学生们热情地向国内传播新思想，出现了批判"君史"、提倡"民史"的热潮，短短几年中，题为《史学通论》《史学原论》《中国新史学》的文章或译文相继出现。

梁启超和其他新思想的传播者特别重视新史学的探讨，有着深刻的学术渊源和时代原因。史学在传统学术中素称发达，历代许多进步思想家和卓有建树的学者都视修史为名山事业，呕心沥血地撰成史著遗留后世。20 世纪初新思想的传播者同样重视著史事业，要以它激发爱国思想，提高民众掌握民族命运的责任感，争取国家的光明前途。同时，以梁启超为代表的思想家还自觉地担负起对旧史批判总结的时代责任，要求清除其封建毒素，划清旧史以"君史"为中心和新史学以"民史"为中心的界限，输入西方进步理论，改造中国的史学界。

1901 至 1902 年，梁启超曾计划撰著《中国通史》，《中国史叙论》即是初步阐述新史学见解之作。[①] 梁氏首先提出区分旧史和新史在性质上、内容上的根本性不同："前者史家，不过记载事实；近世史家，必说明其事实之关系，与其原因结果。前者史家，不过记述人间一二有权力者兴亡隆替之事，虽名为史，实不过一人一家之谱牒；近世史家，必探察人间全体之运动进步，即国民全部之经历，及其相互之关系。"他批评中国旧史家著史宗旨的根本弊病，正是在于"只见有君主，不见有国民"。旧史篇卷虽汗牛充栋，却对促成人类社会发展的智力、产业、宗教、政治等各种因素极少涉及，即使政治史一项的内容，也仅限于"纪一姓之势力范围，不足以为政治之真相"。今日撰写历史，即要摈弃旧史那种"王公年代记"的旧规，写成一部"国民发达史"。

---

① 梁启超《三十自述》（作于 1902 年）云："一年以来颇竭棉薄，欲草一中国通史，以助爱国思想之发达，然荏苒日月，至今犹未能成十之二。"见《饮冰室合集》文集之十一，中华书局，1989 年版，第 19 页。

其次，梁氏运用西方近代学术观念，概述了对中国历史上地理条件、民族关系和历史阶段划分等重要理论问题的看法。

关于地理条件对历史发展的关系，是梁启超治史一再予以关心的问题。在本篇中，他指出："地理与历史，最有紧切之关系，是读史者所最当留意也。高原适于牧业，平原适于农业，海滨河渠适于商业，寒带之民，擅长战争，温带之民，能生文明，凡此皆地理历史之公例也。"他举出几项中国历史的显著的特点，说明它们与地理条件之关系。"何以数千年蛰伏于君主专制政治之下，而民间曾不能自布国宪？"其地理原因是："地域太大，团体太散，交通不便，联结甚难，故一二枭雄之民贼，常得而操纵之也。"又，"何以不能伸权于国外"，缺乏对外竞争意识，形成内向性的历史特点？原因则是："平原膏腴，足以自给，非如古代之希腊、腓尼西亚，及近代之英吉利，必恃国外之交通以为生活，故冒险远行之性质不起也。"梁氏又总结出：在中国历史上，可以明代划一界线，明代以前，居住北方的居民常占支配地位，是因为"寒带之人常悍烈，温带之人常文弱也"；到了近世，主动力则在沿海地区居民之中，是因为"世界之大势，驱迫使然也"。关于中国历史上的民族，梁氏认为，"民族为历史之主脑"，而民族关系又最难分析，故历史家必须予以高度重视。并指出，不论汉民族或其他民族，都不是纯粹的血统，而是经过长期混合形成的，"错居既久，婚姻互通，血统相杂，今欲确指某族某种之分界线，其事盖不易易"。根据当时研究水平所及，他提出苗人、汉人、图伯特人、蒙古人、通古斯人等民族，都对中国历史发展"最有关系"。

梁氏对历史发展阶段提出的看法，尤为新颖可喜。"定黄帝以后为有史时代"，以前则是史前时代，他介绍近代西方考古学者公认的看法，划分史前为三期："其一石刀期（石器时代），其二铜刀期（铜器时代），其三铁刀期（铁器时代）。"而"石刀期中，又分为新旧二期"，即旧石器时期、新石器时期。从国家组织形态说，必须先后经历三个时期："第一为各人独立，有事则举酋长之时期；第二为豪族执政，上则选置君主，下则指挥人民之时期；第三为中央集权，渐渐巩固，君主一人，专裁庶政之时期。"梁氏又引用斯宾塞群学理论阐述说，上古时代的人群，分为三种人，占全族大多数的是"随属团体"，占全族少数是"领袖团体"，和一两位超群拔萃之"首领人物"。梁氏描述由原始人群到君主制度的嬗变过程是："盖其初时，人人在群，为自由之竞争，非遇有外敌，则领袖团体殆为无用。其后因外敌数见，于是临时首领渐变而为常任首领，而领袖之权力日以大焉。又其后此领袖团体中之有力者，各划分势力范围，成封建割据之形，而兼并力征之势日盛，久乃变成中央集权之君主政体。此乃万国之公例也。"梁氏划分中国五千年文明史为三大时代：一、上世史，自黄帝至秦统一。梁氏又称为"中国之中国"时代，即中华民族在本土发展之时代。经过各部族各小国的次第兼并，"乃由夏禹涂山之万国，变为周初孟津之八百诸侯，又变为春秋初年之五十余国，又变为战国时代之七雄，卒至于一统。二、中世史，自秦统一至清朝乾隆末年。梁氏又称之为"亚洲之中国"时代，即"中国民族与亚洲各民族交涉繁赜竞争最烈之时代"。这一时代，中华民族内部的中央集权制度达到高度发展，是"君主专制政体最盛之时代"。由于中世史上下历经二千年的漫长年代，故中间又应划分为三个小的时期。三、近世史，自乾隆末年至今日。梁氏又称之为"世界之中国"时代，这一时代的特点是"中国民族合同亚洲民族，与西人交涉竞争之时代"。在政治上的特点则是"君主专制政体渐就湮灭，而数千年未经发达之国民立宪政体，将嬗代兴起之时代"。以上诸项，明显地具有时代性和探索性的特点，皆是传统史学所从未涉及的崭新课题，梁氏的论述，已为更具系统性的理论著作做好铺垫。[①]

完成于翌年的《新史学》一文，即成为激烈批判封建旧史、宣告具有不同时代意义的"新史学"到来的宣言。梁启超所以能够居高临下地对旧史作批判性的总结，其理论基石是国民意识和

---

① 梁启超《中国史叙论》，引文均见《饮冰室合集》文集之六，中华书局，1989年版，第1—11页。

进化观念。前者是戊戌变法失败后进步社会力量要求推翻帝制，最终实现民主的时代潮流的产物，后者则来自《天演论》。在马克思主义传入中国以前，这一近代进化理论是最进步的理论体系。

《新史学》开宗明义标明史学的地位和作用，认为史学应是"学问最博大而切要"的一门，是"国民之明镜"，"爱国心之源泉"。而造成旧史陈腐落后的根源，正在于完全违背国民意识和进化观念："盖从来作史者，皆为朝廷之君若臣而作，曾无有一书为国民而作也。""夫所贵乎史者，贵其能叙一群人相交涉、相竞争、相团结之道，能述一群人所以休养生息、同体进化之状"，旧史界却"未闻一人之眼光能及于此者"。由此而造成旧史"四蔽""二病"："知有朝廷而不知有国家"，"知有个人而不知有群体"，"知有陈迹而不知有今务"，"知有事实而不知有理想"；"能铺叙而不能别裁"，"能因袭而不能创作"。致使旧史简直成为二十四姓之家谱，是墓志铭、相斫书、蜡人院的偶像。

千百年来，封建思想严重阻碍了史家创造性的发展，梁启超对此深恶痛绝。他总结二千年来史学的演进，认为能称得上具有创造性的史家，仅得六人：司马迁，杜佑，司马光，郑樵，袁枢，黄宗羲。而其他众多史家，则墨守成规，拘守成法："《史记》以后，而二十一部皆刻画《史记》，《通典》以后，而八部皆摹仿《通典》，何其奴隶性至于此甚耶！若琴瑟之专壹，谁能听之？以故每一读而惟恐卧，而思想所以不进也。"梁氏又拿旧史中几部备受尊崇的史书加以评论：朱熹《通鉴纲目》，专在褒贬书法上舞文弄墨，"今日盗贼，明日圣神，甲也天命，乙也僭逆。正如群蛆啄矢，争其甘苦；狙公赋芧，辨其四三。自欺欺人，莫此为甚！"《通鉴》一书，在旧时代号称"别择最精善"，但由于其出发点是为帝王"资治"，备君王之浏览，故拿近代眼光看，"其有用者，亦不过十之二三耳"，书中所载奏议最多，阅读者无不感其冗赘。欧阳修《新五代史》一书，自命专重别裁，"实则将大事皆删去，而惟存'邻猫生子'等语，其可厌不更甚耶？"梁氏分析造成这种因袭模仿痼疾的根由，一是因为专制统治者的钳制、迫害,使旧史家惟恐触犯朝廷忌讳,远避文网;二是因国民意识的不发达,以致"实由认历史为朝廷所专有物,舍朝廷外无可记载"。旧史家不懂得史学的可贵,乃在于通过叙述人群的进化,培养民众爱群善群之心、进取意识和爱国精神。他们不去思考历史事件造成何种影响,不探究事物间的因果联系。尤其将人物与时代之间的主从关系颠倒过来,不明白人物只能作时代的代表却反过来把时代作为人物的附庸。结果,旧时代的正史便成为人物传的汇集,甚至人至上千,卷次数百,"如海岸之石,乱堆错落"。梁氏进而总结旧史"六弊"造成的三项恶果:"一曰难读。浩如烟海,穷年莫殚。……二曰难别择。即使有暇日,有耐性,遍读应读之书,而苟非有极敏之眼光,极高之学识,不能别择其某条有用、某条无用,徒枉费时日脑力。三曰无感触。虽尽读全史,而曾无有足以激厉其爱国之心,团结其合群之力,以应今日之时势而立于万国者。"故中国史学"外貌虽极发达,而不能如欧美各国民之实受益也"。以上梁氏对旧史的批评虽有偏激过头之处,却确实打中要害。旧史是封建时代的产物,层层堆积,封建意识根深蒂固。近代史学要为自己开辟道路,就必须以凌厉的攻势,廓清其谬误,使人们猛醒过来,认清封建毒素的危害。

因此,梁启超大声疾呼要实行"史界革命",即用国民意识和进化哲学观为指导,对旧史实行彻底改造,创造出符合于"提倡民族主义,使我四万万同胞强立于此优胜劣败之世界"这一时代需要的新史学。

在激烈批判旧史的基础上,梁启超贯彻以进化论学说为指导,进行理论创造,提出新史学的方向,从三个层次对新史学的性质、内容加以界定:

一、阐述"历史者,叙述进化之现象也",划清旧史一治一乱的循环观与新史学认为历史的变化"有一定之次序,生长焉,发达焉",即由低级向高级进化的界限。梁氏提出应作"综观"的研究,描述人类进化途径的总体特征。古代史家不认识历史进步的真相,误信孟子所说"天下之生久矣,一治一乱",以为历史的治乱，循环相替。实际上，历史是进化的，然而历史的进步并非直线式，"或尺进而寸退，或大涨而小落，其象如一螺线"。而循环论者在认识上的错误，"盖为螺线之状所迷，而误以为圆状，未尝综观自有人类以来万数千年之大势，而察其真方向之所在，徒观一小时代之或进或退、或涨或落，遂以为历史之实状如是云尔"。梁氏这段论述，是对历史进化作螺旋式运动的特点及循环论者误取螺旋的一圈而以为作圆形运动的认识论错误所作的精彩的说明。为了避免这种误解，梁氏又把历史的曲折前进作形象的描述："譬之江河东流以朝宗于海者，其大势也。乃或所见局于一部，偶见其有倒流处，有曲流处，因以为江河之行，一东一西，一北一南，是岂能知江河之性矣乎？"

二、阐述"历史者，叙述人群进化之现象也"，划清旧史把史书变成孤立的人物传的做法，与"新史学"要求写出人类"藉群力之相接相较、相争相师、相摩相荡、相维相系、相传相嬗，而智慧进焉"的界限。梁氏强调人类进化是人群进化之结果，"食群之福，享群之利"，"所重者在一群，非在一人"。旧史家却违背这一作史的主旨，动辄以"宣付史馆立传"作为光宗耀祖的资本，遂造成史书"连篇累牍胪列无关世运之人之言论行事，使读者欲卧欲呕，虽尽数千卷，犹不能于本群之大势有所知焉"。

三、阐述"历史者，叙述人群进化之现象，而求得其公理公例者也"，提出史家应善于通过比较研究和纵贯联系考察，"内自乡邑之法团，外至五洲之全局；上自穹古之石史，下至昨今之新闻"，从人类活动总背景中去求得人群进化的真相，并且重视史学与其他学科的关系，总结出历史进化的公理公例。最后总结出历史哲学的理论，"以过去之进化，导未来之进化"，使后人循历史进化的公例公理，"以增幸福于无疆"。梁氏的论述，涉及提高史家的理论修养和扩大视野，去认识并表现出"全体之史"。这就是历史学的"主体"和"客体"问题。"史学之客体，则过去现在之事实是也；其主体，则作史读史者心识中所怀之哲理是也。有客观而无主观，则其史有魄无魂，谓之非史焉可也。（自注：偏于主观而略于客观者，则虽有佳书，亦不过为一家言，不得谓之史。）"而历史家研究人类社会进化的"公理公例"即规律性，又比自然科学家更加困难。因为天文学、物理学、化学等科学，材料完全，范围有限，"故其理例亦易得"；而政治学、历史学等却无法相比，"皆由现象之繁赜，而未达到终点也"。尽管做起来困难，但是历史家绝不能放弃这种努力，而应自加勉励，努力探求。

上述是梁启超对"新史学"的规划，虽嫌简单，但他的理论与正在酝酿的革命潮流相合拍，从此宣告在指导思想上、内容上跟以帝王将相为中心的旧史迥然不同的新史学时代的到来，其开辟创始之功是巨大的。

针对旧史中有两项因粉饰君权的需要而大肆渲染、因而严重歪曲了历史真相的问题，《新史学》以雄辩的理由痛加驳斥，清除其封建性毒素。这两项，一是"正统"论，一是"书法"论。

梁启超首先分析"正统"论对民众的严重毒害，在于制造奴隶性。"千余年来，陋儒断断于此事，攘臂张目，笔斗舌战，支离蔓延，不可穷诘。一言蔽之曰，自为奴隶根性所束缚，而复以煽后人之奴隶根性而已，是不可以不辩。"专制统治者把天下据为己有，又恐怕民众不予承认，便把自己打扮成神圣的化身。所谓"统"，是指其统治权是"天所立而民所宗"；所谓"正"，是指"一为真而馀为伪"。总之是要民众承认其至高无上之特权，天纵之圣，作民父母，天下百姓都应匍匐服从。"然后任其作威作福，恣睢蛮野，而不得谓之不义。而人民之稍强立不挠者，乃得坐之以不忠不敬、大逆无道诸恶名，以锄之摧之。""举全国之人民，视同无物，而国民之资格，所以永坠九渊而不克自拔。"故此，宣扬"正统"的实质是维护"君统"，与国家是全体国民所有的观念根本对立，这种荒谬的论调，必须彻底扫除！

其次，梁氏分析历代编派出来的"正统"标准自相矛盾，同科学的真知绝不相容。"正统"之辩，起于晋而成于宋，朱熹《通鉴纲目》论定，称秦、汉、东汉、蜀、晋、东晋、宋、齐、梁、陈、隋、唐、后梁、后唐、后晋、后汉、后周为正统。乾隆《御批通鉴》继续下来，称宋、元、明、清为正统。探究其推定何朝为正统的理由，大致有数项：以得地广大为正统；以据位长久为正统；以前代皇室血统相同者为正统；以前代故都所在为正统；以后代所承认者为正统等。稍一分析，即可知这些标准矛盾百出，"通于此则窒于彼，通于彼即窒于此"。梁氏举出有力的证据加以批驳。若以得地多少而定，那么，在分裂时期，当以得地最多者为正统。苻坚的后秦，得地南至邛崃，东抵淮泗，西极西域，北届大漠，与司马氏的东晋相比，超过数倍。再如"宋金交争，金之幅员，亦有天下三分之二，而果谁为正而谁为伪也？"若以据位时间长短而定，那么，拓跋魏统治的年代，远远超过宋、齐、梁、陈，而钱镠的吴越，刘隐的南汉，又比后梁、后晋、后周长久得多。西夏李氏政权，起自唐朝乾符，迄于宋朝宝庆年间，共历三百五十余年，可同汉朝、唐朝相匹比，据地又广袤万里，那么又应定谁为正、谁为伪呢？梁氏以其渊博的学识、犀利的眼光，举出多项有力的证据，足使"正统"论者进退失据，无法自圆其说。诚可谓以子之矛，攻子之盾，处处揭露出旧说的荒谬，具有很强的说服力。

复次，梁氏分析"正统"论长期喧嚣的原因。其一，是当代君臣自私本朝。即统治集团为宣扬本身统治权的合法性而鼓吹。历来正统之争，尤其集中在蜀汉与曹魏谁是正统的问题上。境况不同也屡变。陈寿《三国志》主曹魏为正统，称应以前代之旧都确定，习凿齿《汉晋春秋》主蜀汉为正统，却称应以前代之血胤确定。其实都是为本朝统治的合法性辩护："西晋据旧都，而上有所受，苟不主都邑说，则晋为僭矣；故寿之正魏，凡亦正晋也。凿齿时则晋既南渡，苟不主血胤说，而沿主都邑，则刘、石、苻、姚正而晋为僭矣；凿齿之正蜀，凡亦以正晋也。"其后，司马光生活在北宋，又以魏为正统；朱熹生活在南宋，又以蜀为正统。其原因也很明显，"宋之篡周宅汴，与晋之篡魏宅许者同源，温公之主都邑说也，正魏也，凡以正宋也；南渡之宋与江东之晋同病，朱子之主血胤说也，正蜀也，凡亦以正宋也。"像这样的正统论调，各不相让，聚讼纷纭，究其实质，"未有非为时君计也"，为了讨好于统治者而已！梁氏此论，真是一针见血。

其二, 是陋儒煽扬奴性。"陋儒之意, 以为一国之大, 不可以一时而无一圣神焉者, 又不可以同时而有两圣神焉者。当其无圣神也, 则无论为乱臣、为贼子、为大盗、为狗偷、为仇雠、为夷狄, 而必取一人一姓焉, 偶像而尸祝之曰, '此圣神也, 此圣神也!'当其多圣神也, 则于群圣群神之中, 而探阄焉, 而置棋焉, 择取其一人一姓而膜拜之曰, '此乃真圣神也, 而其余皆乱臣贼子、大盗狗偷、仇雠夷狄也。'不宁惟是, 同一人也, 甲书称之为乱贼偷盗、仇雠夷狄, 而乙书则称之为神圣焉。甚者同一人也, 同一书也, 而今日称为乱贼、偷盗、仇雠、夷狄, 明日则称之为神圣焉。"陋儒喋喋不休争正统的言词, 究其实, 不过是以"成者为王, 败者为贼"作为信条而已。如何谈得上符合道理, 又哪有科学性可言? 如此自相矛盾、毫无科学根据的"正统"论调, 可以休矣! 最后梁氏又从正面立论, 要讲符合道理的正统, 乃在众人而并非在君主一人。为国民所承认、所拥护的人物, 才称得上真心符合"正统"。以往争"正统"云云, 嚣嚣嚷嚷, 实是至愚至妄, 流毒极广。新史家必须彻底予以摈弃, 把注意力集中在探求国民力量的盛衰消长上面。

书法问题, 在旧时代也被视为史家至关重要的职责, 结果严重掩盖了历史的真实。所谓春秋笔法, 所谓辨正邪、别善恶, "操斧钺权, 褒贬百代", 历来竟被抬高到神圣的地步, 舞文弄墨, 视此为史家之能事。梁氏认为, 这些都是经不起探究的虚伪言辞。史法之所以不足取, 是因为史书应该明民族与社会的兴衰, 不应集中于一二人之责任。旧史家耗费精神争一二人之荣辱褒贬, 完全违背史书应以记述国民或民族之运动变迁进化, 明其原因结果这一根本目的。这是第一。第二, 旧史的书法, 也是以有利于君主为标准。旧史所记内容, 只限于"君主与其臣妾交涉之事"。故其示褒贬的书法, 也无非是: "有利于时君者则谓之功, 谓之善; 反是者则谓之罪, 谓之恶。"故可以说, 二千年来史家之书法, 简直是处心积虑, "为霸者效死力"。梁氏以写出真正的"民史"、激励国民的爱国心为标准, 提出新史家要做到"善于书法", 那么所要重视的决不在于褒贬用词, 而要做到"以悲壮淋漓之笔，写古人之性行事业，使百世之下，闻其风者，赞叹舞蹈，顽廉懦立，刺激其精神血泪，以养成活气之人物。而必不可妄学《春秋》，侈袞钺于一字二字之间，使后之读者，加注释数千言，犹不能识其命意之所在"。新史家所关注的，不在于个别人物之作为，而要灌注进史家的热情，详论整个民族、整个时代的盛衰兴废。"以伟大高尚之理想，褒贬一民族全体之性质，若者为优，若者为劣；某时代以何原因而获强盛，某时代以何原因而致衰亡。使后起之民族读焉，而因以自鉴曰：吾侪宜尔，吾侪宜毋尔，而必不可专奖励一姓之家奴走狗，与夫一二矫情畸行，陷后人于狭隘偏枯的道德之域，而无复发扬蹈厉之气。"①

梁启超的《新史学》，是中国历史跨入 20 世纪之际，爱国、奋起的民族思想高涨的产物，它以符合民族救亡图强事业需要的民族精神，以新鲜的理论和价值观，开启中国史学新时代的到来。该文产生了十分深远的影响，此后几十年中进步史家无不以"新史学"看待自己的事业和这门学科取得的进步。梁启超本人前期的史学论著，也正以彻底改造旧史，发挥"新史学"激励爱国心和促进民族进步为总的基调。

（二）《论中国学术思想变迁之大势》的非凡气魄

与《新史学》产生同一年，梁氏撰成《论中国学术思想变迁之大势》（以下简称《论大势》）一文，它是我国史学界运用进化论哲学观点指导研究思想史第一次结出的硕果。关于这篇著名论文的成就，我们可以从三个方面作评价。

首先，具有前所未见的高度的洞察力、概括力和理论性，是《论大势》一文最突出的成就。

梁氏以八万余字的简要文字，气势磅礴地概述了我国数千年

---

① 梁启超《新史学》，引文均见《饮冰室合集》文集之九，中华书局，1989 年版，第 4—29 页。

学术思想演进的历史趋势，划分为七个时代（一、胚胎时代，春秋以前；二、全盛时代，春秋末及战国；三、儒学统一时代，两汉；四、老学时代，魏晋；五、佛学时代，南北朝隋唐；六、儒佛混合时代，宋元明；七、衰落时代，近二百五十年。今日则为复兴时代）。精辟地评价了数以百计的思想家及其著作，相当有说服力地论述各个时代思想的主要特点、成就和缺陷，这些特点又如何产生，前一时代的学术思想如何成为这一时代的渊源，这一时代的思想又对后代产生了什么影响。几千年发展演进的趋势顿现在读者面前，宛如浑浩流转的大河，起伏曲折可望，又如蜿蜒绵亘的特长链条，环环相扣在目。

梁氏论述中国学术的"胚胎时代"："自禹以后垂千年，黄族各部落并立，休养生息。逮于周初，中央集权之势益行，菁华渐集于京师。周公兼三王，作《官礼》，文王系《易》，而《诗》《书》亦灿烂大完。古代学术思想之精神条理，于是乎粗备。泊及春秋，兼并渐行，列国盟会征伐，交通益频数，南北两思潮，渐相混合，磅礴郁积，斯达极点，于是孔子生而全盛时代来矣。"

中国古代思想的特点之一，是重视伦理关系。梁氏分析这种特点的产生说："中国文明，起于北方，其气候严寒、地味确瘠，得天较薄。故其人无余裕以驰心广远，游志幽微，专就寻常日用之问题，悉心研究，是以思想独倚于实际，凡先哲所经营想像，皆在人群国家之要务。其尊天也，目的不在天国而在世界，受用不在未来而在现在，是故人伦亦称'天伦'。"梁氏又认为，中国上古时代，虽然鬼神迷信盛行，但与欧洲的神权时代相比却有不同特点。中国先秦时代都以"敬天畏天"思想为第一义；又以"天命""天意"，作为限制君主行为的工具；又有"天视自我民视，天听自我民听"的古训，在一定范围内重视民众的意志。梁氏拿中国与西方神权国家相比较，简述中国古代思想的特点："他国之神权，以君主为天帝之化身；中国之神权，以君主为天帝之雇役。故寻常神权之国，君主一言一动，视之与天帝之自言自动等。中国不然。天也者，统君、民而并治之也。所谓天秩、天序、天命、天讨，达于上下，无贵贱一焉。质而言之，则天道者，犹今世之宪法也。欧洲今世，君民同受治于法之下，中国古代，君民同受治于天之下。不过法实而有功，天远而无效耳。但在邃古之世，而有此精神，不得不谓文明想像力之独优也。泰西皆言君主无责任，惟中国则君主有责任。责任者何？对于天而课其功罪也。日食、彗见，水、旱、蝗、螟，一切灾异，君主实尸其咎。此等学说，以今日科学家之眼视之，可笑孰甚，而不知其有精义存焉也。其践位也，荐天而受；其殂死也，称天而谥。《春秋》所谓'以天统君'，盖虽专制而有不能尽专制者存，此亦神权政体之所无也。不宁惟是，天也者非能谆谆然命之者也，于是乎有代表之者，厥惟我民。《书》曰：'天聪明，自我民聪明；天明畏，自我民明畏。'又曰：'天视自我民视，天听自我民听。'又曰：'天矜下民，民之所欲，天必从之。'于是无形之天，忽变有形之天。他国所谓天帝化身者君主也，而吾中国所谓天帝化身者人民也。然则所谓天之秩序、命讨者，实无异民之秩序命讨。"梁氏通过对中西古代思想的比较分析，证明中国古代神权思想的不发达，古代的"天命""天意"是可以还原为民众意志的特点，论述是非常精辟的。

梁氏论述胚胎时代文明的又一特点是重视"天人相与之际"，故形成"祝"与"史"总掌古代一切学术。祝有不同分职。司祀之祝，主天意与人事相交通；司历之祝，掌天文历法，或掌推论五德终始，或占星象卜筮，以决吉凶。史官掌管祖先留下的经验，史官文化是中华民族文化的一大特色："重实际故重经验，重经验故重先例，于是史职遂为学术思想之所荟萃。《周礼》有大史、小史、左史、右史、内史、外史。六经之中，若《诗》，若《书》，若《春秋》，皆史官之所职也。若礼、若乐，亦史官之支裔也。故欲求学者，不可不于史官。周之周任、史佚也，楚之左史、倚相也，老聃之为柱下史也，孔子适周而观史记也，就鲁史而作《春秋》也。盖道术之源泉，皆在于史。"在古代，史与祝又形成世世相袭的专职，到汉代司马氏父子相继为太史令即是著名的例证。这是因为古代学术为官府控制，文字用竹帛书写，传播极困难，所以必须家族相传形成专业，才能发挥其长处。而且在古代史职又有与卜祝相兼任的。因为要推论吉凶祸福，卜祝是依靠天象求人事，史官是根据祖先的经验推论当今，故此《汉书·艺文志》说道家出于史官。

梁氏又论述如何评价"古代学术为贵族所专有"这一现象。他认为，在当时，学术不能普及民间。"加以文字未备，典籍难传，交通未开，流布尤窒，故一切学术，非尽人可以自由研究之者，其权固不得不专归于最少数之人，势使然矣。而此少数之人，亦惟汲汲焉保持其旧，使勿失坠；既无余裕以从事于新理想，复无人相与讨论，以补其短而发其荣：此所以历二千余年而发达之效不睹也。"《汉书·艺文志》所言"诸子出于王官"论，其具体分类未必尽当，但它反映出在世官制度盛行之时，学术专归贵族阶级，却与先秦典籍所见相符。这种情况并非中国独有，各国古代亦莫不皆然。"中世纪欧罗巴学术之权，皆在教会。迨15世纪以后，教会失其专业，人人得自由讲习，而新文明乃生。论者或以窒抑多数之民智为教会诟病，而不知当中世纪黑暗时代，苟无教会以延一线之光明，恐其堕落有更甚者，而后起之人，益复无所凭借也。然则知人论世，其功与过又岂可相掩耶？"既看到古代学术为贵族专有造成的消极面，又看到赖此以保持古代学术使勿失坠的积极面，梁氏所论堪称卓识。

深入中肯的分析，富有唯物倾向和朴素的辩证因素，是《论大势》的又一突出成就。梁启超对学术史大势作鸟瞰式的宏观研究，有对思想家的主要倾向、功过的评论；有对复杂的时代条件如何形成了一代学术思潮的剖析；有对一个时期学者学术倾向的不同类型及相互间的同异的缕析、归纳。前一项在文中俯拾即是。后二项，则是《新史学》中提出的下述观点的体现："群与群之相际（群指人群，也可指学派），时代与时代之相续，其间有消息焉，有原理焉，作史者苟能勘破之，知其以若彼之因故生若此之果，鉴以往之例，示将来之风潮，然后其书乃有益于世界。"

关于战国时代学术为何勃兴，梁氏用诗一般的语言描述说："全盛时代，以战国为主，而发端实在春秋之末。孔北老南，对垒互峙；九流十家，继轨并作。如春雷一声，万绿齐苗于广野；如火山乍裂，热石竞飞于天外。壮哉盛哉！非特中华学界之大观，抑亦世界学史之伟迹也！"他总结造成学术勃兴的原因，共有七项：一、由于前此学术思想蕴蓄之宏富；二、由于社会急剧变动的刺激；三、由于思想学术之自由："政权下移，游士往来列国之间，出现了处士横议的时代风气，正所谓海阔凭鱼跃，天高任鸟飞"；四、由于交通之频繁；五、由于人才之见重；六、由于文字之趋简，著述及传播较前容易；七、由于讲学之风盛，学术思想得到有效的传播。关于前两项，梁氏的论述尤为简洁而中肯："人群初起，皆自草昧而进于光华。文明者，非一手一足所能成，非一朝一夕所可几也。传记所载，黄帝、尧、舜已来，文化已起，然史公犹谓搢绅难言焉。观夏殷时代质朴之风，犹且若此，则唐虞以前之文明，概可想矣。及文王化被南国，武周继起，而中央集权之制大定，威仪三千，周官三百。孔子叹之曰：'周监于二代，郁郁乎文哉，吾从周。'自豳岐以至春秋，又数百年，休养生息，遂一脱野蛮固陋之态，观于《左传》，列国士大夫之多才艺娴文学者，所在皆然矣。积数千年民族之脑精，递相遗传，递相扩充，其机固有磅礴郁积、一触即发之势；而其所承受大陆之气象，与两河流之精华，机会已熟，则沛然矣。此固非岛夷谷民，崎岖逼仄者之所能望也。""由尧舜至于周初，由周初至于东迁，由东迁至于春秋之末，其间固划然分为数时代，其变迁之迹，亦有不可掩者。虽然，其迹不甚著，而史传亦不详焉。独至获麟以后，迄于秦始，实为中国社会变动最剧之时代，上自国土政治，下及人心风俗，皆与前此截然划一鸿沟。而其变动之影响，一一皆波及于学术思想界。盖阀阅之阶级一破，前此为贵族世官所垄断之学问，一举而散诸民间，遂有秦失其鹿天下共逐之观。周室之势既微，其所余虚文仪式之陈言，不足以范围一世之人心，遂有河出伏流一泻千里之概。"毫无疑义，梁氏的这些论述，乃是分析学术思想变迁与时代关系的成功例证。

中国古代学术对后世影响大的，是孔、老两大派。梁氏认为，在战国时代，它们分别是南北两大派的代表。由于地理环境不同，造成学风迥然不同："欲知先秦学派之真相，则南北两分潮，最当注意者也。凡人群第一期之进化，必依河流而起，此万国之所同也。我中国有黄河、扬子江两大流，其位置、性质各殊，故各自有其本来之文明，为独立发达之观，虽屡相调和混合，而其差别自有其不可掩者，凡百皆然，而学术思想其一端也。北地苦寒硗瘠，谋生不易，其民族消磨精神日力以奔走衣食维持社会，犹恐不给，无余裕以驰骛于玄妙之哲理。故其学术思想，常务实际，切人事，贵力行，重经验，而修身、齐家、治国、利群之道术，最发达焉。惟然，故重家族，以族长制度为政治之本；（原注：封建与宗法，皆族长政治之圆满者也。）敬老年，尊先祖，随而崇古之念重，保守之情深，排外之力强。则古昔，称先王，内其国，外夷狄，重礼文，系亲爱，守法律，畏天命：此北学之精神也。南地则反是，其气候和，其土地饶，其谋生易，其民族不必惟一身一家之饱暖是忧，故常达观于世界之外，初而轻世，既而玩世，既而厌世。不屑屑于实际，故不重礼法；不拘拘于经验，故不崇先王；又其发达较迟，中原之人，常鄙夷之，谓为蛮野，故其对于北方学派，有吐弃之意，有破坏之心。探玄理，出世界，齐物我，平阶级，轻私爱，厌繁文，明自然，顺本性：此南学之精神也。"南北两派的不同特点，在中原地区相遇，自然要激起碰撞的层层浪花，推动古代学术走向百家争鸣的黄金时代。

关于两汉儒学的不同类型和倾向。梁氏划分两汉是"儒学统一时代"，但所谓"统一"，是指儒学在当时处于独尊地位，而当时的儒家学者，却不是铁板一块，而是具有不同的类型和倾向。梁氏又分之为：（1）说经之儒；（2）著书之儒。前者又分为四种：口说家，只知口传而缺乏创造；经世家，以经术言政治者；灾异家，附会讲阴阳灾异者；训诂家，专门从事校勘诂释笺注者。后者，梁氏首推董仲舒、司马迁，称董仲舒发挥《春秋》微言大义，究天人相与之故，堪称为西汉学统的代表。司马迁著《史记》，不但是卓越的史著，而且他尊奉儒学，本纪、世家、列传，都精心地托始于孔子所表彰的人物，立孔子为世家，为孔子弟子立传,其撰书宗旨以继《春秋》自任,故是"汉代独一无二之大儒",《史记》一书也是"上古学术思想之集大成"。对于刘向、扬雄、王充、王符、仲长统等,也分别作了评价——这是辨析同一时代学术倾向异同及其相互关系的成功例证。

关于南北朝时代儒学的衰落和玄学的盛行,梁氏总结其五项原因:一是学者对汉代经师烦琐说经产生厌倦而引起的反动。汉末学者,因袭师说,拘守门户之见,《汉书·艺文志》已指斥经师陷入烦琐主义,"碎义逃难,便辞巧说,说五字之文,至于二三万言。幼童而守一艺,白首而不能通"。支离破碎的经说淹没经籍的真谛和学术的理性,已达到极点。物极必反,至魏晋时代,人心厌倦,"有提倡虚无者起,则群率而趋之,举一切思想,投入怀疑破坏之涡中"。二是曹操标榜用人唯才是举,竟下诏征求"负污辱之名,见笑之行,不仁不孝,而有治国用兵之术者",素无节行的人遂得进用,梁氏称其结果是"风俗大坏,人心一变",这也使儒术直接受到冲击。三是外戚、宦官连续制造祸乱,杀人如草,后妃之家、达官显贵、名节之士大批被夷灭。"其学节冠一世,位望至三公者,亦皆骈首阙下,若屠猪羊。天下之人,见权势之不可恃也如彼,道德学问之更不可恃也如此,人心旁皇,罔知所适,故一遁而入于虚无荒诞之域。"四是社会长期动荡,汉末连续处在大规模战乱,晋代又有"八王之乱""五胡乱华",杀人盈野,四海鼎沸。"中原喋血,一岁数见,学者既无所用,亦困于乱离,无复有余裕以研究纯正切实之学,但觉我生靡乐,天地不仁,厌世之观,自然发生。"五是由于汉代盛行阴阳五行说、谶纬说,这种迷信思想至魏晋遂一转而归于祈禳之术、炼丹之术。梁氏所论述的五项社会思想背景,在近一个世纪之后的今日看起来,仍是切中肯綮的。

具有鲜明的批判精神,尖锐地抨击专制政体和文化专制的祸害,是《论大势》又一出色成就。梁氏一再用进化、竞争学说,说明政治上、文化上的专制主义对社会及学术的发展造成严重的障碍,其中说道:"进化与竞争相倚,此义近人多能言之矣。盖宇宙之事理,至繁赜也,务使各因其才,尽其优胜劣败之作用,然后能相行以俱上。若有一焉，独占势力，不循天则以强压其他者，则天演之神能息矣。……学说并然，使一学说独握人人良心之权，而他学说不为社会所容，若是者谓之学说之专制。苟专制矣，无论其学说之不良也，即极良焉，而亦阻学问进步之路，此征诸万国历史而皆然也。……故罗马教会全盛之时，正泰西历史最黑暗之日。……吾中国学术之衰，实自儒学统一时代起。"关于西汉儒学独尊对于社会及学术的影响，我们今日自可比梁氏所论作更深入、具体的分析、评定，但梁氏大力针砭封建文化专制主义阻碍学术的发展，则是击中要害的。

清代考据学盛行，一方面，它在文献整理上作出出色的成绩，在方法上与近代科学精神有相通之处；另一方面，确是因清朝统治者大兴文网，使学者视关心现实问题为畏途，而转向脱离实际的烦琐考据。梁氏的分析，中肯地指出清代学者从事严密考证所体现的近代科学精神："本朝学者以实事求是为学鹄，颇饶有科学的精神，而更辅以分业的组织，惜乎其用不广，而仅寄诸烦琐之考据。所谓科学的精神何也？善怀疑，善寻问，不肯妄徇古人之成说，一己之臆见，而必求真是真非之所存，一也。既治一科，则原始要终，纵说横说，务尽其条理，而备其佐证，二也。其学之发达，如一有机体，善能增高继长，前人之发明者，启其端绪，虽或有未尽，而能使后人因其所启者而竟其业，三也。善用比较法，胪举多数之异说，而下正确之折衷，四也。凡此诸端，皆近世各种科学所以成立之由，而本朝之汉学家皆备之，故曰其精神近于科学。所谓分业的组织何也？生计家言，谓社会愈进于文明，则分业愈趋于细密。此不徒生计界为然也，学界亦然。晚近实学益昌，而学者亦益以专门为贵，分科之中，又分科焉，硕儒大师，往往终身专执一科以名其家。盖昔之学者，其所研究博而浅；今之学者，其所研究狭而深。本朝汉学家之治经，亦有类于是，故曰其组织近于分业。夫本朝考据学之支离破碎，汩殁性灵，此吾侪十年来所排斥不遗余力者也。虽然，平心论之，其研究之方法，实有不能不指为学界进化之一征兆者。至其方法，何以不用诸开而用诸闭，不用诸实而用诸虚，不用诸新而用诸陈？则别有种种原因焉。若民性之遗传，若时主之操纵，皆其最巨者也，盖未可尽为诸儒病也。"同时，梁氏又深刻揭露专制统治者钳制文人思想的恶劣行径：清代汉学家陷于烦琐考据之原因虽有多项，"而时主之操纵其最也。自康雍间屡兴文字狱，乾隆承之，周纳愈酷。论井田封建稍近经世先王之志者，往往获意外谴；乃至述怀感事，偶著之声歌，遂罹文网者，趾相属；又严结社讲学之禁，晚明流风余韵，销匿不敢复出现。学者举手投足，动遇荆棘，怀抱其才力智慧，无所复可用，乃骈凑于说经。昔传内廷演剧，触处忌讳，乃不得已专演《封神》《西游》牛鬼蛇神种种诡状，以求无过，本朝之治经术者亦然，销其脑力及其目力于故纸之业，苟以诲死已已！进化家言：诸动物之毛羽为特别彩色者，皆缘夫有所避，而假以自卫，淘汰久之，而彩异遂独发达。晚近汉学之昌明，禀兹例也。流风既播，则非是不见重于社会，幽渺相竞，忘其故矣！呜呼！斯学之敝中国久矣。"这种鲜明的批判精神来自梁氏对民权学说的信仰，而这种浓厚的国民意识，乃是梁氏在学术上做出有进步意义的巨大贡献的重要精神支柱之一。

上述三项，是《论中国学术思想变迁之大势》①成就之荦荦大者。作为九十年前的论著，今天来看自然有其缺陷，主要是：书中流露出作者惧怕、反对革命的错误观点（梁氏当时虽然思想激进，但内心深处却与其师康有为的改良主义观点相应和）；对于隋唐"佛学时代"的论述，未能把握佛学唯心虚妄的本质，并且错误地低估韩愈、柳宗元、刘禹锡等人的思想成就。文中宋元学术部分付之阙如。但这类不足比起上述所取得的成就来，显然居于次要地位。梁氏对传统学术根柢深厚，精熟于典籍，眼光锐敏，运用进化观的哲学武器后，他见识极大地提高，视野空前开阔，辨析问题更左右逢源，因而能对传统学术作出出色的、批判性的总结。全文概括了中国几千年学术思想演进的趋势，气势磅

①　梁启超《论中国学术思想变迁之大势》，见《饮冰室合集》文集之七，中华书局，1989年版，第4—92页。

礴，其中精义纷出迭现，令人目不暇接。它充分显示出梁氏前期学术论著的饱满创造力，也显示出：我国传统史学蕴积深厚，一经新思想照耀即能迸发异彩。梁氏于先秦、两汉、清代学术研究尤为擅长，文中有关的基本论点，以后扩展成为多部很有影响的专著。我们评论《论中国学术思想变迁之大势》是运用进化论哲学对传统学术进行批判性总结而取得的第一个硕果，是《新史学》理论主张的出色实践，是恰当的。

(三) 当代史述·人物传记·亡国史鉴

1898 至 1899 年，梁启超撰成《戊戌政变记》，十一万余字，系统地记载戊戌变法的起因、经过和结局，是一部重要的当代史著述。我国自《春秋》《史记》至《国榷》《圣武记》，许多史家有重视当代史记载的传统，梁氏所著《戊戌政变记》，是发扬这种传统取得的成果。

梁氏是戊戌变法的领袖人物，经历了变法的全过程，详悉内情，又有个人深入观察体验。本篇撰著时间在政变刚刚发生之后，及时而又相当准确地记载了戊戌变法的重要史实和主要文件，起自公车上书，历湖南新政，至百日维新，最后政变发生，包括维新派与顽固派的激烈斗争，及维新首领、骨干人物的生平、活动，因而具有极宝贵的史料价值。仅记载在书中的百日维新中光绪帝颁布的上谕即有六十八件。康有为起草的《公车上书》《上清帝第五书》《上统筹全局疏》《保国会演说词》，黄遵宪在湖南南学会的两次演说，谭嗣同《记官绅集议保卫局事》，梁启超上陈宝箴巡抚《论湖南应办之事》，也都收入本篇之中。梁氏所记载的，还有一般人无从得知的帝党与后党激烈斗争的内幕，西太后贪婪、专横、残忍、忌刻，甘心与进步力量为敌、穷凶极恶的行为和性格。由于西太后把持晚清宫廷权力达几十年，这些记载就不是一般的宫廷掌故，而是反映晚清政治状况的有价值的史料。

　　本篇的价值，更在于相当深刻地分析了戊戌变法过程中的若干重要问题。

　　梁氏论述维新变法从酝酿到发动，六十年间，经历了四个阶段："自道光二十年割香港、通五口，魏源著《海国图志》，倡师夷长技以制夷之说，林则徐乃创译西报，实为变法之萌芽。然此后二十余年，叠经大患，国中一切守旧，实无毫厘变法之说也。是为第一界。同治初年，创巨痛深，曾国藩曾借洋将，渐知西人之长，创制造局以制器译书，设方言馆，创招商局，派出洋学生；文祥亦稍知时局，用客卿美人蒲安臣为大使，遍交泰西各国；变法之事，于是筚路开山矣，当时又议选翰林部曹，入同文馆学西文，而倭仁以理学重名为宰相，以死争之，败此大举。且举国守攘夷之说，郭嵩焘以通才奉使，深明时局，归而昌言，为朝士所攻，卒罢去。至于光绪甲申，又二十年，朝士皆耻言西学，有谈者诋为汉奸，不齿士类。盖西法萌芽，而俗尚深恶，是为第二界。马江败后，识者渐知西法之不能尽拒，谈洋务者亦不以为深耻。然大臣未解，恶者尚多，议开铁路，犹多方摈斥。盖制造局译出之书，三十余年，而销售仅一万三千本。京师书肆尚无地球图，其购求之寡可想矣。盖渐知西学，而莫肯讲求，是为第三界。"以上三个阶段共历经半个世纪多一点时间，在朝廷官僚范围内说，即使有谈论西法者，也只是在器械上、技术上着眼，称赞它船坚炮利、制造精奇而已，所采用的也限于如何制造枪炮器械、如何练兵而已，并无人想到应该输入西人的学术、采用西人的制度。至甲午战后，变法运动才进入高涨阶段："朝野乃知旧法之不足恃，于是言变法者乃纷纷。枢臣翁同龢，首先讲求，辅导皇上，决意变法，皇上……日明外事。乙未五月，翁同龢拟旨十二道，欲大行变法之事，以恭邸未协而止。然朝士纷纷言新法，渐知学堂为变法之本，而皇上频催办铁路矿务学堂之事。未几西后复收大权，皇上几被废，新政遂止。然而强学会、《时务报》大呼于天下，天下人士咸知变法，风气大开矣。是为第四界。"① 这段论述,结合梁氏本人的亲身体验,总结了维新变法逐步萌发、推动的过程,划分为道、咸间开始萌芽,同光间开始接触西方知识,中法战争后西学传入较多,至甲午战争后掀起高潮四个阶段,概括了 19 世纪后六十年间对西方的认识,从了解其枪炮、技术,到学习西方的学术、制度的历程,论述客观而中肯。告诉人们:事物的发展总是经历由表象到实质、由浅入深的过程,由于守旧派和传统的惰力顽强地排拒,社会的进步才经由如此缓慢前进的道路。然而向西方学习毕竟是历史前进的方向,虽然经历许多艰难曲折、诅咒敌视,但历史前进的方向是不可改变的,由于郁积已久和亡国危险的刺激,至戊戌年终于掀起变法的高潮。

在全国地方当局中,湖南何以能开风气之先?梁氏的分析也很精辟:"湖南向称守旧,故凡洋人往游历者动见杀害,而全省电信、轮船皆不能设行。自甲午之役以后,湖南学政以新学课士,于是风气渐开,而谭嗣同辈倡大义于下,全省沾被,议论一变。及陈宝箴为湖南巡抚,其子陈三立佐之。黄遵宪为湖南按察使,江标任满,徐仁铸继之为学政,聘梁启超为湖南时务学堂总教习,与本省绅士谭嗣同、熊希龄等相应和,专以提倡实学、唤起士论、完成地方自治政体为主义。"② 这段论述提纲挈领,从多方面说明了湖南当时何以能够成为"全国最有生气的省份"。

"光绪帝是满洲皇族中比较能接受新思想的青年皇帝,颇想有所作为。"③ 他有决心实行变法,但毫无实权,处于西太后淫威压制和守旧派大臣抵制、反对之下。本篇一再分析光绪帝在这样的困难处境下,因受到维新派的推动而下决心变法。梁氏具体生动地论述光绪帝在变法关键时刻如何筹划新政措施,回答外间人士对"新政上谕出于何人之手"的疑问:"西后与大臣忌康既甚,

① 梁启超《戊戌政变记》第一篇第二章"新政诏书恭跋",见《饮冰室合集》专集之一,中华书局,1989 年版,第 22 页。

② 梁启超《戊戌政变记》附录二"湖南广东情形",见《饮冰室合集》专集之一,中华书局,1989 年版,第 130 页。

③ 范文澜《中国近代史》,人民出版社,1962 年版,第 208 页。

皇上深知之,不敢多召见。有所询问,惟命总署大臣传旨,康则具折陈奏而已。而康有为所以启沃圣心、毗赞维新者,则尤在著书进呈之一事。盖康既呈所著书,皇上览观,恍然于变法之条理次序。及召见时,皇上亲命将所编辑欧洲列国变革各书进呈,以资采择。康以所辑《英国变政记》《普国作内政寄军令考》等书进呈,又辑《十年来列国统计比较表》,又辑《列国官制比较》《宪法比较》进呈,皆加以案语,引证本国之事,斟酌损益,其言深切,皇上深纳之。既乃辑《法兰西革命记》《波兰灭亡记》等书,极言守旧不变,压制其民,必至亡国。其言哀痛迫切,上大为感动,故改革之行,加勇决焉。康所陈改革,大纲节目,多详于著书之中,外人不知之,故咸窃窃焉,疑削(按,此字应作测)康之出入宫禁,私与皇上密谋也。上览奏甚速,一册甫上,旋即追问,明旨数四,皆命枢臣廖寿恒传之。"①

当光绪帝排除阻力,召见康有为,决定次第推行变法之时,西太后、荣禄为首的顽固派也开始准备政变,手握屠刀待机而动。本篇紧紧抓住这一决定新政命运的关键,加以分析:四月二十八日,光绪帝召见康有为于颐和园之仁寿殿,"历时至九刻钟之久,向来召见臣僚所未有也。康所陈奏甚多,皇上曰:'国事全误于守旧诸臣之手,朕岂不知?但朕之权不能去之,且盈廷皆是,势难尽去,当奈之何?'康曰:'请皇上勿去旧衙门,而惟增置新衙门,勿黜革旧大臣,而惟渐擢小臣。多召见才俊志士,不必加其官,而惟委以差事,赏以卿衔,许其专折奏事足矣。彼大臣向来本无事可办,今但仍其旧,听其尊位重禄,而新政之事,别责之于小臣,则彼守旧大臣,既无办事之劳,复无失位之惧,则怨谤自息矣。即皇上果有黜陟之全权,而待此辈之大臣,亦只当如日本待藩侯故事,设为华族立五等之爵以处之,厚禄以养之而已,不必尽去之也。'上然其言。此为康有为始觐皇上之事,实改革之起点。而西后与荣禄早已定密谋,于前一日下诏,定天

---

① 梁启超《戊戌政变记》第一篇第一章"康有为向用始末",《饮冰室合集》专集之一,中华书局,1989年版,第19页。

津阅兵之举，驱逐翁同龢，而命荣禄为北洋大臣，总统三军，二品以上大臣，咸具折诣前谢恩。政变之事，亦伏于是矣！"[①]

　　启发人们从维新变法及其失败过程中总结出有益的教训，同样是本篇的重要价值所在。梁启超总结洋务派官员三十年间所谓"温和主义"的"变法"，并不能救国家之危亡，戊戌变法提出了一系列更为根本的改革措施，是中国历史进程的巨大进步。"前此之所谓改革者，所谓温和主义者，其成效固已可睹矣。""三十年来名臣曾国藩、文祥、沈葆桢、李鸿章、张之洞之徒，所竭力而始成之者。""不见李鸿章训练之海军洋操，所设之水师学堂、医学堂乎？不见张之洞所设之实学馆、自强学堂、铁政局、自强军乎？李以三十年之所变者若此，张以十五年所变者若此，然则再假以五十年，使如李、张者出其温和之手段，以从容布置，到光绪四十年，亦不过多得此等学堂、洋操数个而已，一旦有事，则亦不过如甲午之役，望风而溃，于国家之亡能稍有救乎？"梁氏又把晚清政局譬作行将朽坍的破房子，企图修修补补已绝对无法支持危局："譬之有千岁老屋，瓦墁毁坏，榱栋崩折，将就倾圮。而室中之人，乃或酣嬉鼾卧，漠然无所闻见；或则补苴罅漏，弥缝蚁穴，以冀支持。斯二者用心虽不同，要之风雨一至，则屋必倾而人必同归死亡一也。夫酣嬉鼾卧者，则满洲党人是也；补苴弥缝者，则李鸿章、张之洞之流是也。谚所谓室漏而补之，愈补则愈漏，衣敝而结之，愈结则愈破。其势固非别构新厦，别出新制，乌乎可哉？"因此梁启超认为面对晚清政治这种积弊疲玩的局面，非以雷霆万钧霹雳手段，不能唤起而振救之。维新派所提出的"守旧不可，必当变法；缓变不可，必当速变；小变不可，必当全变"的理论，以及所采取的请戒群臣以定国是、开制度局、立民政局、迁都兴学、更税法、改律例、遣游历、派游学、设警察、设参谋部、建设海军等措施，所体现的是

　　[①]　梁启超《戊戌政变记》第一篇第一章"康有为向用始末"，《饮冰室合集》专集之一，中华书局，1989年版，第16页。

"齐力并举，不能支支节节而为之"的意图，① 乃是事理之必然和正当之举，决不是操之过急。梁氏又痛陈晚清官场风气之恶浊，启发人们认识改革事业之艰难。他描述官僚集团的昏聩愚顽："综全国大臣之种类而论之，可分为数种类，其一瞢然不知有所谓五洲者，告以外国之名，犹不相信，语以外患之危急，则曰'此汉奸之危言悚听耳'。此一种也。其二则亦知外患之可忧矣，然自顾已七八十之老翁矣，风烛残年，但求此一二年之无事，以后虽天翻地覆，而非吾身之所及见矣。此又一种也。其三以为即使吾及身而遇亡国之事，而小朝廷一日尚在，则吾之富贵一日尚在，今若改革之论一倡，则吾目前已失舞弊之凭借，且自顾老朽不能任新政，必见退黜，故出死力以争之，终不以他年之大害，易目前之小利。此又一种也。呜呼！全国握持政柄之人，无一人能出此三种之外者。"② 这次戊戌新政即被如此强大的顽固派势力压下去，今后中国社会要进步，就必须以更猛烈的手段，冲破这种反动阻力，这就是人们从梁氏的论述中可以得出的结论。

明清八股取士既是考试、铨选制度，又窒息士人思想，制造恭顺地驯服于专制统治之下的奴才，早已是中国社会的一大祸害。戊戌维新派对此腐朽制度展开了勇猛的冲击，百日维新中下令废除八股，是新政的一大功绩，梁氏深刻地论述了这一重要措施的意义："（八股考试）禁不得用秦汉以后之书，不得言秦汉以后之事，于是士人皆束书不观，争事帖括，至有通籍高第，而不知汉祖、唐宗为何物者，更无论地球各国矣。然而此辈循资按格，即可以致大位作公卿，老寿者即可为宰相矣，小者亦秉文衡、充山长、为长吏矣。以国事民事托于此辈之手，欲其不亡，岂可得乎！况士也者，又农工商贾妇孺之所瞻仰而则效者也，士既如是，则举国之民从而化之，民之愚、国之弱皆由于此。昔人谓八股之害甚于焚书坑儒，实非过激之言也。故深知中国实情

---

① 梁启超《戊戌政变记》第三篇第三章"政变原因答客难"，《饮冰室合集》专集之一，中华书局，1989年版，第83—85页。

② 梁启超《戊戌政变记》第三篇第一章"政变之总原因"，《饮冰室合集》专集之一，中华书局，1989年版，第69—70页。

者，莫不谓八股为致弱之根原。盖学问立国之基础，而八股者乃率天下之人使不学者也。近日有志之士，谓八股与中国不两立，岂不然哉！"故废八股之令下，"海内有志之士，读诏书皆酌酒相庆，以为去千年愚民之弊，为维新第一大事也！八股既废，数月以来，天下移风。数千万之士人，皆不得不舍其兔园册子帖括讲章，而争讲万国之故，及各种新学，争阅地图，争讲译出之西书。昔之梦梦然不知有大地，以中国为世界上独一无二之国者，今则忽然开目，憬然知中国以外，尚有如许多国，而顽陋倨傲之意见，可以顿释矣。虽仅数月，八股旋复，而耳目既开，民智骤进，自有不甘于谬陋者。旧藩顿决，泉涌涛奔，非复如昔日之可以掩闭抑遏矣。故此数月废八股之效，其于他日黄种之存亡，实大有关系也。"① 戊戌维新运动是一次思想解放运动，废除八股考试制度就是在旧制度的堤防上冲开一个大决口，洪流奔涌而出，顽固势力企图阻挡这一潮流，终究是徒劳的。

戊戌维新被西太后为首的顽固派凶残地绞杀了。处于海外流亡艰难情形下的梁启超，却仍对国家未来抱有信心，并力图在此篇中鼓起人们的热情。他论述湖南因推行新政，风气已开，有觉悟的青年一代将会继续进行救国事业，并用"野火烧不尽，春风吹又生"的诗句鼓舞士气："自时务学堂、南学会等既开后，湖南民智骤开，士气大昌，各县州府私立学校纷纷并起，小学会尤盛。人人皆能言政治之公理，以爱国相砥砺，以救亡为己任。其英俊沉毅之才，遍地皆是，其人皆在二三十岁之间，无科第，无官阶，声名未显著者，而其数不可算计。自此以往，虽守旧者日事遏抑，然而'野火烧不尽，春风吹又生'，湖南之士之志不可夺矣！"② 此后，湖南进步青年在辛亥革命、五四运动、北伐战争时期所起的先锋作用和建树的伟大功绩，充分证实了梁启超的预言。在谭嗣同传中，他写下了烈士气壮山河的话语："各国变法

---

① 梁启超《戊戌政变记》第一篇第二章"新政诏书恭跋"，《饮冰室合集》专集之一，中华书局，1989 年版，第 25—26 页。

② 梁启超《戊戌政变记》附录二"湖南广东情形"，《饮冰室合集》专集之一，中华书局，1989 年版，第 143 页。

无不从流血而成。今中国未闻有因变法而流血者，此国之所以不昌也，有之请自嗣同始。"① 同样是为了激励后人勇敢地担负起救国的重任。

在《戊戌政变记》中，梁氏因本人及其师康有为受过光绪帝的奖拔赏识，出于感恩，因而极力美化、颂扬光绪帝的"圣德"。这是此篇中存在的糟粕，应予剔除。

这一时期，梁启超为了激发国民的爱国思想，培养尚武进取的精神，撰写了《张博望班定远合传》《中国之武士道》《中国殖民八大伟人传》《袁崇焕传》。他又写了歌颂历史上的改革家的传记《赵武灵王传》《王荆公》《管子传》。上述人物传记中，《袁崇焕传》和《王荆公》两篇是代表作。

袁崇焕是明末著名将领和杰出的爱国者。当明军在辽东连续遭后金军打败、形势危急之时，他被任命为兵部佥事，镇守宁远。他谙熟兵法形势，忠于职守，与士卒共甘苦，加固城墙，使宁远城成为屹立于辽东前线、敌军无法逾越的坚固阵地，又利用险要地形，布置诸将扼守锦州一带及大小凌河各要塞，扩地二百里，遂使后金兵不敢犯边四年。其后，魏忠贤派党羽高第至前线，下令撤除宁远城外诸要塞，后金兵乘机大举进攻，以十余万大军攻宁远。崇焕与祖大寿等将领率军死守，血战数日，逼退敌军，大挫其锐气。崇焕升为右佥都御史，巡抚辽东。时魏忠贤专权，炙手可热，朝内外官员争颂功德，袁崇焕坚守志节，不屑阿附。遂遭魏忠贤含恨扼制，乞退归家。崇祯帝即位，魏忠贤倒台，崇焕重新被起用，命以兵部尚书兼右副都御史督师蓟、辽。崇祯二年，后金兵越长城陷遵化而西进，兵至北京城外，袁崇焕急引兵入护京师。后金纵反间计，致使崇焕被诬"通敌"，明朝廷一大群腐败官僚、魏忠贤余党、因贪生怕死受过袁崇焕斥责的败军之将一起罗织罪名，兴起大冤狱。崇焕受监禁半年余，终被处死。对于这样一位忠于国家、英勇杀敌建功，最后却遭诬陷，

① 梁启超《戊戌政变记》第五篇"殉难六烈士传·谭嗣同传"，《饮冰室合集》专集之一，中华书局，1989年版，第109页。

含冤而死的人物，梁启超极力为之表彰，称他是"明季第一重要人物"。

梁氏以庄严的史笔，让袁崇焕的爱国精神彪炳史册。他以饱含感情的文字，再现袁崇焕负伤率军与敌血战、取得宁远大捷的壮烈气概：

> 是时我军仅万余人，而敌之强且十二三倍。经略（高）第、总兵（杨）麒，并拥兵关上不救。中朝闻警，兵部尚书王永光大集廷臣议战守，无善策，盈廷皇皇，谓必无宁远。越十日，崇焕以捷闻，朝野上下，罔不失色抃舌，额手以相庆者。先是清军进攻，戴楯穴城，矢石雨下，不能退。城垣圮丈许，崇焕身先士卒，輦石塞缺口，身被再创，部将劝自重，崇焕厉声曰："区区宁远，中国存亡系之。宁远不守，则数年之后，父母兄弟皆左衽矣！偷息以生，复何乐也！"自裂战袍裹左臂伤处，战益力，将卒愤厉，奋争先翼蔽，城复合。呜呼！若于吾先民中求完备之军人资格者，袁督师当之矣！明日复攻，崇焕乃令闽卒发巨炮，一发决血渠数里，伤数百人。凡三日，三攻三却，围遂解。崇焕复开垒袭击，追北三十余里，清军大乱，死者逾万人。

最后，梁氏引述为袁崇焕"讼冤数四，卒与俱死者"布衣程本直所说："试问自有辽事以来，谁不望敌于数百里而逃，弃城于数十里而遁？敢与敌人画地而守、对垒而战，翻使此敌望而逃、弃而遁者，舍崇焕其谁与归?!"布衣之言，代表了当日民众心中的公论。梁氏严厉斥责明廷听任邪恶小人对忠直将领的陷害，自毁长城，致国家同归于尽的荒唐行径："袁督师一日不去，则满洲万不能得志于中国，清军之处心积虑以谋督师，宜也。而独怪乎明之朝廷，自坏长城，为敌复仇，以快群小一日之意见，而与之俱尽。天下古今冤狱虽多，语其关系之重大，殊未有袁督师若者也！"[1]

---

[1] 梁启超《袁崇焕传》，见《饮冰室合集》专集之七，中华书局，1989 年版，第 9、23 页。

　　王安石，是中国历史上杰出的改革家。他在北宋神宗时任宰相，面对当时土地兼并激烈，广大农民日益贫困，社会矛盾尖锐，并引起封建国家财政危机的严重弊病，他制订新法，实行范围广泛的改革，谋求达到整国理财、"富国强兵"的目的。新法推行数年，起到了压制大官僚、大地主的作用，国家财政情况也有所改善。这场改革触及身居高位的官僚和欺凌小民的豪绅地主的利益，因而遭到他们的反对，利用新政实行中的缺点（部分官吏执行不当，间有烦扰之处），众口汹汹，群起反对。王安石被迫辞职。北宋时代这场新旧两派的斗争，其影响长达数百年。历代思想守旧的人物，俨然以"卫道"的立场，交口咒骂王安石，称他是"小人""奸党"。梁启超撰写《王荆公》这篇传记（约十六万字），以翔实的史料，酣畅的议论，为这位历史上卓越的改革家立传，批驳守旧派加在王安石身上的种种诬妄之词，给他以应有的历史地位。

　　梁氏撰写此篇还有更深的用意。他很清楚，人们对于历史上改革的不同看法，反映的正是对现实问题的不同态度。王安石在长达九百年间历遭丑诋，正反映出进步事物历来遭受保守势力的压抑、摧折以及千百年来养成墨守成规、不求进取，对于带头变革的俊杰之士忌刻仇视、群起攻之的恶浊社会风气。这是阻碍中国社会进步的巨大惰力！梁启超痛切地指出：

> 　　以不世出之杰，而蒙天下之诟，易世而未湔者，在泰西则有克伦威尔，而在我国则荆公。泰西乡愿之史家，其论克伦威尔也，曰"乱臣"，曰"贼子"，曰"奸险"，曰"凶残"，曰"迷信"，曰"发狂"，曰"专制者"，曰"伪善者"，万喙同声牢不可破者殆百年。顾及今而是非大白矣，英国国会先哲画像数百通，其衰然首座者，则克伦威尔也。而我国民于荆公则何如？吠影吠声以丑诋之，举无异于元祐、绍兴之时。其有誉之者，不过赏其文辞，稍进者，亦不过嘉其勇于任事。而于其事业之宏远而伟大，莫或见及，而其高尚之人格，则益如良璞之埋于深矿，永劫莫发其光晶也！

梁氏由荆公的备受污蔑，进而激愤地针砭社会风气的严重积弊：

> 曾文正谓"宋儒宽于责小人而严于责君子"。呜呼！岂惟宋儒，盖此毒深中于社会，迄今而日加甚焉！孟子恶"求全之毁"。求全云者，于善之中必求其不善者云尔，然且恶之，从未有尽没其善而虚构无何有之恶以相诬蔑者，其有之，则自宋儒之诋荆公始也。夫中国人民，以保守为天性，遵"无动为大"之教，其于荆公之赫然设施，相率惊骇而沮之，良不足为怪。顾政见自政见，而人格自人格也。独奈何以政见之不合，党同伐异，莫能相胜，乃架虚辞以蔑人私德，此村姬相诟之穷技，而不意其出于贤士大夫也！遂养成数千年来不黑不白不痛不痒之世界，使光明俊伟之人，无以自存于社会，而举世以学乡愿相劝勉。呜呼，吾每读《宋史》，未尝不废书而长恸也！

《王荆公》的撰著，正是针对这一历史上的绝大冤案，针对这种恶浊的社会风气，堂堂正正地树立改革家英伟的形象，给人们的心理以一次强烈的震撼。梁启超的意图是通过公正地评价王安石，鞭挞中国社会根深蒂固地存在的畏葸守旧、苟且平庸，"枪打出头鸟"、对特出人物大加非难攻击的恶劣习气，倡导奋发进取、冲破陈规、勇于创造、开辟新路的精神。

《王荆公》论述的内容广泛。王安石的时代，各个时期的活动，王安石与神宗的关系，新政的制订、推行，新政的成绩，围绕新政的激烈斗争，王安石的交游，以至其学术、散文、诗词成就等，无不囊括在内。在材料运用上，梁氏以《王临川文集》、蔡上翔《王荆公年谱考略》为主要依据，同时广泛征引《宋史》、《文献通考》、司马光《司马文正集》、王夫之《宋论》、颜元《宋史评》、陆九渊《荆国王文公祠堂记》、欧阳修《濮议》，及范镇、苏洵、苏轼、苏辙、吕诲、陈汝锜、曾巩、范百禄的言论，及《隐居诗话》《玉照新志》《臞斋学记》等，互相参证。写法极灵活，随时结合所记述的史实发表议论，加"案语"及"考异"分析关键性问题，或对史实作辨正、澄清。而梁氏尤为着重的，是从大处着笔，论述王安石新法的进步意义和实行的成效，以驳斥守旧派对改革家的攻击。

梁氏强调指出，王安石变法的主要目的，一是为了促使民众富裕，二是为了增加国家财政收入，总之，是为了发展国家的经济。"俗士之论荆公，大率以之搪克聚敛之臣同视，此大谬也。公之事业，诚强半在理财，然其理财也，其目的非徒在增国帑之岁入而已，实欲苏国民之困而增其富，乃就其富取赢焉，以为国家政费。故发达国民经济，实其第一目的，而整理财政，乃其第二目的也。而其所立诸法，则于此两者皆有关系也。"梁氏进而认为，王安石推行新政的进步意义，最突出的体现是抑制大官僚、大地主的恶性兼并："公之志，在制兼并济贫乏，变通天下之财，以富其民而致天下于治。制置三司条例司之职在此，而后此所立之法，亦无不本此意以行。"又说："荆公之意，以为国民经济所以日悴者，由国民不能各遂其力以从事生产也。国民所以不能各遂其力以从事生产者，由豪富之兼并也。国中豪富少而贫民多，而豪富又习于奢汰，不以其所得为母财；而贫民涓滴之母财，又为兼并家岁月蚀尽：则一国之母财举匮，而民之生无以复聊。于是殚精竭虑求所以拯救，其道莫急于摧抑兼并。而能摧抑兼并者谁乎？则国家而已。荆公欲举财权悉集于国家，然后由国家酌盈剂虚，以均诸全国之民，使各有所藉以从事于生产。……其青苗、均输、市易诸法，皆本此意也。"这些论述，堪称切中肯綮。

自元祐党争以来，守旧派对王安石肆意诋毁，"必欲天下之恶皆归，至谓宋之亡由安石！"[①] 苏轼作《温公行状》，本是为司马光作传，全篇九千余言，却用了一半以上的文字诋斥王安石，论其体例，也是自古以来绝无仅有的怪体。其后，唐应德著《史纂左编》，其中有王安石的传记，二万余言，全是苛责之词，无片言只语记其美言善行，而杨用修甚至斥责王安石是合伯鲧、商鞅、王莽、曹操、司马懿、桓温的第一奸人。历史上的是非功过

① 蔡上翔《王荆公年谱考略》，中华书局上海编辑所，1959年版，第2页。

竟如此被颠倒，这使梁氏深感痛楚，他愤然说："荆公所以受诬千载而莫能白者，皆由元祐诸贤之子孙及苏程之门人、故吏，造为已甚之词，及道学为世所尊，而蜚语遂变铁案。《四库提要》推原《宋史》舛谬之故，由于专表章道学，而他事不措意。……而其大原因则皆由学术门户主奴之见，有以蔽之。若荆公又不幸而受诬最烈者也。""以历史上不一二见之哲人，匪直盛德大业，掩没不彰，抑且千夫所指，与禹鼎之不若同视。天下不复有真是非，则祸之中于世道人心者，将与洪水猛兽同烈。则夫辟邪说、拒淫辞，扬潜德、发幽光，上酬先民，下奖来哲，为事虽难，乌可以已！"

因此，此篇中征引各种记载，细加考辨，深入论证："荆公兴举民政、财政，其条目班班可考，其本意无一不出于利民，乌有所谓损下益上如俗吏掊克之所为乎！"梁氏也并没有走向极端，绝对肯定。他同时指出王安石当时任用的官员有奉行不实，致使新法推行过程中有的与立法之本意相抵触，因而收效不如原先所预期的。问题在于要区分主次，要区分王安石创立新法的本意与推行过程中出现的缺陷，才能得出符合实际的看法。以募役法而言，历代规定各种名目的差役，造成民众不堪忍受的重负，这项弊政早已非加革除不可。王安石制定募役法，"变当时最病民之差役制，而令民出代役之税以充募资"，正是为解除民政的痛苦，实属合乎时势、救时惠民的一大良法。梁氏从历史进步的大局和王安石推行此法的慎重，论证其进步意义：

> 差役之病民，既已若彼其甚，则势不能以不革明矣。……（以往）徒以立法不善，故朴愿而弱者益病，黠而豪强者幸免。今因其固有之义务而修明之，易征徭之性质，为赋税之性质。……以财产之高下列为等第，富者所征较重，贫者所征愈微，其尤贫者，则尽豁免之。……

> 荆公痛心疾首于此等不平之政，不惮得罪于巨室，而毅然课彼辈以助役钱。此欧洲诸国流亿万人之血乃得之者，而公纤筹于庙堂，顷刻而指挥若定也。夫其立法之完善而周备，既若是矣，尤不敢自信，乃揭示一月，民无异辞，然后

著为令。而其行之也，又不敢急激，先施诸一两州，候其成就，乃推之于各州军。所谓"劳谦君子，有终吉者"，非耶?! 自此法既行，后虽屡有变迁，而卒不能废，直至今日，而人民不复知有徭役之事，即语其名亦往往不能解。伊谁之赐? 荆公之赐也。公之此举，取尧舜三代以来之弊政而一扫之，实国史上、世界史上最有名誉之社会革命也! 吾侪生今日，淡焉忘之久矣，试一观当时诸人所述旧社会颠沛杌陧之情形，又考欧洲中世近世之历史，见其封建时代右族僧侣朘削平民之事实，两两相印证，则夫对于荆公，宜如何尸祝而膜拜者! 而乃数百年来，一犬吠形，百犬吠声，至今犹曰迂阔也、执拗也、苛酷也，甚者则曰营私也、盒壬也。呜呼，我国民之薄于报恩，可以慨矣!

其他凡新政推行的均输法、青苗法、市易法、方田均税法、农田水利法、置将法、保甲法诸项，设置的原由及推行的办法，都有具体论列。关于实行变法的总效果，梁氏引熙宁五年（1072）王安石呈宋神宗《上五事札子》所述，逐项分析说，"知和戎、青苗二事，乃公所认为已有成效者。和戎之事，其功与天下以共见，不必论。青苗法立意虽善，然以理势度之，不能有利而无弊，其或初年行之颇得其人，故见效多而见病少欤?""免役法厘革数千年之苛政，为中国历史上开一新纪元。当改革伊始，虽不免一部分人略感苦痛，然所不利者在豪右之家，前此有特权者耳，自余细民，则罔不食其赐也。此可谓纯有利而绝无病者也。保甲法体大思精，为公一生最用力之事业，其警察的作用，可谓有利而无病。其成效亦已章章可睹，其寓兵于农的作用，则以当时募兵未能尽废，常备、后备之区别不立，其稍扰民，固意中事，然为起宋之衰，势不得不尔也。独至市易法，其用意虽非不善，然万不可以行于专制政体之国家。"而总的结论是，新法推行"诚不免有流弊，然为救时之计，利率逾于病也"。① 梁氏所

---

① 梁启超《王荆公》，引文均见《饮冰室合集》专集之二十七，中华书局，1989 年版，第 1—216 页。

言，已被此后的宋史研究证明是公允之论。此篇的缺陷，是梁氏多处以北宋中期的这场变法与近代欧洲历史相比附，甚至说"有近于国家社会主义，为今世诸立宪国所犹未能行者"。这样不恰当地作历史的类比，容易混淆不同时代不同性质的问题，是研究者所应该避免的。

这一时期，梁启超还写有一批弱小国家民族的亡国史，意在给面临列强瓜分危险的国人提供鉴戒。计有：《波兰灭亡记》《朝鲜亡国史略》《越南小志》《越南亡国史》《朝鲜灭亡的原因》《日本并吞朝鲜记》。梁氏在《越南亡国史》"发端"中说："我国今如抱火厝积薪下而寝其上，犹举国酣嬉若无事"，著述的目的，是希望"我国大多数人闻而自惕，有蹶然起，有复见天日之一日"！当时处在亡国危险迫在眉睫的情况下，梁氏怀着满腔爱国热忱，以弱小国家亡国的历史敲响警钟，是为了唤起本国同胞奋起救亡。当 20 世纪初年，这些史著被爱国民众拿来对照本国的政治状况和前途，帮助人们认清清朝政府投降卖国的本质，它们在客观上的影响，是有利于人们转向革命的立场，赞成用革命手段推翻清朝的腐朽统治。

梁氏所著的亡国史鉴以大量史实证明，弱小国家受奴役、被灭亡的过程虽有不同，但共同的原因，都在国内政治败坏，举国萎靡不振，不思发愤图强，尤其是专制政体造成祸害，故列强乘隙而入。波兰之灭亡，归根到底，是"内政不修，积弱滋甚，家有狐鼠，乃欲倚虎狼以自壮。乃至择肉以食，始相顾失色，无可为计"！[1] 越南灭亡的原因，则是"自顾已满，拥金睥睨，井蛙无天，文恬武熙，日甚一日。其间积腐政教，事事模仿明清。文人以陈编兔守，俗学鸦涂，自矜得志；武人以旗鼓美观，棍拳儿戏，自谓无前。其最可鄙者，抑制民权，刍狗舆论，凡国家谋议，民党从旁咨嗟而已"。[2] 梁氏还严厉谴责列强对弱小国家处心

---

① 梁启超《波兰灭亡记》，《饮冰室合集》专集之十四，中华书局，1989 年版，第 2 页。

② 梁启超《越南亡国史》，《饮冰室合集》专集之十九，中华书局，1989 年版，第 2 页。

积虑进行侵略，诡计多端，阴险奸诈，呼吁民众识破它们的狡猾手段。

（四）推进外国史领域的研究

19世纪中叶以前，中国士大夫对世界懵然无知，仅有的若干零星记载，又多得自传闻，讹误极多，不足凭信。鸦片战争以后，中西文化接触逐步展开，因而先有汇辑各国史地知识的名著《海国图志》《瀛寰志略》，以后有专记一国史地、政制的史志体著作《日本国志》。梁启超继续了前人的成就并加以发展。20世纪初，他在大力传播西方进步社会学说的同时，也有意提倡中国学者关注外国历史，研究西方国家富强进步的历史经验，赞颂欧洲近代史上为爱国事业献身的英雄人物，用以激励国人投身于救亡图强的事业之中。除了前述亡国史鉴外，他在外国历史方面还著有《论希腊古代学术》《匈牙利爱国者噶苏士传》《意大利建国三杰传》《罗兰夫人传》《新英国巨人克林威尔传》《斯巴达小志》《雅典小史》《欧洲战役史论》。这里仅选取其中两篇名著，扼要说明其成就。

《意大利建国三杰传》（撰于1902年），是20世纪前期郭沫若等几代爱国青年所醉心阅读的名著，近五万字，记述19世纪意大利三位杰出的政治人物玛志尼、加里波的、加富尔的事迹。玛志尼是一位革命家，意大利民族复兴运动中民主共和派领袖。青年时代即投身革命活动，曾加入烧炭党，后被捕，被驱逐出国，在艰难困苦的流亡生活期间，创立青年意大利党，以后在1848年资产阶级革命中起重要作用。加里波的也是意大利民族解放的著名领袖，是率领革命军队的杰出将领，也是玛志尼的亲密朋友。他于1834年发动起义，失败后逃往南美，历尽艰辛，后回国领导1848年保卫罗马共和国的战斗。1860年，又英勇地领导红衫军，解放西西里、那不勒斯，以后又两次组织进攻教皇统治下的罗马。一生历经无数挫折，毫不屈服，坚持战斗。加富尔是贵族出身的意大利政治家，早年创办《复兴报》，宣传君主立宪政治。他实行自上而下统一意大利的策略。1860—1861 年，当加里波的领导西西里、那不勒斯取得解放之时，加富尔乘机将其并入撒丁王国，宣布意大利王国成立。梁启超称三杰是"国事以外，举无足介其心，故舍国事无嗜好，舍国事无希望，舍国事无忧虑"的真正爱国者，是可歌可泣的豪杰，"无三杰则无意大利"，"三杰以意大利为父母为性命，意大利亦以三杰为父母为性命"。他呼吁中国"人人勉为三杰之一，人人勉为三杰之一之一体"，中国就能自立自强！

梁启超概述意大利民族解放运动带来的翻天覆地的变化：自蛮族入侵，罗马帝国灭亡之后，千余年间，意大利半岛无休止地遭受外族的蹂躏凌辱，日削月蹙，山河破碎，"意大利三字，仅为地理上之名词"，"薤露苍凉，劫灰零落"。在三杰领导之下，几十年间前仆后继进行民族复兴的斗争，终于在 19 世纪下半叶，"俨然出一新造国，涌出于残碑累累荒殿寂寂之里，……内举立宪之美政，外扬独立之威烈，雪数十代祖宗之大耻，还二千年历史之光荣！"

梁氏对玛志尼三人重整意大利半岛破碎的山河，实现了民族复兴的伟业无限崇敬热爱，以夹叙夹议的方法，倾注了全部感情，这是本篇在 20 世纪前期广泛传布的重要原因。梁氏以"新史氏"名义发表议论说："吾侪读史何为乎？察往以知来，鉴彼以诲我而已。吾读泰西列国近世史，观其事业及其人物，无不使吾气王而神往。而于意大利建国史，尤若养养然有所搔抓于余心，跃跃然有所刺激于余脑，使余笑，使余啼，使余醉，使余舞，余求其故而不得。余为三杰传，乃始若化吾身以入于三杰所立之舞台，而为加富尔幕中一钞胥手，而为加里波的帐下一驺从卒，而为玛志尼党中一运动员，彼愤焉吾愤，彼喜焉吾喜，彼忧焉吾忧，彼病焉吾病。"梁氏对三杰如此满腔热情地赞扬，是因为他系念着中华民族的复兴大业。他认为，19 世纪初以前意大利民族的遭遇，与我中华民族历遭劫难正相类似，意大利英雄能够洗刷民族耻辱，求得国家的独立解放，对于中国民众将感到特别亲切，具有扫清悲观情绪、鼓起斗争信心的力量："彼数十年前之意大利，何以与我祖国相类之甚？其为世界上最古最名誉之国也相类，其中衰也相类，其散漫而无所统一也相类，其主权属于外族也相类，其专制之惨酷也相类，其主权者之外复有他强国之势力范围也相类，势力范围不止一国、国民举动、动遭干涉也相类。呜呼，同病相怜，岂不然哉！而彼其不如我者更有数事。曰土地之小，不如我；曰人民之寡，不如我；曰无中央政府，不如我；曰有政教之争，不如我。……读意大利建国史，而观其千回百折、停辛贮苦、吞酸茹险之状，自设身以当此境，度未有不索然气沮，力竭声嘶，一蹶再蹶而若丧我者。而今日之意大利，何以能巍然立于世界上，俨然厕于欧洲六大强国之列，而一举一动，系天下之轻重也？呜呼！吾案意大利建国成绩，而乃始知天下果无易事，而乃知天下果无难事。吾欲速之谬见一破，吾厌世之妄念一破。"

梁氏在篇中以三杰的活动为线索，从19世纪初年意大利形势写起，直到"意大利定鼎罗马大一统成"，简洁而充实地叙述了意大利统一的全过程。梁氏所特别着重揭示的，是三杰忠于祖国、冒险犯难、百折不挠的精神。他记述玛志尼先亡命法国，创立"少年意大利党"，又创办报纸进行革命和实现民主共和的宣传，"以其高尚纯洁之理想，博通宏赡之学识，纵横透辟之文词，洒热血于笔端，伸大义于天壤。举国志士，应之者云起水涌"。法国应撒丁王国政府之要求，驱逐玛志尼出境。"乃潜窜于瑞士，自兹以往，殆如囚房者凡十余年，避侦探，避钼麑，屏居于斗室暗淡之中，一灯凄凉之下。日夜慷慨淋漓，伸纸吮笔，然胸臆中炎炎千丈之活火，著书草论，指天画地，策方略散诸各地，以指挥其同志。嘻！玛志尼虽壮快真率光明磊落之一男子乎，至其深谋致虑，洞察情伪，兔起鹘落，熟精夫神秘隐密之革命家不二法门，往古来今，未见有其比也。其所著书，至今凡有志于政治上秘密结社者，奉为枕中鸿秘，得其术以达志者，不知凡几矣。千八百三十六年，复不为瑞士政府所容，坎坷流浪，仅得托足于从来不逐'国事犯'之英国。自千八百三十七年以后定居焉。英国者，实玛志尼之第二故乡也。去国益以远，来日益以难；战一国之大敌未已，而一身之小敌，且纷至而沓来。战疾病，战饥寒，三旬九食，十月单衣，典时表，典外套，典长靴，犹不足以自给，最后乃丐得一报馆，卖文为活。然犹日日奔走呼号，和血和泪，以从事于著述。……盖此十年中，而其所谓教育国民之主旨，乃始磅礴圆满，而此后如荼如锦之意大利，根柢乃始立矣！"

加里波的流亡南美，曾几次濒于死难。他参加巴西南部共和主义的起义，与意大利志士十二人，驾轻舟夺得军舰，与帝国政府两艘军舰战斗，炮手牺牲，加里波的身负重伤，"船如断梗，漂流海上，地理不明，针路不悉。当此之时，加里波的之不死，其间不能容发。……一士官开海图示加将军，乞其指挥。将军手不能动，口不能言，惟溅一滴泪于图中桑得菲之点，士官等悟其意，向此港进行。凡漂泊十九日，乃达嘉尔伽港"。此后，加里波的帮助乌拉圭维护独立的战争取得成功，"凯旋于门德维拉政府，府民欢迎，举国如狂。顾将军不伐其功，退然屏居，仍为一亡命孤客之情状也"。他住在几间不堪风雨的破房子里，连夜间买蜡烛的钱都没有，法国海军将领慕名来访，时已向晚，无蜡烛照明，两人只能摸黑谈话。1848 年，欧洲革命高潮来临，以玛志尼、加里波的为号召，曾一度建立了罗马共和国。法国政府派出大军干涉，进攻罗马，加里波的率仓卒训练的军队迎战，"率部下奋战十余日，骁勇将裨，死者十八九。卒以六月二十九日，会敌之大袭击，为最后之决战。加将军万死不顾一生，挥刃叱咤，突入敌营，狮子奋迅，毙敌无算"。

梁氏讴歌意大利三杰，是为了让国人以他们为榜样投身于救亡事业，争取中华民族的光明前途。他特别强调要树立忠于祖国、坚贞不渝的精神："意大利建国，自发轫以至告成，中间凡五十余年，大波折者六次，小波折者十余次，其间危机往往在一发，使其气一馁焉而即败，使其机一误焉而即败。乃其败也一而再而三以至于十数，而馁焉者无一焉。此或失机，而常能有不失者与之相救，合天下古今之壮剧活剧、惨剧悲剧、险剧巧剧，以迭演于一堂。嘻！何其惊心动魄不可思议至于此甚也？岂有他哉,人人心中有'祖国'二字,群走集旋舞于其下。举天下之乐,不以易祖国之苦;举天下之苦,不以易祖国之乐。人人心目中有祖国,而祖国遂不得不突出、不涌现。"发扬崇高的爱国主义精神,是战胜一切困难障碍,实现民族复兴的保证!梁氏又特别强调要学习三杰为实现崇高目标,斗争到底、毫不动摇的精神:"彼三杰者,沉毅坚忍,百折不回,是故当学。综观历史上建设之事业,其挫折之多,未有若意大利此时者也。玛志尼终身未尝成一事,然其革命暴动之举,自二十岁以至六十岁,凡四十年间,无一日不口讲指画伺隙而实行也。加里波的,败于始、成于中、而败于终,其目的之极点,一日未得达,则一日不肯休。前后被逮十数次,无所于悔,无所于惧,而一惟贯彻其所志之为务。加富尔足智而持重,事必求可,功必求成,然其失败之役,亦屡见不一见,愈摧而愈坚,愈拂而愈勇,至死之日,犹耿耿以未立之志为念。"梁氏的深刻寓意是,在争取中国民族解放的道路上,同样横亘着无数的艰难险阻,只有无所畏惧,敢于历险犯难,愈受挫折愈加坚强,才能取得最后的胜利!

此篇还有一点值得注意,意大利最后实现民族统一,是走立宪政体的道路,在为实现建国目标进行的斗争中,玛志尼始终坚持实行共和政体,走革命道路,加富尔则坚持君主立宪,他的主张与意大利历史的发展趋势相符合;那么,如何评价"革命"的主张呢?实际上,这也是 20 世纪初我国国内各派政治力量所面临的一大关键问题。梁启超认为,"革命"与"立宪"作为政治主张是对立的,但在争取意大利统一的实际斗争中,又是相辅而成的。"无革命之论,则立宪终不可成。通观今世界之立宪君主国,何一非生于革命风潮最高点之时代也?(原注:英国宪法号称自然发生者,然非长期国会之革命,则其宪法亦废弃久矣。)且立宪国有两事最不可缺,其一,则君主不敢任意蹂躏宪法,其二,则国民知宪法之可宝贵是也。凡已有特权者,谁乐分之以与人?故民间无革命思想,则君主断不能以完全之宪法与民。一也。凡得之太易者,则视之不重;视之不重者,则守之不牢。故民间苟非以千血万泪易得宪法,则虽君主三揖三让以畀之,而亦不能食其利。二也。故无论欲革命者当言革命,即欲立宪者固不可不言革命。即已不欲言,亦不可不望有他人焉言之。"此项确是梁启超的卓识,民众在实际斗争的洗礼中普遍经过革命、民主、共和的教育,完全意义上的宪法才能在政治生活中确实得到实现、得到保障。事实上,玛志尼历经艰辛,多年从事革命、共和的宣传和组织活动,已在民众中广泛地建立了民主共和的信仰。这正为最终实现意大利统一事业奠定有力的基础。诚如梁启超所言:"意大利自经玛志尼十数年大声疾呼、热心训练以后,其国民之理想之气力,已非复前此之薄弱腐败。日复一日,旬复一旬,激昂之度,愈高愈烈。日复一日,旬复一旬,意大利全国人,无贵无贱、无贫无富、无老无幼,皆怀抱本族独立统一之决心,愈固愈剧。其秣马蓐食,为政治上秘密之运动者,比比皆是。于治那亚有学术会议,于卡萨尔有农业会议,实则皆政谈会也。意大利之动机,殆如在弦之箭,持满而待发;如凌空之爆,迸星而欲轰!"民众觉悟的提高,热情的迸发,成为推动复兴运动在曲折中前进的强大力量。因此,意大利之统一虽然并非成于玛志尼革命党人之手,但从精神论,玛志尼毕生奋斗伟绩长存。"前此无玛志尼,则虽有百加富尔,而大功终不可就。"①

撰于 1914 年的《欧洲战役史论》(约六万余字)是梁氏在推进世界史研究方面又一代表作。此篇堪称奇作,梁氏在此年 7—8 月欧战(即第一次世界大战)发生后不久,即萌发撰写这篇史论著作的想法,经过两个月时间搜集资料,至 11 月间用十天时间写成。为了使远离欧洲战场几万里以外的中国大众明了这次大规模事变的真相,梁氏深入地分析引起这次世界大战爆发的"远因、近因、主因、从因",论述欧洲列强在政治、军事、经济、外交上展开的剧烈争夺。由于本篇系在事变刚刚发生即著成,观察异常敏锐,而且全篇组织严密,层层深入剖析,把复杂纷纭的事件、关系、因果梳理得清清楚楚,文字生动而富于吸引力,故

---

① 梁启超《意大利建国三杰传》,见《饮冰室合集》专集之十一,中华书局,1989 年版,第 2—61 页。

此被近代著名史学家张荫麟誉为梁氏史著中与《春秋载记》《战国载记》并称的出色之作。

梁氏撰著此书有两项目的。第一，要借论述战争爆发的原委、列强各国的关系，帮助国人"以洞明世运变迁之所由，更进而审吾国之所以自处"。①因此他在全篇"导言"中提出："史家之职，不徒在叙述事实之真相而已，其最要者，则在深察事实联络之关系，推究其因果之起卒，以资公鉴而垂来训。"由于国内报章所载资料，辗转所得，间接而零碎，"读之不得要领"，故他设法搜集欧洲各国披露的报告、文件，据以分析。梁氏正确地提出，当今世界各国关系错综复杂，古人著史"据事直书，其义自见"的做法，在今天已难以适应。故他在此篇中即有意识地做到既注重史实的记述，又重视议论、分析，二者结合。又配以地图及统计表，务求使读者明了这次世界性大事变的真相。第二，为了促使国内学术界形成世界性眼光，推动学者们拓宽视野，开辟新的研究课题，重视外国历史和国际问题的研究。他说："吾国人研究世界之兴味，浅薄极矣。此次大战，予我以至剧之激刺，稍好事者，固欲求知其真相，吾以为是国人研求外事之一良机会也。"为了达此目的，梁启超定下目标，要令读者读之"非终卷不能自休"，"引之入胜"，此篇在章节结构、内容层次安排上认真下了功夫。"于全体之结构，与夫用笔行文之际，常三致意，务思所以导人以兴味。此区区所以自效于社会之微意也。"梁氏又称他有意识做到"宁俚勿晦"，力求通俗浅显，增加读者阅读的兴趣，不致因对外国事物生疏或外国人名地名佶屈难读而感到厌倦。②

梁氏所抱定的愿望，确是相当出色地实现了。他记述的是刚刚发生的当前"活的历史"，却能透过错综复杂的现象，揭示出实质性的东西。梁氏分析导致这场世界性大战爆发的总背景：自

① 梁启超《欧洲战役史论》（自序），见《饮冰室合集》专集之三十，中华书局，1989年版，第2页。
② 引文均见《欧洲战役史论》（第二自序），《饮冰室合集》专集之三十，中华书局，1989年版，第1—2页。

从1871年普法战争结束之后，欧洲列强相互间无战事，已历四十年之久。这期间有过的战争，都发生在世界上别的地方，或亚洲，或非洲，或美洲，至多也只涉及欧洲的边缘地带，卷入的是小国。而号称世界文明中枢的欧洲列强之间，表面上即使发生小的摩擦，也都在谈判桌上很快消除，"几疑大道之行，讲信修睦，昔惟梦见，今乃真见"。而真实的情况是，列强之间暗中进行军备竞赛，欧洲表面的和平，是"以炸弹支床，棉药为茵"，暗中布满杀机，只要有一点火星，这座火药库就会立即爆炸。故"夷考其实，则各国相竞于扩张军备，日夜无休时：军费递年增加，常占国家经费全部十分之六七；科学之发达，强半应用之以改良军械；陆海空各方面，咸研习相斫术，蓄养实力，惟恐后时；而各国之治兵，各有其心目中所对待之一国或数国，常比例之以为搜讨军实之标准。故虽日日冠盖往来，缟纻投报，实则刹那间，常瞋目相视，互思所以扼其吭而剚刀于其腹，伺机即发。其未发者，莫敢先动耳。若此者，无以名之，名之曰'军容的平和'。欲筑平和之殿宇，而以军容为之基础。此何异以炸弹支床，以棉药为茵，而谋寝处偃息于其上。此其不容即安，五尺之童所能睹也！"各国在外交关系上，也是幻想以"五雀六燕"保持它们之间极其虚假的所谓"平衡"："然当彼刻刻杀机四伏、间不容发之际，而犹能蒙平和之假面历四十余年，则非徒恃军事上之均势而已，而更恃外交上之均势。于是有所谓俄德奥同盟、德奥意同盟、俄法同盟、英日同盟、英俄协商、英意协商、法意协商、日俄协商等，相起伏相消长，连横合纵，日夕捭阖，期以五雀六燕保其衡平。然此种钩拒接构之术，一面固暂足为平和之保障，一面又实为永争之因缘。"一旦有事，将迅速酿成大祸！

战争的导火线，便是奥皇储斐迪南夫妇在巴尔干半岛中部波希尼亚州被塞尔维亚族青年刺杀事件。消息传出，奥地利及塞尔维亚立即剑拔弩张。奥地利帝国发誓报仇："讯鞫之结果既已暴露，奥人敌忾之念，举国若狂，示威之举，所在蜂起。闻变后三日，学生罢学，商民罢市，团聚数万，执梃以袭奥京之塞国使馆，拔其国旗而裂之。余波遂及俄馆，警察力不能制，继以宪兵，始勉解散，犹日夜嚣嚣无休时。报馆珥笔之士，日日以复仇大义责政府，曾不许执政以寸毫包荒之余地。匈牙利者，自有其国会、其内阁，夙与奥人非为一体者也。至是亦义愤飙发，其舆论之排击，无所不用其极。七月七日，遂开奥匈临时联合内阁会议，决议问罪于塞人。"而塞尔维亚人亦不示弱，立即摆开决一死战的阵势："……激昂之民志，遂不可复制。国中竟为仇奥之言论行动，以与奥人之仇塞者相应和。或则抵制多瑙河上奥国邮船，或加奥侨以危害。其报纸则大声疾呼，谓政府若对奥人稍加屈服，则全国民当以颈血溅之！"

战争的发源地在巴尔干半岛，最后导致交战双方"同盟国"（德奥意）与协约国（俄英法）两大集团宣战。梁氏对交战各国错综复杂的关系爬抉梳理，层层深入分析列强之间矛盾的由来和发展。他精到地分析了巴尔干问题的由来，其深远原因是俄国长期以来企图东进，处心积虑企图控制巴尔干半岛，推行"大斯拉夫主义"，引起奥国及站在奥国后面的德国的尖锐矛盾。对于极其复杂的军事、民族、外交问题，透辟地作了论述：

> 巴尔干之艰于统治，又为各地冠。就人种问题言之，全半岛之人民，计二千二百七十余万，而为政治主宰之土耳其人，仅及百万，居全人口二十二分之一耳。……以极少数之土耳其族临之，固已若朽索之驭六马，而土耳其人又极富于排他性，未由以自力吸化异类，且其文明程度，又远出被治诸族之下，其不能怀服之，固其所矣。……而土耳其席东方专制之习，阉宦女谒盛行，宫廷侈汰无度，财政涸竭，仰给外债，迄于破产，则以横征苛敛施之其民。军队横恣，草薙禽狝，比户骚然，道路以目。此等现象，百余年继续以极于今日，民不堪命，盖亦甚矣！以此诸因，故巴尔干人民，势不能不出死力以求自脱于土耳其专制之外。故坡、赫二州与夫希、塞、罗、门、布、阿诸国，累叛乱以叛乱，摩顶放踵，百挫而不悔，论世者固当哀其遇而嘉其志矣！夫巴尔干之民与土廷为仇，则何与他人事者？虽然，凡倡叛乱于专制政府之下者，其力恒单微，而常思假手于外援；强邻之怀抱

野心者，则从而利用之；而不竞之政府，亦或思假手外援以遏内乱。故列强之容喙于巴尔干问题，其机一矣。彼巴尔干民族之复杂既已若彼，其能结合一致为共同之步武者，惟敌忾土耳其之一事耳，舍此则其利害随处可发生冲突。而各族又皆有同族之强国立乎其后，而间接之利害冲突与之相缘。故列强之容喙于巴尔干问题，其机二矣。又况今世政治势力，常随生计势力为迁移，彼贫弱之老大国及新造国，无论财政方面、产业方面，皆不能不仰给外资。外资所至之地，国权随焉。故列强之容喙巴尔干问题，其机三矣。呜呼！绵绵不绝，将寻斧柯，一发之牵，全身动焉。此巴尔干问题所以为半世纪来欧洲外交之枢轴，而全欧识者，咸惴惴然于厝火积薪之局，迁延隐忍，至今而卒不免于横决也。

……迨十九世纪，民族主义披靡一世，俄人遂利用之以为侵略之资，于是所谓大斯拉夫主义者兴焉。大斯拉夫主义者，举凡居住于东南欧之斯拉夫民族，相结为一体，脱离他族之统治；或成为一单一国，而戴一斯拉夫人为元首；或成为联邦国，而戴一最大之斯拉夫国为之主盟也。俄人既揭斯义以号召于其族，而复以快语歆动之，以愤语激刺之。……至十八世纪之下半纪，而属于此主义之团体与其言论机关，已遍于东南欧矣。夫以巴尔干政象之泯棼，既已若彼，其民日在水深火热之中，久怀傫后来苏之望，而就中半数之斯拉夫人，又习为此主义之所歆动。譬犹失母啼饥之弱弟，而忽有被服丽都之长兄，炫翘翘车乘以招之，而谓其无所动于中，岂情也哉！故十九世纪巴尔干诸地之叛乱，虽曰土政不纲，有以酿之，而亦半由俄人之大斯拉夫主义为之汩流而扬波，事实章章，虽百喙不能为俄解也。

梁氏从土耳其对巴尔干诸国人民实行掠夺性的异族征服统治，进而分析各列强国家插手巴尔干的动机，特别分析俄国以大斯拉夫主义对巴尔干各国的挑动，眼光极其锐敏，逐层分析，条理清楚，且又运用了许多生动形象的譬喻，使人对引起这场世界大战的"远因"顿时洞悉明了，读之非但毫无抽象枯燥之感，而且有益人神智之效。

尤其值得重视的是，梁氏做到了从经济原因作中肯的分析，帝国主义列强为推销产品、财政输出，而互相疯狂地争夺殖民地，于是，后起而国内经济实力发展最快的德国，因企图争夺海上霸权，遂与老牌海上霸王英国势不两立，这正是形成交战两大集团的重要原因："德人三十年来，已渐由农业国变为工业国，其应用科学之能力，超轶他国，其制品日日增加，不得不求销场于境外。而各国率皆以关税政策自卫，对于他国物品，深闭固拒，无暇可攻。其国权不振之国（原注：如中国），阑入焉宜若易易，然其市而率已为先进国所垄断，根深蒂固。非奋万钧之力以相竞，不能拔赵帜以立汉帜。故彼中硕儒斯摩拉有言，'凡国家欲求生计政策之奏功，必须将生计组织与政治组织同建设于一基础之上。'其意盖谓欲生计力发展于外，必赖有国权以随乎其后也。要而言之，德人自经俾斯麦时代休养生息之后，国力之广胖，一日千里，势不能不向外界有所宣泄发育。……德人如不思进取则已，苟思进取，则将无往而不遇强敌。而利害最不相容者尤莫如英国。英、德之终不免于一战，而今兹之役，列强群起而挤德，实此之由。""试思以德国今日所处之地位，为国家繁荣滋长计，欲不取妒取憎于强邻，又安可得！德皇即位伊始，即宣言曰：'德国之将来，在于海上。'噫嘻，海上者果谁家之海上耶？……英之为海王也，百年于兹矣。以海岸线仅千英里之德国，乃侈然号于众曰：'吾之将来在海'，此言若信，则海不其有二王也哉！……曩者漫习水嬉之田鼠，今也殆变为图南之鲲鹏，行将击水三千里抟扶摇直上，英人虽欲高枕为乐，岂可得耶！故今兹之役，虽谓英德争海权之役可也。"

其他对奥、塞交恶原因，俄土战争与柏林会议，柏林条约与欧战关系，三国协约与三国同盟对抗，意大利中立，战役间接近因（摩洛哥问题等三项），开战时机的辐辏，战前外交、战局前途、战役所波及中国之影响等项，都予以条分缕析，限于篇幅，不能备举。

叙述生动，文采斐然，是本篇又一成功之处。前述所引文字已经显示出这一特色。再如篇中论述俾斯麦时代如何纵横捭阖，利用外交手腕谋取本国私利，从而引起德俄间的深刻矛盾：

> 国际之无道义也久矣！而以欺人之英雄秉国钧，则其捭阖之作用，遂益不可以方物。当俄土之将战也，俄人未尝不先窥试各国之意旨，而其率先宣言为善意之中立者，德人也。战之既起，奥人欲有所抗议，谋之于德。俾斯麦扬言曰：'东方问题，岂有吾侪亡一矢、遗一镞之价值？'奥人遂止。及俄势日张，英蹶起执言，奥亦严兵从其后，而德若泰然罔闻也者。不宁惟是，且假压制无政府党为名，日与俄奥酬酢，倡所谓新神圣同盟者。当此之时，俄人以为举世之惠而好我者，莫德人若也。圣士的夫条约之既缔也，不独英、德等国嚣然不平而已，即巴尔干诸邦，亦缘分配之不均，逼压之过甚，啧有烦言。而俄境内之虚无党，且有蠢动之报，俄人势难以再战以贯其初志。俾斯麦知事机已熟，乃投袂而起以倡设历史上高名不朽之柏林会议。当时全欧之大政治家、大外交家集于一堂，俄之代表，则有名之缁衣宰相俄查歌夫，则士黎里与沙士勃雷，其余法、奥、意、土代表，皆当局有力知名之士，巴尔干诸小国亦咸遣人莅盟，而铁血宰相俾斯麦，以九合诸侯一匡天下之概，堂堂为之议长。俄人方谓得此后援，其厚于己者将无量。俾斯麦之在议场，固若事事皆为俄人调护者也。而孰知议场公开议论以外，别有事焉。经一月后条约公布，而结果乃全反俄人所期，虽曰列强钩心斗角，各有出奇，而此天吴紫凤之柏林条约，强半出自议长俾斯麦方寸之杯轴，此则路人皆见者也。

这段文字，论述围绕柏林条约，德国与俄国在巴尔干问题上展开激烈的外交斗争，表面上德国对俄国亲厚，暗中却拆俄国的台，让奥地利控制门的内哥罗、波希尼亚二州，从而使俄国独霸巴尔干半岛的企图成为泡影，到头来是哑巴吃黄连，心里有苦嘴里说不出，将列强之间勾心斗角、互相倾轧表现得淋漓尽致。

篇中论德国在宣战之前如何一厢情愿，对局势处处作出有利于自己的错误估计，生动地说明了黩武好战者总是"搬起石头砸自己的脚"的道理：

（德人）察俄人整顿军备之计划未尽告成，而凶变初起之际，适值俄境内有全国同盟罢工之事，谓俄岂复有余勇以与我相拒？且俄波兰、芬兰诸地，殷顽实繁，虚无党亦未绝迹，日俄之役，其国中不逞者方利用此机以谋颠覆政府，俄廷能不惩毖？其必将仍屈服于我一震之下，如一九〇七年故事。而孰意俄人竟举国一致，同仇敌忾，此非惟德人所不及料，恐凡觇国者所皆不及料。……若乃英者，与俄、法本非有攻守同盟之连带责任，且其人民素以好和平闻于天下，其现有内阁之自由党，又以非攻寝兵为历史上相传之党义。不宁唯是，爱尔兰问题，正值哄争剧烈之最高潮，国军与民军，方列队对峙，操戈相拟，又安能有余裕以御外？故德人始计，谓俄衅虽构，而英终当中立，英人之忽焉举爱尔兰问题烟消云散，而举国奋袂以起，亦非先事所能臆计矣！①

这样，《欧洲战役史论》不但在研究领域上开辟了一个全新的、与当前社会至关密切的领域，而且对这场空前的历史性大事变从全局上及其演变的诸多环节上有深刻、中肯的把握，全篇结构精心安排，细针密缝，议论风发，将严肃的理论分析与生动的描述恰当结合起来，使人读之有纵横捭阖、腾挪跌宕之感。中国史学自《左传》《史记》起，一向讲求历史表述的艺术性，史家兼有高度的文学修养，写出许多千古传诵的名篇。梁启超继承了这一优良传统，在本篇中成功地将"文""史"熔于一炉，做到开拓新领域、分析透辟、语言生动三者相结合，因而对读者有很强的吸引力，确有"非终卷不能自休"的良好效果。

---

① 梁启超《欧洲战役史论》，引文均见《饮冰室合集》专集之三十，中华书局，1989 年版，第 1—75 页。

（五）比较研究的尝试

"比较研究"作为一种研究方法明确提出来，始于近代。而这种方法的实际运用，则可追溯到更早。著名的如赵翼著《廿二史劄记》，其中不论是论史法或论史事，都常常将某些方面相近或相似的著作，或者人物、事件，加以比较。如史汉体例比较，新旧唐书得失比较，汉高祖、明太祖起兵、治国比较，等等。梁启超很重视比较研究法的运用，他曾评价赵翼此书的长处即在运用"比较归纳法"。

梁氏本人前期史学著作中也尝试运用了这种方法。他是20世纪初学识渊博的思想家，具有比前人开阔得多的眼光，他所作的比较，已达到中外历史或中外文化特色比较的层次。在《论中国学术思想变迁之大势》一文中，梁氏即设有专节论述先秦学派与古代希腊、罗马学派的比较。这一方法更加成功的运用，则见于《郑和传》。在此篇中，梁氏相当深刻地提出这样的问题：明代大航海家郑和的航海事业，比哥伦布发现美洲及达·伽马发现印度新航路都早出几十年，为什么在历史上产生的影响却迥然不同呢？"及观郑君，则全世界历史上所号称航海伟人，能与并肩者，何其寡也！郑君之初航海，当哥仑布发现亚美利加以前六十余年，当维嘉·达哥马（即达·伽马）发现印度新航路以前七十余年。顾何以哥氏、维氏之绩，能使全世界划然开一新纪元，而郑君之烈，随郑君之没以俱逝，我国民虽稍食其赐，亦几希焉！则哥仑布以后，有无量数之哥仑布，维嘉·达哥马以后，有无量数之维嘉·达哥马，而我则郑和以后，竟无第二之郑和。噫嘻，是岂郑君之罪也！"梁氏又进而分析，同是航海壮举，对东西方历史产生完全不同的影响，其原因，在于驱使航海的目的完全不同："哥氏之航海，为觅印度也，印度不得达而开新大陆，是过其希望者也；维氏之航海，为寻觅支那也，支那不得达，而仅通印度，是不及其希望者也。要之其希望之性质，咸以母国人满，欲求新地以自殖,故其所希望之定点虽不达,而其最初最大之目的固已达。若我国之驰域外观者,其希望之性质安在?则雄主之野心,欲博怀柔远人、万国来同等虚誉,聊以自娱耳,故其所成就者,亦适应此希望而止。何也?其性质则然也。故郑和之所成就,在明成祖既已踌躇满志者,然则此后虽有无量数之郑和亦若是则已耳!呜呼,此我族之所以久为人下也!"① 这就是说,促使东西方航海壮举的动机根本不同,而其更深刻的原因,是社会结构的不同所致。比较研究方法的功用,是通过对可比的两个历史现象(或事件、人物)加以比较,可以更深入地揭示不同历史现象所反映的不同的本质问题,通过比较,就能更加突出它们各自的不同特点。梁氏的论述即是极好的例证。梁氏的议论,及其由比较研究而得出的思路,在九十年后的今天仍然对研究者具有启发意义,理由也在于此。

---

① 梁启超《郑和传》,见《饮冰室合集》专集之九,1989年版,第11—12页。

第五章　九曲回澜，归依著述

（一）十一载风雨路途

从 1904 年至 1914 年，这十一年间，是梁启超一生比较暗淡的时期。其间可以辛亥革命的发生为分界。前面七年，梁启超追随康有为继续走改良主义路线，鼓吹"立宪"，风尘仆仆，到头来无情的现实彻底打碎了他的梦想。辛亥革命以后至反对袁世凯称帝以前，他深深地卷入政治漩涡之中，采取"联袁""拥袁"的立场，想利用袁世凯，结果却被袁所利用。

1904 年以后，梁启超鼓吹改良、立宪，比起他流亡日本前期思想的激进，是明显的倒退。造成这种明显倒退，其重要原因是康有为对他的牵制和施压。此前梁启超思想的一度激进，除了因戊戌政变发生、顽固派扼杀维新变法，使他进一步认识到清廷专制统治的罪恶，以及到日本后大量阅读了西方民权著作，"如幽室见日，枯腹得酒"，"脑质为之改易"之外，也同革命派对他一再争取有关。梁启超逃亡日本刚抵达不久，孙中山、陈少白即托日本友好人士宫崎寅藏、平山周调停，拟就联合反清问题与康、梁会谈。时康有为以革命党人"大逆不道",自己曾受光绪帝眷顾,以"帝师"自命,羞与为伍,故拒绝往来。梁启超则与革命派有接触,"各抒意见,讨论合作方法颇详"。因康断然拒绝合作,梁亦犹豫不决,未获结果。这是1898年秋天的事。次年二月,康有为因日本政府的授意,离开日本,前往加拿大。这样,梁启超就有一度脱离康的羁绊。四月,他与兴中会会员杨衢云曾在横滨山下町再度商量合作,也未得结果。七八月间,因得华侨帮助,梁启超在东京创办高等大同学校。就读学生人数不多,初约二十人,连后来陆续入学的有三十余人,但其中不少人与此后国内政治事件大有关系。其主体是追随梁启超到日本的湖南时务学堂的青年,有林圭、范源濂、蔡锷、唐才质、蔡钟浩、田邦璿、李炳寰等,原时务学堂教习唐才常也来日本,还有冯自由、郑贯一、郑云汉等人。梁启超任校长,又聘请日籍教习。当时学校充满着自由革命思想,据冯自由所记:"所取教材多采用英法各儒之自由、平等、天赋人权诸学说。诸生由是高谈革命,各以卢梭、福禄特尔、丹顿、罗伯斯比尔、华盛顿相期许。"① 此年夏、秋之间,梁启超与孙中山交往日密,讨论政治、种族、土地诸问题,言论趋于激烈,"渐赞成革命",并商两派合并的计划。此年他所写《饮冰室自由书》中有《破坏主义》一篇,即高唱:"历观近世各国之兴,未有不先以破坏时代者,此·定之阶级,无可逃避者也。有所顾恋,有所爱惜,终不能成。"又说:"欧洲近世医国之国手,不下数十家,吾视其方最适于今日之中国者,其惟卢梭先生之《民约论》乎!是方也,当前世纪及今世纪之上半,施之于欧洲全洲而效,当明治六七年至十五六年之间,施之于日本而效。今先生于欧洲与日本既已功成而身退矣。精灵未沫,吾道其东!大旗觥觥,大鼓大鼗鼗,大潮汹汹,大风蓬蓬,卷土挟浪,飞沙走石,杂以闪电,趋以万马,尚其来东。呜呼,《民约论》,尚其来东!"②

---

① 冯自由《革命逸史》初集,商务印书馆,1939年版,第72页。
② 梁启超《饮冰室合集》专集之二,中华书局,1989年版,第25页。

　　上述梁启超的思想动向及与革命派联合的计划，遭到改良派骨干人物徐勤、麦孟华的反对，并"移书康有为告变，谓卓如渐入中山圈套，非速设法解救不可"。康有为得书大怒，立即"勒令梁即赴檀岛办理保皇会事务，不许稽延。梁不得已，遵命赴檀"。① 康有为施加了巨大压力，梁启超的态度又向改良主义摇摆过去。

　　因此，1899 年至 1903 年期间，梁启超受到革命潮流和保皇思想两方面夹攻，他的政治态度也就在激进与改良之间左右摇摆。1900 年上半年，他奉康有为之命到檀香山倡议成立保皇会并募捐款。三月二十九日，他致函孙中山，既说"倒满洲以兴民政，公义也"，又说"借勤王以兴民政，则今日之时势最相宜也"，坚持"勤王"之后"举皇上为总统"。在四月一日致康有为信中，则力辩自由为"今日救时之良药，不二之法门"。自由者，"质而言之，即不受三纲之压制而已，不受古人之束缚而已"。批评其老师只讲开民智、不讲兴民权，认为："夫不兴民权，则民智乌可得开哉！"② 1902 年正月，他著《保教非所以尊孔论》，阐述保教之说不利于救亡图强的事业，不利于思想的自由发展，与康有为的"保教"主张大相径庭。四月，他致书康有为，再次申明："今日民族主义思想最发达之时代，非有此精神，决不能立国。""中国以讨满为最适宜之主义，弟子所见，谓无以易此矣。"又说："弟子以为欲救今日之中国，莫急于以新学说变其思想"，"孔学之不适于新世界者多矣，而更提倡保之，是北行南辕也。"③ 1903 年三月，梁氏致信徐勤，又表示："中国实舍革命外无别法"，"深信中国之万不能不革命"。其他《中国积弱溯源论》《新史学》《论中国学术思想变迁之大势》及介绍西方近代社会思想的文章，也都著于这一时期。但他在激烈批判专制、

―――――――――

① 冯自由《中华民国开国前革命史》上编，三联书店，2014 年版，第 44 页。

② 丁文江、赵丰田《梁启超年谱长编》，上海人民出版社，1983 年版，第 236 页。

③ 丁文江、赵丰田《梁启超年谱长编》，上海人民出版社，1983 年版，第 277—278 页。

主张革命的同时，又写信向康有为表示"悔改"，故康于1903年初写信说，为梁的"悔过至诚"而"深为喜幸"。

至1903年，梁启超的思想出现了极大转折。年初，他应美洲保皇会之邀，离日赴北美，先到加拿大，后到美国，在将近半年时间内，他遍历美国各大城市，如纽约、波士顿、华盛顿、费城、芝加哥、巴尔的摩、圣路易、旧金山等。梁氏久有亲到"世界共和政体之祖国"考察一番的宿愿，不想此次游历的结果，却使他大失所望。他认为美国社会存在着种种弊病，根源在于"迷信共和"，造成两党政争激烈，官吏贪黩，市政腐败，有的大城市简直成为"黑暗政治之渊薮"。岁末，乘中国皇后号轮船返抵日本横滨。访美归来后，梁氏言论大变，"反对破坏主义"，认为中国决不能革命，"对于国体主张维持现状"。

1905年七月，同盟会在东京成立，推举孙中山为总理。十月三十日（11月26日），同盟会机关报《民报》创刊。此后即以《民报》与《新民丛报》为主要阵地，展开革命派与改良派的思想论战。梁氏撰有《开明专制论》《答某报第四号对于新民丛报之驳论》《申论种族革命与政治革命之得失》《暴动与外国干涉》等文，鼓吹共和不如君主立宪、君主立宪不如开明专制，革命必然引起大乱，革命必将引起外国干涉一类论调。但是对于极端腐朽、反动的清皇朝，必须用革命手段将它推翻，中国才有出路，这一历史趋势已经明白无疑地摆在人们面前，任何辩词都是无用的。《新民丛报》支撑两年之久的论战也就无法再继续下去，十月出了该刊第九十六号后即宣布停刊。至此之时，"革命论盛行于国中"矣！

自1906年至1910年间，梁氏还热衷于组织政党和鼓吹立宪的活动。1906年七月，清廷开过一次御前会议，通过了五大臣出国考察各国宪政的报告（五大臣系于上年九月出国考察，此份报告实际上是梁启超起草），接着下诏预备立宪。梁氏对此颇表赞许，认为"立宪明诏已颁，从此政治革命问题，可告一段落。此后所当研究者，即在此过渡时代之条理何如"。① 十月，与杨度、蒋智由、徐佛苏、熊希龄等商议组建政党。至 1907 年夏，因与杨度意见不合，各行其是。梁氏为此风尘仆仆奔走于上海、神户、东京间。九月，由梁启超及马良、徐佛苏、麦孟华、蒋智由等在东京创立政闻社。梁氏撰《政闻社宣言书》，订了四条政纲："一、实行国会制度，建设责任政府；二、厘订法律，巩固司法权之独立；三、确立地方自治，正中央地方之权限；四、慎重外交，保持对等权利。"还向清政府特别申明，政闻社所执行的方法，"以秩序的行动，为正当之要求，其对于皇室，绝无干犯尊严之心；其对于国家，绝无扰紊治安之举"。② 而实际的计划除刊行《政论》杂志外，"并派员归国，劝告清室，速颁立宪之诏"。当政闻社在东京神田区锦辉馆开成立大会之日，梁氏登台演说未毕，同盟会员张继、金刚、陶成章等人冲散会场。1908 年正月，政闻社总部迁至上海，会员人数更增加。此后，由于国内各处已逐渐发生请愿、开会、演说等事，而政闻社"因联络各省志士，发起国会期成会，警告政府速颁宪法，并电劾亲贵权奸丧权辱国，致大触当时所谓南、北两洋大臣张之洞、袁世凯之愤忌"，③奏请清政府下令解散政闻社。这是 1908 年七月的事。

1908 年十月，光绪帝卒，溥仪即位，改元宣统。西太后于次日死。梁启超立即想利用政局的变动，策划扳倒袁世凯。十二月，袁世凯被清廷"开缺回籍"，梁氏得悉立即致函肃王善耆，建议向中外彻底宣布袁世凯罪状。1909 年九月，清廷成立中央资政院及各省谘议局。十一月，十六省谘议局代表在上海开会，决定成立国会请愿同志会。梁启超指挥在上海的徐佛苏频频向各省

---

① 丁文江、赵丰田《梁启超年谱长编》，上海人民出版社，1983 年版，第 365 页。

② 梁启超《饮冰室合集》文集之二十，中华书局，1989 年版，第 25—28 页。

③ 徐佛苏《创办政闻社之主义及其源流》，见《梁启超年谱长编》，上海人民出版社，1983 年版，第 417 页。又徐佛苏此文还谈到主张立宪的政闻社成员在此后国内政治局势发展中所起的作用，说："于是社中同志秘议分赴各省，劝导各省谘议局联合呈请政府限期召集国会，而民众参政之思想由此勃兴，致有辛亥年各省谘议局反抗铁路国有而酿成革命之结果"，类似的看法又见于他所撰的《记梁任公先生逸事》（《梁启超年谱长编》1911 年），可供参考。

谘议局议员发信，"使其一面努力建议发言，一面运动缩短立宪年限"。此年冬，徐佛苏赴京请愿，"共谋立宪救亡"，梁氏约三日必有信札一通，指导运动进行。①

1910 年 5 月，国会请愿团发动第二次请愿。失败后，梁启超撰文批评清政府阻挠召开国会，呼吁社会各界投入请愿。九月，第三次国会请愿团向资政院上书。十月，清廷宣布将预备立宪期由九年改为五年。梁启超立即著《谈十月初三日上谕感言》予以抨击："时局危急，极于今日，举国稍有识稍有血气之士，佥谓舍国会与责任内阁无以救亡，尔乃奔走呼号……乃不期而仅得奉十月三日之诏，……国会既不愿即开，又不敢太缓开，则调停于明年与九年之间，而取五年，诚不知宣统五年可以召集国会者，宣统三年不能召集之故果安在？"② 他并且警告说：若不速开国会，则将来世界字典上，决无"宣统五年"一词。

腐朽的清皇朝使用拖延战术的确没有能够更长久地维护其统治。1911 年（宣统三年）10 月 10 日（阴历八月十九日）武昌起义的枪声，宣告了清朝的垮台。政治形势发展的时间表准确地应验了梁启超的预言。然而在形势发展的更本质方面梁启超却没有预见到：最终结束封建帝制统治靠的是武装起义，而决不能依靠呼吁立宪、实行改良的路线。

辛亥革命以后进入中华民国时期，梁启超也面临着新的形势。

辛亥革命的胜利果实被袁世凯所窃夺。1912 年 1 月 1 日，中华民国宣告成立，孙中山就任临时大总统。2 月，参议院选举袁世凯为临时大总统。4 月，孙中山正式辞职。

封建专制统治倒台，共和时代到来，使国内人民骤然获得言论、结社的自由，各派力量纷纷组织政党。以康有为为代表的保皇派当然受到各方面的攻击。现实的教训，使梁启超做出二项明智的选择。第一，他公开表示拥护共和政体，放弃君主立宪的主

---

① 徐佛苏《梁任公先生逸事），见《梁启超年谱长编》，上海人民出版社，1983 年版，第 499—500 页。

② 梁启超《饮冰室合集》文集之二十五，中华书局，1989 年版，第 143 页。

张。1914年4月，他发表《中国立国大方针》，首次宣布他赞成革命："革命事业，实应乎时代之要求，洽乎人人心理之所同然。"认为革命的成功给中国带来希望，"数千年来恶政治之巢穴，为国家进步之一大障碍者既已拔去，此后改良政治之余地，较前为宽，其机会较前为多，其用力较前为易"。"今日我国以时势所播荡，共和之局，则既定矣，虽有俊杰，又安能于共和制之外而别得活国之途？"① 第二，同年四五月间，梁启超有请康有为退隐之议。从此，康、梁政治分途。这两点，对于梁启超后期的思想和活动至关重要。惟其宣布共和政体是中国的历史出路，此后他才会愤然揭露袁世凯称帝的阴谋。惟其康、梁政治分途，以后他才公开反对康有为助张勋复辟。康有为、严复、夏曾佑这几位戊戌维新时期很有影响的政治人物和著作家，他们只有前期的贡献而没有后期的成就，唯独梁启超在后期仍能在政治上和学术上作出重要的建树，其深刻原因正在这里！

　　但是，1914年以前，梁启超却与袁世凯密切来往，因而遭到了时人的非议。他于1912年秋从日本回国，结束了长达十四年的流亡生活。到北京时，民主党、共和党、报界、商会等多次开会欢迎。对此他很得意，写信给女儿梁令娴说："三日来无一刻断宾客，门簿所登已逾二百人矣。各省欢迎电报，亦络绎不绝，此次声光之壮，真始愿不及也。"又说："都人士之欢迎，几于举国若狂，每日所赴集会，平均三处，来访之客，平均每日百人。……国务员自赵总理以下至各总长，旧官吏如徐世昌、陆征祥、孙宝琦、沈秉堃之流，皆已至，吾亦只能以二十分钟谈话为约，自馀则五分钟，自馀则旅见而已。得罪人（架子似乎太大）甚多，然亦无法也。"又说："盖上自总统府、国务院诸人，趋跄惟恐不及，下则全社会，举国若狂。此十二日间，吾一身实为北京之中心，各人皆环绕吾旁，如众星之拱北辰。"② 民主党是由"共

<hr />

① 梁启超《中国立国大方针》，《饮冰室合集》文集之二十八，中华书局，1989年版，第77页。

② 梁启超《与娴儿书》，见《梁启超年谱长编》，上海人民出版社，1983年版，第651—656页。

和建设讨论会"为主①，与"共和统一党""共和促进会"等合组而成的，梁启超是该党首领。1913年2月，梁启超跨党加入共和党，此党势力超过民主党，1月国会议员选举中，国民党得三百七十余席，共和党得二百八十余席。5月底，共和、民主、统一三党合并为进步党。黎元洪为理事长，梁启超、张謇、伍廷芳、孙武、那彦图、汤化龙等九人为理事。

这一年7月，爆发了"二次革命"，李烈钧据江西湖口独立，宣布武力讨袁。9月失败。同月，国务总理熊希龄宣布内阁名单，梁启超为司法总长，其他汪大燮（教育总长）、张謇（工商总长兼农林总长）、周自齐（交通总长）和自兼财政总长的熊希龄都是进步党员，故被称为进步党"人才内阁"。梁为司法总长，实际上与熊希龄共定国务大计。10月，袁世凯强迫召开国会，选举他本人为正式总统，黎元洪为副总统。11月，袁下令解散国民党，并取消国民党籍国会议员，这是袁世凯消灭国会的先声。1914年1月，袁世凯下令解散国会，停止参政两院议员职务。2月，熊希龄内阁倒台。梁启超任司法总长五个月，并无多大作为，至此辞职。又被袁世凯任命为币制局总裁。6月，参政院开会，梁氏任参政员。至12月，因任职后计划皆成空想，梁氏坚决向袁世凯辞去币制局总裁职务。

梁启超在戊戌政变中亲身领教过袁世凯的血腥出卖的无耻行径，他对袁世凯阴险狠毒、诡计多端的性格是最清楚的。为何又采取与袁世凯"联合"的策略呢？当时梁氏认为：袁世凯是唯一能够控制局面的人物，所以他将中国政治前途的希望寄托于袁。他当时持有两项认识："其一曰：在袁氏统治下之中国，其能进步与否虽不敢知；然苟无袁氏，则中国现状且不能维持，前途更何堪设想；其二曰：袁氏之为人，不能使人满意固也，然国内能

---

① 1912年1月，旧立宪派人物汤化龙、林长民、孙洪伊、张嘉森等在上海发起"共和建设讨论会"，为组织政党作准备。梁启超在日本，汤、林等人多与梁氏有旧，故由孙洪伊介绍入会，从此，会中人士常与梁书信来往，无形中尊为党魁。梁氏先后著《中国立国大方针》《财政问题商榷书》均由该会付印，各印得二万册及一万五千册，广泛发行。继"共和党"、"国民党"成立之后，"民主党"也于月底宣告成立。

与袁氏代兴者果何人，其人是否能优于袁氏。"① 因此，梁启超要"辅佐"袁世凯，以实现立宪政治。事后他曾说当时"想带着袁世凯上政治轨道"，大体也是实情。再者，梁氏本人有谋取政治权力的政客作风，曾企图掌握内阁实权，或通过进步党"左右天下"。辛亥后这三四年，梁启超与袁世凯关系密切，攻击李烈钧发动"二次革命"，又附从袁世凯打击国民党，给人以类似于"政客"的印象。他想要利用袁世凯，实际上却被袁世凯所利用。舆论界对梁屡有抨击，"同党"和友人也有人先后写信对他严加责备，正告他已陷入泥潭，必须及早自拔！进步党党员、众议院议员刘伟信中说："夫外以救亡为标志，而内以争权为骨子，学博文之士，卒至举戈称武，扰国殃民者，得毋犹参杂权利之见也。爱公者谓为学理所误，誉公者谓为鼠辈利用，此皆不足深论。明公果有救亡之志，必须洗心涤虑，除权利思想，以诚信诏国人，用如炬之眼光，出以忠厚恻怛之意，循轨道而行，庶几其可。如挟智任，段吞、罗伯卑尔可为前车，于国何补，于身何利！"梁氏的"同门"刘复礼也写信劝他从速自拔："阁员不过为人之机械，闻人不过为人之奇货，任何事，负何责，望风希旨，旅进旅退，伴食素餐，唯唯否否，偶荷青眼，或令拟一文，草一檄，斯秘书记室之职耳，何足贵，何足贵。""出处去就之义，固宜素讲，而迷谬濡滞如此，北溟之鹏縻于尺寸之丝，窃为足下痛之。……瑰玮奇杰之人，又如醉如痴，如昏如迷，信乎大厦将倾，非人力之所能及也。辱在同门，情激语切，不避烦渎，故又以逆耳之言进，幸裁省览，手请筹安，为国猛省！"②

事实的教训，舆论的指责，使梁启超也醒悟到：保持与袁世凯的密切关系前途不妙。此后，梁启超对袁日益疏远，于1915年正月举家迁天津，以摆脱袁世凯的控制和日后加害。

1915年夏秋之间，即由梁启超揭开反袁的序幕。

---

① 梁启超《袁世凯之解剖》，《饮冰室合集》文集之三十四，中华书局，1989年版，第10页。

② 丁文江、赵丰田《梁启超年谱长编》，上海人民出版社，1983年版，第673、691、692页。

（二）策划讨袁，建立殊勋

当 1914 年 8 月欧洲爆发世界大战之时，日本利用欧洲列强无暇东顾之机，向袁世凯政府提出灭亡全中国的"二十一条"，妄图实现其独霸中国的野心。袁世凯为了换取日本对其复辟帝制的支持，与日本秘密谈判，出卖主权，承认日本的侵略要求。在全国范围激起的反日、反袁卖国的爱国声浪中，梁启超挺身而出，揭露日本及袁贼阴谋。

1914 年 9 月，日本侵占青岛及胶济路全线。梁氏见事态险恶，即几次和蔡锷去见袁世凯，要求中国派兵对青岛德军作战，收回胶州湾。10 月，梁氏在参政院会议上，经蔡锷等附议，提出向总统袁世凯的政治质问案。这一提案深刻地揭露日本的侵略野心和残暴罪行，严肃追究袁世凯退让投降的责任，得到与会人士的赞同。全体通过向袁世凯质问，并向日、英政府抗议。袁世凯在全国压力下也不得不向日本侵占胶济线提出抗议。

围绕日本诱迫袁世凯接受"二十一条"的谈判，日、袁双方本欲严守机密。但事情至关重大，总有内情泄露。时梁氏避居天津，他探悉"二十一条"内容后，"惟义愤所迫，遂不能多所瞻顾"，[①] 毅然通过《京报》《国民报》《亚细亚报》，发表《中日最近交涉评议》《中日时局与鄙人之言论》等多篇文章，有力地驳斥日本侵略谬论，正告日本撤回损害中国主权的"条件"。梁启超通过新闻媒介所作有力揭露和他所具有的声望，使日本人恐慌，连日派人作种种"运动"，企图收买，遭梁拒绝。日本报纸又造谣说梁"袒护德国"，并攻击说以前梁受过日本保护，现在忘恩负义。对此，梁氏蔑视地说："小鬼含沙之射，吾固不能禁

---

① 丁文江、赵丰田《梁启超年谱长编》，上海人民出版社，1983 年版，第 710 页。

其不射，彼亦终不能禁吾不言也。"① 曾受日本保护十余年，难道就要放弃对国家的责任，更是无稽之谈！梁氏进一步发表《中国地位之动摇与外交当局之责任》等文，严词斥责袁世凯的卖国行径是造成"国事败坏之大原"，警告日本侵略者，中国人民是永不屈服的！

袁世凯在丧心病狂进行卖国肮脏交易的同时，从 1915 年元旦起加紧策划恢复帝制的一系列阴谋活动。1915 年元旦，袁世凯发布授卿命令，把上卿、中卿、下卿这些封建皇帝时代的称号，授给政府显要，这正是复辟帝制的先兆。

初春，复辟阴谋正在酝酿。一天，梁启超忽然接到袁世凯的长子袁克定在汤山宴请他的请柬。梁氏按约到达，见在场除袁克定外只有杨度一人，知道他们正在策划密谋。这次所谓宴请，实际上是酒席上的一场较量。袁克定和杨度在谈话中一唱一和，极力诋毁民国以来建立的共和制度，暗示要变更国体、恢复帝制，试探着要梁氏赞同。梁氏主意既定，不为所动，当场"为陈内部及外交上之危险，语既格格不入"，不欢而散。② 在此之前，梁氏致陈叔通信中已告知"奇剧难与同演"，表示不受袁摆布。至此，复辟帝制的活动加紧进行，梁更预感祸之将作。3 月，袁世凯任命梁为政治顾问及派赴考察沿江各省教育事宜，梁氏予以拒绝。4 月，梁氏以南归省亲为名，到上海、广东，联络反帝制力量。离津南下前，致书袁世凯，③ 劝他悬崖勒马。信中指责他曾对遵行共和制度"明誓数四，口血未干"，今违誓言，"后此何以号令天下"。若要恢复帝制，是自甘处于全国人民声讨的位置上，"我大总统何苦以千金之躯，为众矢之鹄；舍磐石之安，就虎尾之危"；要袁世凯"践高洁之成言，谢非义之劝述"。恢复帝制，是自取灭亡下场："若今日以民国元首之望，而竟不能辍陈桥之谋，

① 梁启超致张仲仁信，见丁文江、赵丰田《梁启超年谱长编》，上海人民出版社，1983 年版，第 710 页。
② 梁启超《国体战争躬历谈》，《饮冰室合集》专集之三十三，中华书局，1989 年版，第 143 页。
③ 梁启超《上大总统书》，《饮冰室合集》专集之三十三，中华书局，1989 年版，第 20—22 页。

则将来虽以帝国元首之威，又岂必得弭渔阳之变!?""逆世界潮流以自封，其究必归于淘汰"，望袁放弃"复古之念，力为作新之谋"。以利剑般的词锋，直刺袁之心窝。

袁要复辟帝制，与段祺瑞、冯国璋也有矛盾。梁清楚其裂痕，故与冯国璋有了联络。1915年夏，梁、冯相约到北京，探询袁氏真意，再则劝阻其恢复帝制行为。他们在京住了十多天，晤袁数次，而袁之回答，"皆矢誓不肯为帝，其言甚恳切"。这个大阴谋家一面当面欺骗，一面公开愚弄世人，任命梁启超、杨度、严复等十数人为"宪法起草委员"，连连开会"起草宪法"，掩盖暗中加紧进行的复辟阴谋。梁敷衍一二次后，遂告病假，不再充当玩物。

袁世凯称帝前，首先在军事上作部署，任命党羽、心腹控制要害部门，改派亲信镇守西南滇黔川桂及湘鄂，将与他有矛盾的重要将领夺去实权，任以闲职，蔡锷被任为昭威将军，闲居北京并受到监视。袁世凯做好了准备，于是丑剧登场。1915年3月14日，杨度、孙毓筠、严复、李燮和、胡瑛、刘师培等六人发起组织"筹安会"，公开向袁世凯劝进。

袁一面口头上否认自己想当皇帝，一面策动亲信紧锣密鼓地伪造"民意"，指使走卒喽啰纷纷劝进。9月初，筹安会纠集大批在北京的无耻政客、投机分子，以"各省旅京人士"为名组织起形形色色的"公民请愿团"，所有请愿书概由筹安会代为起草，要求实行君主制。在中央和地方的袁氏党徒一起鼓噪，又是发"通电"，又是致公函，叫嚷袁氏称帝"遵天命"、"顺国情"，搞得一片乌烟瘴气。袁为了实现其元旦登基的梦想，加快步伐，又授意其亲信梁士诒操纵进行所谓国民代表大会的投票，指定了一些豪绅差办当代表，统一印出有"恭戴今大总统袁世凯为中华帝国皇帝传之万世"字样的选票，就在各省"投票"。其结果，当然是投票完毕，全部"赞成"，并"一致委托"参政院为"国民代表大会总代表"，向袁恭上推戴书。袁又作了一番假意谦让，最后只好俯从民意，于12月12日接受了推戴。13日，受百官朝贺，宣布次年为"洪宪"元年。袁氏一手导演的复辟丑剧至此达到高潮。

在复辟丑剧上演之时，人们震于袁贼淫威，害怕其走狗打手加害，敢怒而不敢言，或一时不知如何是好，无应付之策。"当时全国有权威有声望之人，未有敢昌言其非者。"而人们在沉默中却盼望梁挺身而出。吴贯因《丙辰从军日记》载："无论何派之人，皆望任公出面与袁氏反对。诚以欲转移舆论，使国民知袁氏之不可托以国事，惟任公之鼓吹最有力也。"①

怒斥帝制丑剧、策动讨袁，是戊戌后梁氏在政治上最有声色之行动。他目睹丑剧登场，在此事关共和政体存亡的关头，他不顾危险与病痛，勇敢地担当正义舆论的代表者和挫败袁贼阴谋的策动者。他痛感"无法律之国家"无法生存，"我实不忍坐视此辈鬼蜮出没，除非天夺吾笔，使不复能属文耳"。② 从身患赤痢的病榻上一跃而起，与之决斗。筹安会出现第七天，梁氏即连夜起草《异哉所谓国体问题者》，义正词严反对帝制阴谋。"就令全国四万万人中三万九千九百九十九万九千九百九十九人赞成，而梁某一人断不能赞成也。"有人觉得袁尚未承认有称帝之意，不可过于激烈。梁氏才将语气放得平和些，但全文反复辟的中心思想毫无改变。梁氏深知发表此文是只身与手握大批军队、特务的野心家公开对抗，随时有杀身毁家之祸，但他一概置之度外："不过因举国正气销亡，对于此大事无一人敢发正论，则人心将死尽，故不顾利害死生，为全国人代宣其心中所欲言之隐耳。"③

袁得知消息，先派人贿赂二十万元，请他无论如何不发此文，遭梁拒绝。接着以危词威胁，要他回顾亡命之苦味，不要再自找苦吃。梁针锋相对，表明威胁无法改变他的态度："余诚老于亡命之经验家也，余宁乐此，不愿苟活于此恶浊之空气中也。"使袁派来的走卒哑口无言，狼狈而退。接着各种陷害恐吓的匿名

---

① 丁文江、赵丰田《梁启超年谱长编》，上海人民出版社，1983年版，第784页。

② 梁启超《与娴儿书》，见《梁启超年谱长编》，上海人民出版社，1983年版，第720—721页。

③ 梁启超《国体战争躬历谈》，《饮冰室合集》专集之三十三，中华书局，1989年版，第143页。

信不断飞来，梁不为所动。8月22日，梁将《异哉所谓国体问题者》一文由汤觉顿带入北京发表，同时还有《与英国记者谈话》。时汪凤瀛、徐佛苏也在京沪报上发表驳斥帝制言论的文章，揭开反袁序幕。

《异哉所谓国体问题者》一文，最中要害处在论证恢复帝制是倒转历史车轮，绝不能实现。"若经一度共和之后，此种观念（帝制）遂如断者之不可复续。"看袁世凯执政以来所作所为，变出无数戏法，视人民为玩物，即可知道其绝不可信，"国民彷徨迷惑，莫知适从，政府威信，扫地尽矣"，故可知古德诺之流所称改变国体后可实行君主立宪，更是骗人的谎言，他们的真心是"单纯之君主论"，是抛弃共和政体的专制独裁。断言恢复帝制的倒行逆施必被人民推翻，全国共诛之。"（袁）仍行专制，吾恐天下人遂不复能为元首谅矣。夫外蒙立宪之名而内行非立宪之实，此前清之所以崩颓也！""兴妖作怪，徒淆民视听"，祸害国家，"此亦四万万人所宜共诛也"。①

梁启超发表《异哉所谓国体问题者》这篇名文在当时起到动员社会舆论界讨袁的作用，对此，护国军总司令蔡锷和近代著名史学家陈寅恪都曾根据亲身经历，作过中肯的评价。蔡锷在《盾鼻集·序》中说："先生居虎口中，直道危言，大声疾呼，于是已死之人心，乃振荡而昭苏。先生所言全国人人所欲言，全国人人所不敢言，抑非先生言之，固不足以动天下也。"陈寅恪当时也在北京，他曾追述此文发表，使得意忘形的反动腐朽势力和种种罪恶言论，受到致命打击，正直人士感到它具有摧陷廓清、拨云见日的威力："任公先生高文博学，近世所罕见，然论者每惜其与中国五十年腐恶之政治不能绝缘，以为先生之不幸。是说也，余窃疑之。……忆洪宪称帝之日，余适旅居旧都，其时颂美袁氏功德者，极丑怪之奇观。深感廉耻道尽，至为痛心。至如国体之为君主抑或民主，则尚为其次者，迨先生《异哉所谓国体问

_____
① 梁启超《异哉所谓国体问题者》，《饮冰室合集》专集之三十三，中华书局，1989年版，第90—96页。

题者》一文出，摧陷廓清，如拨云雾而睹青天。然则先生不能与近世政治绝缘者，实有不获已之故。"①

当时情势，如董方奎所分析："在反对袁世凯专制复辟斗争中，以孙中山的发动为最早，态度也极坚决，但他身居日本，以他为首的中华革命党势力不大，在国外与欧事研究会的矛盾仍不能调和，在国内没有多大影响，无法掌握反袁斗争的领导权。以黄兴为代表的欧事研究会分散在美国及南洋各地，且一度暂停反对袁世凯的斗争，国内反袁风暴开始以后，他强调要在美国进行'外交'及'筹款'工作，不肯回国。在这种情况下，反袁护国的任务就自然落到梁启超、蔡锷为首的进步党人身上。"② 蔡锷被骗到北京后，袁世凯任命他为陆军编译处副总裁等闲职，实际上加以软禁。蔡锷已识破袁实行独裁专制的面目，但他极富政治经验，表面上表示忠诚，俨然以拥护袁大总统的面目出现。8 月 15日，筹安会发宣言第二天，蔡借故到天津与梁启超共商反袁对策，决定二人表面上取不同姿态。故梁启超对蔡锷说："余之责任在言论，故余必须立刻作文，堂堂正正以反对之；君则军界有大力之人也，宜深自韬晦，勿为所忌，乃可以密图匡复。"③ 9 月上旬，梁、蔡、从贵州来的戴戡及进步党骨干汤觉顿、徐佛苏等在天津陈国祥（众议院副议长）家密商多次，确定西南发难。11月，蔡在梁策划下，以向袁世凯请假看病为名，金蝉脱壳，巧妙逃出北京。经由天津，先到日本，立即改乘轮船经上海、香港，然后取道海防秘密回到云南。如蔡所说，前后由先生"咨受大计。及部署略定，先后南下"。梁、蔡分别时相约发誓：此役若失败则死难，决不亡命；胜利则退隐，决不在朝。"盖以近年来国中竞争权利之风太盛，吾侪任事者宜以身作则，以矫正之。"④

蔡锷抵昆明，立即组织护国军，进军四川。12 月 25 日，云

①　陈寅恪《寒柳堂集》，上海古籍出版社，1980 年版，第 148 页。

②　董方奎《梁启超与护国战争》，重庆出版社，1986 年版，第 74—75 页。

③　梁启超《国体战争躬历谈》，《饮冰室合集》专集之三十三，中华书局，1989年版，第 144 页。

④　梁启超《国体战争躬历谈》，《饮冰室合集》专集之三十三，中华书局，1989年版，第 147 页。

南通电全国，宣布独立，誓死讨袁，永除帝制！近代史上著名的
"护国战争"开始。梁启超在蔡锷抵达昆明前一天，以准备就医
为名离津抵沪。他受到袁所派特务严密监视，过着连喝茶水都如
甘露一样难得的艰苦生活。梁在上海，为云南前线指挥作决策，
连续草拟了大量文告、通电，发到前方；派人在北京搜集袁世凯
情报，又通过外交，争取日本方面在财政和联络等项的帮助，并
利用冯国璋（时在南京）与袁世凯的矛盾，说服冯与云南前线呼
应。"诸如战争的战略战术、财政策划、官兵思想、组织宣传、
对外方针等等，事无巨细，无不运筹帷幄。而前线蔡锷、唐继
尧、刘显世各都督各总司令无不依赖梁启超之决策之指挥。"所
以，他"不仅是护国战争的军师，而且是最高指挥者"。①

梁氏于1916年1月中旬即写信给蔡锷，让他搜集袁世凯唆使
地方伪造民意推戴总统之密电，准备在报上公开披露，拿出这些
有力证据以进一步揭露袁世凯及其喽啰的阴谋，并使国外人士明
了事情真相。梁氏根据在云南搜集的密电，写了《袁政府伪造民
意密电书后》，对袁世凯窃国的罪行及其党徒无耻欺骗的手法予
以痛快淋漓的揭露："自国体问题发生以来，所谓讨论者，皆袁
氏自讨自论……所谓表决者，皆袁氏自表自决。所谓推戴者，皆
袁氏自推自戴。""质而言之，此次皇帝之出产，不外右手挟利
刃，左手持金钱，啸聚国中最下贱无耻之少数人，如演傀儡戏者
然。由一人在幕内牵线，而其左右十数嬖人蠕蠕而动。此十数嬖
人者复牵第二线，而各省长官乃至参政院蠕蠕而动。彼长官等复
牵第三线，而千七百余不识廉耻之辈冒称国民代表者蠕蠕而动。
其丑态秽声播于社会者，何啻千百万事！"② 这场帝制丑剧的总导
演袁世凯是个卑劣无耻的窃国大盗："专用鼠窃伎俩，昼伏夜动，
东偷一盂，西偷一钵，以前清托孤之大臣而盗卖前清，以民国服
务之公仆而盗窃民国。既假外人言论（古德诺）以劫持吾民，复
冒用吾民名义以欺罔列国。""以总统为未足，则觊觎皇帝，若皇

① 董方奎《梁启超与护国战争》，重庆出版社，1986年版，第301—302页。
② 梁启超《盾鼻集》，《饮冰室合集》专集之三十三，中华书局，1989年版，第99—104页。

帝做不成，则又将谋保总统。险诈反复，卑劣无耻，一至此极。以此等人而为一国之元首，吾实为中国人羞之。以此等人而全世界人类四分之一归其统治，吾实为全世界人类羞之。"梁氏庄严地表达了誓将这场讨伐铲除叛逆和恶魔的正义斗争进行到底的决心："此次我国民之反抗袁氏，在国法上为讨伐一国之叛逆，在道德上为驱除人类之妖魔，一息尚存，义无返顾，欲其宁息，惟有两途：一则袁氏退让政权，一则袁氏将我民屠杀过半。"[①] 这篇充满战斗力的文章使袁贼彻底现出魔鬼原形，成为逼袁世凯退位的舆论先导。

　　1916 年 3 月，梁氏偷渡香港、越南，历经艰险。袁世凯派军警、密探沿途搜查、缉拿或暗杀，又通过法国政府指使越南当局截捕。在如此危险情况下，梁启超经过千般曲折，或反锁于船舱暗室，或昼伏夜行，化装改扮，秘密地经过越南海防、帽溪，历时半月，终于到达广西龙州。如他在致陆荣廷电报中所说："此次应招来桂，实颇历艰辛，蛰伏运煤船舱底，不见天日者八昼夜。无护照而偷入安南境，避间谍耳目，一日数迁。旬日以来，几于日不得食，夜不得息。"[②] 途中这样危险艰苦，但他还起草了《护国军政府宣言》《上黎大总统电》《致公使团领事团电》《军务院布告》《在军中敬告国人》等文件，在帽溪山中得大病，病起后又振笔著成《国民浅训》，约二万字，三日夜写成。还写了《从军日记》，作为这次由沪入桂，决心与袁贼"相见于疆场"的特殊纪念。"他从上海至越南的航程中，日以继夜，无时无刻不在战斗，一篇又一篇反对袁世凯的战斗'宣言'、'通电'，象利箭般射向袁世凯的心脏，使袁世凯坐卧不安，节节败退。"[③] 3 月底，梁启超到达广西，受到热烈欢迎。梁启超赴桂，推动广西都督陆荣廷宣布广西独立，把反袁斗争推向新的高潮，对于与袁世

---

　　① 梁启超《袁政府伪造民意密电书后》，《饮冰室合集》专集之三十三，中华书局，1989 年版，第 108—111 页。

　　② 梁启超《致陆都督电》，《饮冰室合集》专集之三十三，中华书局，1989 年版，第 34 页。

　　③ 董方奎《梁启超与护国战争》，重庆出版社，1986 年版，第 186 页。

凯属下川军相持在四川泸州的护国军是极大的鼓舞。

梁启超到达广西后，即得知袁世凯已于3月23日被迫宣布废除帝制，短命的"洪宪"皇朝仅仅维持了八十三天。袁世凯阴谋仍任大总统，维持其反动统治。此时，南方将领曾对袁抱有幻想，愿意停战，未予坚决反对。梁启超则清醒地坚持袁世凯必须退位。他急电在桂林的陆荣廷，深刻地指出此役必须达到迫使袁世凯倒台的目的，为国家锄去一大祸害，否则内政外交都无法收拾："袁氏最大之罪恶，在专用威迫利诱手段，将全国人廉耻丧尽，若彼依然掌握政权，则国家元气必至澌灭无余，举国沦为禽兽，将何以立于天地。今兹义军申讨，其大宗旨乃欲为中国服一剂拔毒再造散，不专为帝政问题已也。袁氏图帝不成，乃欲更保总统，反复无耻，至于此极，威信坠地，中外共弃，岂复能有统治国家之力！欲以此敷衍止乱，五尺之童，知其不可也。"① 讨袁义军绝对不能虎头蛇尾，而必须坚持"除袁退位外，更无调停之余地"。他连续向护国军前线将领及各方面政治人物发通电，指出一律停战，正中袁贼奸计。坚持"实力发展一分，则条件有力一分"，坚决在军事上继续打击袁世凯。梁启超这一正确指挥，是护国战争取得胜利的又一关键。

梁启超又坚持请陆荣廷进取广东。此时，国民党人士在广东境内惠州等地发动起义，准备会国民军攻广州。4月9日，广东将军龙济光被迫宣布独立。翌日，广州发生"海珠事件"，龙济光部在谈判会场上杀害广西代表汤觉顿等三人。在形势万分危险的情况下，梁启超只身由肇庆到广州，说服龙济光就范。在龙部布置伏兵在厅外的情况下，慷慨陈言，晓以利害，压住几乎要动武的龙济光部将的气焰，演出了"鸿门恶会，仅乃生还"的一幕，表现出大无畏的精神。5月上旬，护国军军务院在肇庆成立，梁任抚军兼政务委员会委员长，军政府的组织、文告均出其手。军务院兼理外交、财政及陆海军各行政事务，从政权上根本否定

---

① 梁启超《致陆都督电》，《饮冰室合集》专集之三十三，中华书局，1989年版，第34页。

了袁世凯的独裁统治，并宣布要审判袁世凯。这一时期，浙江、陕西、四川、湖南也相继宣告独立。袁世凯这个窃国大盗陷于众叛亲离，四面楚歌，在国人皆曰可杀的咒骂声中，恐惧和气愤交加，于1916年6月6日一命呜呼。反袁护国战争取得了胜利，军务院于7月撤消。黎元洪继任大总统。蔡锷被任为四川都督，他因长期艰苦转战，积劳成疾。病情迅速恶化，转日本医治无效，于11月8日逝世，年仅三十六岁。

梁启超发动讨袁，策划护国战争，为保卫辛亥革命所建立的民主共和制度建立了殊功，堪称是中国近代史上的壮举。在这场斗争中，梁启超表现出舍生忘死的高度爱国精神，指导一场轰轰烈烈军事政治斗争的非凡能力，动员全国舆论的宣传鼓动才华，终于在全国爱国军民的共同努力下，推翻了洪宪帝制，把袁世凯送进坟墓，谱写了梁启超一生中又一辉煌篇章。但是以往的论著却武断地持否定态度，指责梁启超反袁是"政治投机"，要在西南"搞出一个进步党人的独立王国"，说他在护国战争中起"破坏作用"，甚至称他是帝制派，热望袁世凯黄袍加身，登基称帝。这些看法，不仅跟客观历史事实根本不相符合，而且同近代史上一些经历了这一斗争的著名人物和学者的评价完全相违背。在梁氏逝世时，一些近代名人对他作了盖棺论定，恰恰突出了他捍卫共和政体的卓越功勋，称他："逮枭雄僭制，共和再造赖斯人"（章炳麟）；"保障共和，应与松坡同不朽"（蔡元培）；"其始也，变法蒙难，任维新之先觉，其继也，倒袁讨张，成革命之元勋。指挥若定，大功不居"；"英雄同所见，洪宪盗名声讨，迟中山主张革命，反作前驱"（王文濡）。[①] 梁启超是保卫共和制度的功臣，这就是历史的公正评价。

"洪宪"帝制可耻地失败的第二年，又演出了张勋、康有为复辟清朝废帝的闹剧。康有为在袁氏宣布撤消帝制之时，曾发表一篇《为国家筹安定策书》，竟然异想天开地提出让清室复辟。

① 丁文江、赵丰田《梁启超年谱长编》，上海人民出版社，1989年版，第1209—1210页。

梁启超当时即发表了《辟复辟论》一文，教训这个不识时务、把自己与清皇室死死拴在一起的老师，说："吾既惊其颜之厚，而转不测其居心之何等也。"① 同时再由滇、黔、粤、桂四省署名发出通电，警告如有再为复辟之说者，"即视为蔑视约法之公敌，罪状与袁贼同，讨之与袁贼同"。1917 年 6 月，北洋军阀政府总统黎元洪与总理段祺瑞之间矛盾决裂，安徽总督张勋率辫子军入北京，随即，蛰伏已久的康有为，也挟着所草伪诏、剃掉胡须潜入北京，演出了一武一文扶起清废帝溥仪重新坐上皇帝宝座的复辟闹剧。梁启超此时在天津，闻讯立即向全国发出《反对复辟电》，严正宣告："以民国之官吏臣民，而公然叛国顺逆，所在无俟鞫讯。……且此次首造逆谋之人，非贪黩无厌之武夫，即大言不惭之书生。""（启超）手无寸铁，舍口诛笔伐外，何能为役！且明知樊笼之下，言出祸随，徒以义之所在，不能有所惮而安于缄默。抑天下固多风骨之士，又安见不有闻吾言而兴者也？"② 7月，段祺瑞组成讨逆军，在天津马厂誓师。梁氏任讨逆军参赞，并代段祺瑞写讨伐张勋复辟的通电。讨伐军攻入北京，张勋、康有为仓皇逃入外国使馆，复辟闹剧收场。

（三）专心著述的晚年

1917 年下半年，段祺瑞复任内阁总理，梁启超担任财政总长要职。在北洋政府周旋半年之后，至 11 月，段内阁全体辞职，梁氏又单独再呈上辞呈，称"复任以来，竭智尽力"，"虽规画略具，而实行维艰"。从 1918 年起，是梁启超专力从事著述和教学的时期。在此之前，他屡有脱离政界专事著述的打算，当他深深卷入政治漩涡之时，也未曾忘情于学术。1914 年冬假馆清华园，一边著《欧洲战役史论》，一边将著作的内容向清华学校讲述，

---

① 梁启超《饮冰室合集》专集之三十三，中华书局，1989 年版，第 117 页。
② 梁启超《饮冰室合集》文集之三十五，中华书局，1989 年版，第 16—17 页。

引起学生极大兴趣，也使他从辛勤的著述、讲学中体会到快乐，故书成时题诗云：“如何归乎来，两载投牢筭？愧俸每颡泚，畏讥动魂魄。冗材惮享牺，遐想醒梦蝶。推理悟今吾，乘愿理夙业。郊园美风物，昔游记迍邅。愿言赁一庑，庶取容孤笈。”1918 年 3 月至 8 月，他在天津家中奋力撰著《中国通史》，至夏秋间已成《春秋载记》，当时即写信告知其弟，深得著述之乐趣，“今日《春秋载记》已脱稿，都百有四叶，其得意可想，夕当倍饮以自劳，弟亦宜遥浮大白以庆我也”。^① 并在家为子女讲《学术流别》，因著述过勤而吐血，著述事暂时搁下。10 月间，曾就国事对记者发表谈话，表示不愿再因政治牵扰而“致荒本业”，“自觉欲效忠于国家社会，毋宁以全力尽瘁于著述，为能尽吾天职，故毅然中止政治生涯”。^②

1918 年 11 月，第一次世界大战结束。此年年底至 1920 年初，梁氏偕蒋方震、丁文江、张君劢等人赴欧洲游历、考察，历时一年有余。欧游之前，与张东荪、黄溯初谈了一通宵，“着实将从前迷梦的政治活动忏悔一番，相约以后决然舍弃，要从思想界尽些微力”，换一个新生命。梁启超此行目的有二：“第一件想自己求一点学问，而且看看这个空前绝后的历史怎样收场，拓一拓眼界。第二件也因为正在做正义人道的外交梦，以为这次和会真要把全世界不合理的国际关系根本改造，立个永久的和平基础。”梁氏乘轮船航行五十天，每日除学习英、法文外，阅读了近百本的日文书，包括文学、哲学、经济、政治、社会各门类，其中关于战后建议者为多。

梁氏一行于 1918 年 2 月抵伦敦，先后到法国、比利时、荷兰、瑞士、意大利。再返回巴黎，年底到柏林。4 月，正值和会召开，国民外交协会致书梁氏，请以协会代表身份，主持向巴黎和会请愿事。4 月底，曾为和约拒签问题致电国民外交协会：“请

---

① 丁文江、赵丰田《梁启超年谱长编》，上海人民出版社，1983 年版，第 864 页。

② 丁文江、赵丰田《梁启超年谱长编》，上海人民出版社，1983 年版，第 868 页。

警告政府及国民，严责各全权，万勿署名，以示决心。"整个旅程中，他们先后参观了欧战各主要战场，考察了各国的社会状况，参观了巴黎、罗马的大博物馆、艺术馆和文化古迹，参观了英国的海军和著名大学，访问英、法一些著名学者。看到欧洲遭受到战争的严重破坏，经济凋敝，人民食品匮乏，住房奇缺，严冬因无煤供应而挨冻，他认为这些是西方文明过分重视物质而不重视精神、相信"科学万能"造成的劫难。在巴黎，梁启超会见了大哲学家蒲陀罗，听他讲了一席话："一个国民，最要紧的是把本国文化发挥光大，好像子孙袭了祖父遗产，就要保住他，而且叫他发生功用，就算很浅薄的文明，发挥出来，都是好的。因为他总有他的特质，把他的特质和别人的特质化合，自然会产出第三种更好的特质来。你们中国，着实可爱可敬，我们祖先裹块鹿皮拿把石刀在野林里打猎的时候，你们不知已出了几多哲人了。我近来读些译本的中国哲学书，总觉得他精深博大。可惜老了，不能学中国文。我望中国人总不要失掉这份家当才好。"① 上述原因，使梁氏此行在文化上得出偏于保守的结论，较之以前大力倡导学习西方先进文化是一种倒退。游欧期间由于刻苦用功，英文已能略读书报。

晚年的梁启超专力于著述和教学。对于剧烈变化的时局，他有时也发表言论，有讲对的，也有讲错的。五四运动爆发时，他晤徐世昌，报告游欧经过，要求释放被捕爱国学生。又对山东问题发表谈话，拒绝对日直接交涉，要求国际社会公正解决，归还中国主权。他对正在中国兴起的社会主义运动不赞成，对于中国共产党的成立持反对态度。北伐战争节节胜利时，他感到惊惧。但是从总的来说，梁氏晚年过的是学者生活，精力所瘁是在研究工作上，特别是对于创建中国近代史学理论，对于学术史和通史的研究，对于文献学的总结等方面，他所留下的著作尤为宝贵。他好学的精神和勤奋的态度，至老不衰。《清代学术概论》这样

---

① 梁启超《欧游心影录》，《饮冰室合集》专集之二十三，中华书局，1989年版，第35—36页。

一部内容十分复杂，无所不包、见解精到的著作，他只用十五天写成。1921 年，他居天津家中，为著《中国历史研究法》和预备功课，常常"除就餐外，未尝离书案一步"。这一年，他又应清华学堂之邀，以《国学小史》为题对学生演讲，前后连续讲五十次以上。1922 年 4 月起，他在北京、济南、南京、上海、南通、武昌、长沙等地，作巡回讲演达二十余次之多。在南京讲学，一月中除每天下午为东南大学讲《中国政治思想史》外，还分别为校中各学术团体、法政专科学校、第一中学、女子师范讲演，同时每周又三次到佛学院听欧阳竟无讲佛学，故张君劢说他日程安排之紧，"铁石人也不能如此做"。1923 年，病中读《陶渊明集》消遣，发现了问题，遂发愤作《陶渊明年谱》，三日而成，恰好胡适去看他，"极激赏此作"。次年著《戴东原哲学》，接连三四十点钟不睡赶成。

1925 年，他任清华研究院导师，常常与学生交谈治学方法，勉励他们一要竭力发挥自己的所长，二要注意矫正自己之所短。直到他逝世之前，还抱病著《辛稼轩先生年谱》，成十之七八。他名望很高，可是对待学术却是"较为虚心的，不自满足，一直求进步，愿向后辈学习，同时也长于鼓励和帮助青年学子进行研究，从来没有像一些老专家的大摆架子，老是觉得青年学子为学的幼稚可笑。所以单就学问家教育家的风度来说，梁启超确实也有其比较难能可贵之处而值得人们学习的"。①

1929 年 1 月 29 日，梁启超病逝于北京协和医院。2 月 17 日，北京各界人士在广惠寺举行公祭。上海也举行了各界追悼会。许多知名人士送了挽诗、挽联。冯玉祥挽联："矢志移山亦艰苦，大才如海更纵横"；张东荪挽联："为先哲后哲续千灯，学通中外古今，言满天下，名满天下"；钱玄同挽联："文字收功神州革命，生平自许中国新民"；黄任之挽诗跋语："戊戌迄今三十年来，自士夫以至妇人竖子，外薄四海，惟先生为能摄取其思想，

---

① 蔡尚思《中国近现代学术思想史论》，广东人民出版社，1986 年版，第 282 页。

而尽解其束缚，一其视听，此诚诱导国人，迎吸世界新法第一步最有价值之工作也。晚岁指示人以科学方法治国学之途径……要之，近世纪文章震力之大，应声之远，谁则如之?"都对他在思想启蒙和学术文化上的贡献作了中肯的评价。

梁氏的论著汇编刊印，最早的有1902年何擎一编《饮冰室集》。以后又曾编印多次。1932年由梁氏友人林志钧编《饮冰室合集》(1936年中华书局出版，1989年影印再版)。是收集较全、校勘较精的一种，计有"文集"四十五卷，"专集"一百零四卷，合计一百四十九卷。总字数约达一千四百万字之巨，堪称是中国文化史上的一座丰碑。

第六章　恢宏渊博：中国史学优良传统的发扬

（一）　恢宏的风格

梁启超后期学术具有数量浩巨、涉及领域宽广、总结性强和重视建构体系的特点，形成了恢宏的风格。如果他前期的著述可比作奔泻的激流，那么他后期的论著则有如淳蓄涵泳、水波浩阔的巨泽。

请看他晚年完成的主要论著：

1918 年《春秋载记》；

1920 年《清代学术概论》《墨经校释》《战国载记》《太古及三代载记》《老孔墨以后学派概观》；

1921 年《墨子学案》《中国历史研究法》《老子哲学》；

1922 年《先秦政治思想史》《中国韵文里头所表现的情感》《地理及年代》《五十年中国进化概论》《中国历史上民族之研究》《作文教学法》；

1923 年《陶渊明》（包括《陶渊明之文艺及其品格》《陶渊明年谱》《陶集考证》）《国学入门书要目及其读法》《颜李学派

及现代教育思潮》《朱舜水先生年谱》；

1924 年《中国近三百年学术史》《戴东原哲学》《戴东原传》《近代学风之地理分布》《明清之交中国思想界及其代表人物》；

1925 年《要籍解题及其读法》；

1926 年《中国历史研究法补编》《先秦学术年表》《庄子天下篇释义》《汉书艺文志诸子略考释》；

1927 年《中国文化史·社会组织篇》《儒家哲学》《古书真伪及其年代》；

1928 年《辛稼轩先生年谱》（完成十之七八）。

仅以上列出的重要论著即有三十余种，还有其他论著，十年间撰写的学术著作总字数有几百万字，学科范围以历史学和文献学为大宗，还涉及文化、哲学、民族、宗教、地理等范围。有许多论著因其论述深刻、见解精湛，历来被文史哲研究者视为必备著作，经常加以引用。难怪在 20 世纪二三十年代，梁氏即被称为"世界第一之博学家"（徐佛苏），"《饮冰》一集，万本万遍，传诵国人，雅俗同赏，得其余沥以弋鸿名而张骚坛者，比比皆是"（王文濡）。

梁氏晚年的史学成就，体现了文化发展继承性和创造性二者的结合。传统史家的成就，特别是清代学者整理旧学的成绩，成为他登越新的高度的基础，架构新的宏大工程的材料。他提供了一大批资料丰富又具有新颖的观点和方法的佳作，因他的努力，从 20 世纪初开始的史学近代化的趋势明显地向前推进了，故此梁氏被当代学者誉为"理论和实践并重的史界巨灵""现代史林泰斗"。[①]

梁氏明确地提出要对以往的学术和历史作"重新估价"，这是近代理性精神的突出体现。儒家关于"正其谊而不谋其利，明其道而不计其功"的说教，在几千年封建社会中产生了严重的消极作用，对此，梁氏在许多论著中都一再予以严肃的批评。在《颜李学派与现代教育思潮》一文中，他高度评价颜元抨击宋儒

---

① 许冠三《新史学九十年》卷一，香港中文大学出版社，1986 年版，第 1 页。

的性理空谈，以"正其谊而兼谋其利"修正儒家的教条。梁氏认为，颜李学派的根本精神，是"不要说只要做"。颜元早年曾学道家言，以后学阳明学，又学程朱学，都曾刻苦下过功夫。"到三十八岁时候，觉得从前所学都不对，渐渐对于汉以后二千年所有学问都怀疑起来，结果遂用极猛烈的革命态度攻击它们，而自建设一个新学派。"颜元足迹不出里门，而李塨却游遍天下，尽传颜元之学。颜元的知识论，是专重一个"习"字，人的性格好坏，都由生以后种种习惯所构成，人要获得学问，唯一的途径，也是靠实习。颜李以为凡纸上学问都算不得学问，故反对读书和著书；又以为凡口头上学问都算不得学问，故反对讲学。他们反对读书，强调实习才能得真学问，这是对理学空谈的反动，所以颜李激烈地批评说："读书愈多愈惑，审事机愈无识，辨经济愈无力。""千余年来，率天下入故纸堆中，耗尽身心气力，作弱人病人无用人者，皆晦庵为之也！"颜李又主张动，反对静。颜元所提出的极有力的论点是：汉唐因为动才出现强盛，相反，"晋宋之苟安，佛之空，老之无，周、程、朱、邵之静坐，徒事口笔，总之皆不动也，而人才尽矣，世道沦矣！"颜元极其不满两千年来儒生"正其谊而不谋其利，明其道而不谋其功"的说教，力矫其弊，主张应改为："正其谊而谋其利，明其道而计其功。"颜元激烈地批评朱熹反对有实效的学问，指出其危害："朱子之道，千年大行，使天下无一儒，无一才，无一苟定时，因不愿见效故也！……世间之德乃真乱矣，万有乃真空矣！"对此梁氏也作了高度评价，说："颜李一派常以天下为己任，而学问皆归于致用。"① 此文居高临下，所撷取的多是颜李学说的精要点。张元济当年读了，即称赞此文"深足药吾中国能坐言不能起行之病"。《阴阳五行学说之来历》一文，则是对古代阴阳迷信学说的来历，作了初步的有系统的清理。梁氏论证说：用五行说表示怪诞而有组织的说法，始于《吕氏春秋》。而把阴阳与五行结合起来，"创

---

① 梁启超《颜李学派与现代教育思潮》，引文均见《饮冰室合集》文集之四十一，中华书局，1989 年版，第 5—19 页。

造邪说惑民者"，起初是燕齐方士，"而其建设之传播之宜负罪责者三人焉，曰邹衍，曰董仲舒，曰刘向。"二千年来被誉为"醇儒"的董仲舒，其《春秋繁露》一书，"祖述阴阳家言者几居半"。董仲舒的儒学，已"绝非孔、孟、荀以来之学术"。故两汉阴阳五行的流行，"大率自仲舒启之"，并造成此后二千余年间"祆祥灾异迷信，深中于士大夫，智日以昏而志日以偷"[①]的灾难性后果！梁氏这样有力地廓清几千年来流毒甚广的迷信学说，在近代思想史上是很有进步意义的。

对于近代思潮的演变，梁氏也能以敏锐的眼光加以总结。《五十年中国进化概论》一文，从民族关系、思想文化和政治状况三个方面，概述他对半个世纪以来中国社会演进历程的看法，提出了不少精辟的见解。梁氏认为，五十年间，中国民族关系是迅速发展的。他用"中华民族的扩大"这一命题，说明汉族与周边各民族有不断融合的趋势，关系越来越加强，"五千年来的历史，都是向这条路线进行"，而近五十年，更"有几方面成功很大"。关于思想方面，梁氏作为晚清戊戌维新运动的领袖人物和五四新文化运动的目击者，他对五十年的意识形态变化历程总结尤为深刻，认为从封建思想严密禁锢的状态，到科举制度被扑灭，再到五四新文化运动的提倡，"这四十几年间的思想的剧变，确为从前四千余年所未梦见！"并具体划分为三个时期："第一期，先从器物上感觉不足"，于是学习西方的船坚炮利、西法练兵，并开始翻译西方科学书。至"第二期，从制度上感觉不足"，于是发动变法维新。变法虽然失败，却的确"为后来打开一个新局面"，并且有严复翻译的代表"十九世纪主要思潮"的社会思想著作。至"第三期，便是从文化根本上感觉不足"，思想界的人物认识到"社会变化是整套的"，"要求全人格的觉悟"，因而"鼓起勇气做全部解放的运动"。原先在第二期中，"康有为、梁启超、章炳麟、严复等辈都是新思想的勇士，立在阵头最前的一

<hr>

[①] 梁启超《阴阳五行学说之来历》，《饮冰室合集》文集之三十六，中华书局，1989年版，第64—65页。

排，到第三期时，许多新青年跑上前线，这些人一躺一躺被挤落后，甚至已经全然退伍了。这种新陈代谢现象，可以证明这五十年间思想界的血液流转得很快，可以证明思想界的体气实已渐趋康强。"尽管对于思想演进阶段如何具体划分还可再做推敲，但梁氏这样把从鸦片战争以来向西方学习的思想潮流，概括为从器物层面—制度层面—整个文化思想层面这样由浅到深递进，则是把握到事物的实质，所以这一分析曾一再被后人所征引。在政治方面，梁氏认为辛亥革命废除帝制，"将秦始皇以来二千多年君主专制的政治永远消灭"，意义巨大。再"从国民自觉的方面看"，已经发扬了"民主精神"，认识到"凡是中国人都有权来管中国的事"。故虽然当时中国政治状况弊端极多，但梁氏表示对于"中国政治前途""完全是乐观的"。他还说："我们民族正在青春时代，还未成年，还天天在那里长哩"①，鼓舞人们增强信心，不断努力争取国家民族光明的前途。

梁启超学识渊博，在文学史方面的论著也很有影响，他的见解具有鲜明的近代特色。《屈原研究》一文，对于屈原在文学史上的地位作了极其崇高的评价。梁氏把屈原的文学成就放在当时的社会状况和文化背景下，以他独到的"中国境内出现民族融合的高潮之后，文学必放异彩"的理论来考察，认为，战国时代，正是文化勃兴的时代，哲学如此，文学也然。屈原生活的楚国，正是民族融合与文化融合的地方。楚国原先被视为蛮夷，至春秋中叶后已与华夏族渐渐融合。楚国原来"很含些神秘意识和虚无理想"的文化特色与"中国旧民族之现实的伦理的文化相接触"，自然迸发出新的创造。屈原即是这种文化勃兴的楚民族创造力的代表人物。屈原人格的最大特点是热爱祖国，他对楚国怀着"极热烈的感情"，整个生命充满着对国家"极诚专虑的爱恋"。然而，当时社会太恶浊，楚怀王太昏庸。屈原"感情极锐敏，别人感不着的苦痛，到他脑筋里，便如电掣一般"。他怀抱的崇高理

---

① 梁启超《五十年中国进化概论》，《饮冰室合集》文集之三十九，中华书局，1989年版，第42页。

想与苦难的现实发生尖锐的矛盾，所以他一辈子在与恶社会奋斗。"他从发心之日起，便有绝大觉悟，……他果然能实践其言，始终未尝丝毫让步，但恶社会势力太大，他到了'最后一粒子弹'的时候，只好洁身自杀。"梁氏进而分析，屈原崇高人格的又一特点是为坚持真理而毫不屈服。以屈原的才气，倘肯稍稍对周围环境迁就一下，发展的余地正多，故《渔父》中有渔父劝他的话："举世皆浊，何不淈其泥而扬其波？众人皆醉，何不铺其糟而啜其醨？"但屈原绝不动摇退让。"他认定真理、正义，和流俗人不相容，受他们压迫，乃是当然的。自己最紧要是立定脚跟，寸步不移。"生活在苦痛不堪的现实中，却怀抱着瑰伟的理想，这是屈原崇高人格的又一特点，如他的诗句所表达的："驾青虬兮骖白螭，吾与重华游兮瑶之圃。登昆仑兮食玉英，与天地兮同寿，与日月兮同光。"（《涉江》）最后屈原以死来殉自己的理想，"汨罗一跳，把他的作品添出几倍权威，成就万劫不磨的生命，永远和我们相摩相荡！"在艺术手法上，屈原具有丰富奇丽的想象力，"何止中国，在世界文学作品中，除了但丁《神曲》外，恐怕还没有几家够得上比较哩！"① 梁氏研究杜甫，则指出杜工部把中国诗歌现实主义的传统推向了新的高峰。

　　运用近代学术眼光加以审视，注重构建体系，进行较有系统的总结——由于梁氏晚年学术论著具有这种恢宏风格，因而他所取得的成就对中国近代学术实有开拓和奠基的意义。梁漱溟先生就曾把梁启超与蔡元培并称为近代开出新潮流、推动大局、影响后世的人物，说：梁任公的主要成就，"在迎接新世运，开出新潮流，撼动全国人心，达成历史上中国社会应有之一段转变"；又说："从前韩信和汉高祖各有卓越的天才，一个善将兵，一个善将将。蔡（元培）、梁（启超）两先生比较，正复相似。蔡先生好比汉高祖，他不必要自己东征西讨，却能收合一批英雄，共图大事；任公无论治事和行文，正如韩信将兵，多多益善，自己

_____

① 梁启超《屈原研究》，《饮冰室合集》文集之三十九，中华书局，1989年版，第68页。

冲锋陷阵，所向无前。"① 以下即对梁启超所特别致力的论清代学术史、史学理论、先秦史、文化史、文献学诸领域的成就再作评述。

（二）论清学史的两部名著

《清代学术概论》（撰于 1920 年）和《中国近三百年学术史》（撰于 1924 年），都是总结自明清之际至 20 世纪初年学术思想嬗变的名著，历来备受赞誉。梁启超对清代学术有深刻的了解，熟悉清儒繁富的著作，少年时代就读于广州学海堂，受过朴学的严格训练，又曾接触过考证学派耆宿，获得亲身闻见，随后，本人即是晚清今文学派和输入新思想的关键人物。两个世纪之交的丰富经历，加上掌握西方进步的学术观点和方法，使他上升到新的时代高度，俯视过去学术递嬗变化之路，对其源流曲折、前因后果了然在目。

《清代学术概论》概述了清代学术的演变历程，论述各个阶段的趋势、时代条件和主要成就，评价了三百年间所有主要学者的历史地位，做到纵横论列，气势非凡，又巨细兼顾、分析精当，全文尚不足七万字，却被誉为是一部"无所不包"的著作。梁氏分清代学术为启蒙期、全盛期、蜕分期。清初是启蒙期，以顾炎武、阎若璩、胡渭为代表人物，"于是清学之规模立焉"。当时大师还有黄宗羲、王夫之、颜元，而历史学、地理学、天文历算学也有卓越成就。造成启蒙期思想呈现复杂绚烂局面的原因是：历明代学术空疏之后，人心厌倦，相率返于沉实；经大乱之后，社会比较安宁，故使人得有余裕以自励于学；一些有卓识的人物不满于清朝统治，潜心治学；宋明理学权威既坠，清学新系统未成，无"定于一尊"之弊，故富有自由研究的精神。从康熙

---

① 见梁漱溟《纪念梁任公先生》，引自杨向奎《试论蔡元培》，《浙江学刊》1991 年第 3 期。

后期，至乾隆初年，向第二期转变，唯考证派盛行，成为清学正统派，其他学派不盛或中绝。其时代及学术本身的原因，主要是：清廷对保持民族气节的学者大加猜忌，屡兴文字狱，学者不敢言现实问题，于是英拔之士遂将聪明才力转向考证整理古代典籍；考证学大师已辟出新途径，形成一套精良的研究方法，"学者既感其有味，又感其必要，遂靡然向风焉。愈析而愈密，愈浚而愈深"，因而达于极盛；清初颜元之学说，实行太苦，遂无继承者，天算学则经史中所固有，故能作为考证学的分支连带发达，其他自然科学则因缺乏社会土壤不能发展。晚清学术进入蜕分期，正统派衰落，新学派产生，也有学术及时代的原因。从正统派自身说，清学本以"求实"而盛①，至此陷入明堂、丧服一类烦琐考证，甚至为阴阳五行的迷信说法争论不休，走向了"求实"的反面，正统派又盛气凌人，必然阻塞学术发展之路，当今文学派异军突起，考证学遂衰落下去。从时代条件说，则因民族生存面临危机，社会上归咎于学术不切实用，故要摆脱朴学藩篱，经世思潮复兴，西方新学说逐渐输入，造成"对外求索之欲日炽，对内厌弃之情日烈"。

以上是梁氏对清代学术思潮演变的特点及原因所作的宏观概括，高屋建瓴，堪称阶段分明，脉络清晰。同时，这部著作对于重要问题又有深入的具体分析。兹择举以下数项加以说明，以见梁氏目光之犀利、论述之透辟。

1. 顾炎武作为清代学风开创者的历史地位。清初顾炎武率先猛烈地攻击晚明空疏学风的流弊，推翻宋明理学的偶像地位，推动了明清之际学术思潮的转换。但顾炎武的著述，仅《音学五书》是有系统的著作，其余或为长编，或为笔记之类，那么，他"何以能当一代开派宗师之名"呢？梁氏认为，开创新学风的大学者，其造诣不必极精深，更重要的在于"规定研究之范围，创革研究之方法，而以新锐之精神贯注之"。顾炎武开创清朝一代

---

① 梁启超《清代学术概论》，《饮冰室合集》专集之三十四，中华书局，1989年版。

学风，正在于他创革了一整套研究方法。第一是"贵创"。炎武严厉抨击明代人所著书"无非窃盗而已"。他论要著之说，必须是"古人所未及就，后世之所不可无，而后为之"。故此他所著书，决无一语抄袭古人。他生平力斥"摹仿""依傍"的毛病，所言必出自观察、研究所得。第二是"博证"。《四库总目提要》称誉他："学有本原，博赡而能贯通。每一事必详其始末，参以佐证，而后笔之于书，故引据浩繁，而抵牾者少。"这一段最得顾炎武治学方法的真谛。顾氏自己总结治音韵之学，重视"本证""旁证"二项，二者皆无，则"宛转以审其音，参伍以谐其韵"。梁氏认为，这些方法符合于"近世科学的研究法"，当时乃顾炎武所自创，"乾嘉以还，学者固所共习"。第三是"致用"。顾炎武之言："凡文不关于六经之旨者，当时之务者，一切不为。"而终生确能实践这一主张。梁氏认为："要之，其标'实用主义'以为鹄，务使学问与社会之关系增加密度，此实对于晚明之帖括派、清谈派施一大针砭。清代儒者以朴学自命以示别于文人，实炎武启之。最近数十年以经术而影响于政体，亦远绍炎武之精神也。"

2. 阎若璩《古文尚书疏证》何以能对思想界产生巨大的影响。阎氏此书，所研究者仅为局部问题，且其书的内容又不免有漏略芜杂的缺点，为后人所纠者不少。故阮元编《学海堂经解》，此书及胡渭《易图明辨》均摈去不录。那么，此书又何以为清代学者所推尊呢？梁氏上溯儒家经典千百年来所据有的"神圣"地位这种学术背景而深入分析。怀疑东晋晚出之《古文尚书》是伪书，始于宋代朱熹、元代吴澄。然而只是积累了疑问，因心存畏惮而无人敢下断语，至阎若璩书出才成定案。何以辨定十六篇伪书，关系有如此重大？梁氏分析说："殊不知此伪书者，千余年来，举国学子人人习之，七八岁便都上口，心目中恒视为神圣不可侵犯；历代帝王，经筵日讲，临轩发策，咸所依据尊尚。毅然悍然辞而辟之，非天下之大勇固不能矣。自汉武帝表章六艺、罢黜百家以来，国人之对于六经，只许征引，只许解释，不许批评研究。韩愈所谓：'曾经圣人手，议论安敢到？'若对于经文之一字一句稍涉疑议，便自觉陷于'非圣无法'，蹙然不自安于其良心，非特畏法网惮清议而已。"总之，由于儒家独尊，《尚书》等六经已经神圣化，不许作为研究学问的对象。"一作为问题，其神圣之地位固已摇动矣！今不唯成为问题而已，而研究之结果，乃知畴昔所共奉为神圣者，其中一部分实粪土也，则人心之受刺激起惊愕而生变化，宜何如者？盖自兹以往，而一切经文，皆可以成为研究之问题矣。"故从守旧派学者看来，简直危及世道人心。毛奇龄著《古文尚书冤词》反驳阎氏，便自比为"抑洪水驱猛兽"。原先被顶礼膜拜的学术体系，至此被冲开一个缺口，从今以后，古文经学与今文经学的研究，经书与诸子的研究，中国经典与外国哲学、宗教等项的研究，都可以放在客观的位置上一一考察，引出无数的问题。故梁氏总结说，阎若璩虽然仅是辨《古文尚书》一经之伪，而其价值"以吾侪今日之眼光观之，则诚思想界之一大解放"。

3. 乾嘉考证学内部两大派代表人物惠栋、戴震的不同学风。梁氏认为，惠栋为吴派代表人物，治学以"尊闻好博"为特点，又以"凡古必真"定是非，所以他既有确立"汉学"地位之功，又有胶固、盲从、褊狭、好排斥异己的弊病。戴震为皖派代表人物，治学以"深刻断制"为特色，其最得力处，在"不以人蔽己，不以己自蔽"，推断务求精审，祛除迷信，必至"征诸古而靡不条贯，合诸道而不留余议，巨细毕究，本末兼察"，才算得"十分之见"。其哲学著作《孟子字义疏证》，痛斥理学家"以理杀人"，要为中国文化转一新方向，"随处发挥科学家求真求是之精神，实三百年间最有价值之奇书"。皖派学者段玉裁、王念孙、王引之等，治学也不盲从古人，"虽其父师，亦不苟同"。

4. 晚清今文学兴起的阶段特点。胡适曾对梁启超说："晚清'今文学运动'，于思想界影响至大，吾子实躬与其役者，宜有以记之。"这是本书撰著的缘起之一。梁氏是晚清今文学派重要代表人物之一，对于今文学异军突起的背景及演变尤有精到的看法。大体上，晚清今文学经历了三个阶段。以庄存与、刘逢禄为代表，是酝酿阶段。庄存与著《春秋正辞》，与戴震、段玉裁治经途径，全然不同，他"刊落训诂名物之末，专求所谓'微言大义'者"，所以，他是清代今文学的启蒙大师。刘逢禄继承了他的今文家法，著《春秋公羊经传何氏释例》，发明何休注《公羊传》所阐发的"非常异义可怪之论"，如"张三世"、"通三统"、"绌周王鲁"、"受命改制"等。梁启超评价刘逢禄此书"亦用科学的归纳研究法，有条贯、有断制，在清人著述中，实最有价值之创作。"至嘉、道年间，以龚自珍、魏源为代表，是崛起阶段。其特点是引用《公羊》义"讥切时政，诋诽专制"。故"今文学之健者，必推龚、魏。龚、魏之时，清政府既渐陵夷衰微矣，举国方沉酣太平，而彼辈若不胜其忧危，恒相与指天画地，规天下大计"。他们也能作考证之学，"而颇欲用以别辟国土，故虽言经学，而其精神与正统派之为经学而治经学者则既有以异"。至光绪年间的今文学者，正继承了龚、魏"喜以经术作政论"的学风。光绪年间，以康有为为代表，是高潮阶段。康有为之前，有廖平，著《今古学考》等书，"知守今文家法。晚年以张之洞故，复著书自驳"。康有为曾受廖平影响，他著《新学伪经考》，综集刘逢禄、魏源等人怀疑《左传》《毛诗》说法，"严画今古文分野，谓凡东汉晚出之古文经传，皆刘歆所伪造。正统派所最尊崇之许、郑，皆在所排击"。由此而产生巨大影响，使考证派之立脚点发生动摇，而一切古书，皆须重新估价。故梁启超称之为"此实思想界一大飓风也"。康氏又著《孔子改制考》，宗公羊家说，"谓六经皆孔子所作，尧舜皆孔子依托，而先秦诸子，亦罔不'托古改制'"。康有为所言改制，已较刘逢禄、龚自珍又不相同，康氏的"改制"，实则是一种"政治革命""社会改造"，因此成为他倡导"变法维新"的理论依据。《孔子改制考》在社会上发生的作用，则有如"火山大喷火"，使人对数千年经籍谋一突发的大解放，以开启自由研究的门径。但康氏所抬出的孔子，实带有"神秘性"。梁启超作为康氏弟子，曾对康氏"伪经"、"改制"的学说狂热地接受，并进行热烈而成效卓著的宣传。但梁与考证派关系较深，在学术上与康有异，"时复不慊于其师之武断，后遂置不复道。其师好引纬书，以神秘性说孔子，启超亦不谓然"。"启超自三十以后，已绝口不谈'伪经'，亦不甚谈'改制'。而其师康有为大倡设孔教会、定国教、祀天配孔诸义，国中附和不乏。启超不谓然，屡起而驳之"，最终导致康、梁分途。

以上四项，都是清代学术演变的关键问题。梁氏做到既能从大处把握学术发展的趋势和特点，又能辨析入微，看到事情的正面和反面，作出颇有分寸的评价，因而在思想上和研究方法上都有深刻的启发作用。

《清代学术概论》的重要价值，还在于它具有总结性的特点。这从梁氏论述清代学者治学的成绩、方法和精神可以清楚地看出来。处在东西方文化交汇的时代，使梁氏眼界大开，掌握了近代科学精神，以及演绎、归纳的逻辑方法，因而能对清人的学术作出有系统的总结。本书总结朴学家的考证精神和方法，半个多世纪以来一直受到学术界的重视。梁氏归纳的朴学家的方法如下：

一、凡立一义，必凭证据；无证据而以臆度者，在所必摈。

……

三、孤证不为定说。其无反证者姑存之，得有续证则渐信之，遇有力之反证则弃之。

四、隐匿证据或曲解证据，皆认为不德。

五、最喜罗列事项之同类者，为比较的研究，而求得其公则。

六、凡采用旧说，必明引之，剿说认为大不德。

七、所见不合，则相辩诘，虽弟子驳难本师，亦所不避，受之者从不以为忤。

八、辩诘以本问题为范围，词旨务笃实温厚。虽不肯枉自己意见，同时仍尊重别人意见。有盛气凌轹，或支离牵涉，或影射讥笑者，认为不德。

……

十、文体贵朴实简洁，最忌"言有枝叶"。

梁氏又总结朴学家治学的精神是："盖无论何人之言，决不肯漫然置信，必求其所以然之故；常从众人所不注意处寻得间隙，既得间，则层层逼拶，直到尽头处；苟终无足以起其信者，虽圣哲父师之言不信也。此种研究精神，实近世科学所赖以成立。"① 确实地，清代学者这种治学精神和方法，本来有许多符合于近代科学方法，经过梁氏加以总结归纳，而更加系统，遂为近代学者所继承和发扬。

《中国近三百年学术史》（约二十四万字）的内容与《清代学术概论》互相发明。《清代学术概论》所重在"论"，阐述学术思潮的源流变化，分析各个时期及其代表人物的成就与不足。《中国近三百年学术史》所重在"史"，有充足的篇幅，更加全面、深入而翔实地叙述一代学术发展的历史，因而此书各章对于前书均是重要的发挥、补充。

先从学术思潮言。本书首章"反动与先驱"，对晚明学风的转变，从五个方面作了更加深入详尽的分析。第一，王学自身的反动。最显著的是刘宗周一派，特标"证人"主义，以"慎独"为入手，对于龙溪、近溪、心斋诸人所述的王学，痛加针砭，"舍空谈而趋实践，把王学中谈玄的成份减了好些"。故可作为"旧时代结局"的标志。第二，自然界探索的反动。徐霞客著《霞客游记》，内中一半虽属描写风景，另一半却是专研究山川脉络，"于西南——云、桂、蜀、贵地理，考证极为详确。中国实际调查的地理书，当以此为第一部"。宋应星著《天工开物》，用具有近代科学意义的方法研究食物、被服、用器，以及冶金、制械、丹青、珠玉之原料及制作，绘图附示，详确明备。"这两部书不独一洗明人不读书的空谈，而且比清人'专读书的实谈'还胜几筹，真算得反动初期最有价值的作品。学者厌蹈空喜踏实的精神，确已渐渐表现了。"第三，欧洲历算学的输入。明万历末年至天启、崇祯间，有欧洲"耶苏会"传教士利玛窦、庞迪我、

---

① 梁启超《清代学术概论》，《饮冰室合集》专集之三十四，中华书局，1989年版，第25—26页。

艾儒略、汤若望等先后来中国。中国学者如徐光启、李之藻等都和他们来往，对于各种学问有精深的研究。天启、崇祯两朝进行历法改革，由徐光启、李之藻主持，有利玛窦、庞迪我等以客卿身份参加，得以完成。当时，中外学者合译或分撰的书籍，不下百数十种。最著名的有利玛窦、徐光启合译的《几何原本》，"字字精金美玉，为千古不朽之作"。还有徐光启著《农政全书》，熊之拔著《泰西水法》，都是"农学界空前之著作"。梁氏认为："在这种新环境之下，学界空气，当然变换，后此清朝一代学者，对于历算学都有兴味，而且最喜欢谈经世致用之学，大概受利、徐诸人影响不小。"第四，藏书及刻书风气渐盛。明人不读书，也不爱刻书。万历末年以后，风气渐变。焦竑撰成目录学著作《国史经籍志》，范钦建立天一阁藏书楼，毛晋汲古阁刊刻有用之书，都说明风气发生变化。藏书和刻书，给后来学者提供了有益的工具。黄宗羲、全祖望这些清代大学者都读了天一阁藏书。汲古阁刻书，"流布古籍最有功，且大有益于校勘家"。第五，佛教徒中，有莲池和尚等人，提倡净土宗，从平实处立定，重视践履，反对禅宗空谈，且注释佛教典籍，研究学理。以上五项，实是明清之交学术风气变迁的前奏。而以前学者未予论及，黄宗羲所著《明儒学案》中也未见到其中消息。梁氏在此书中将他们一一揭示出来，认为明末学术风气的渐变关系极大，"后来清朝各方面的学术，都从此中孕育出来"。这些论述，不仅将问题研究引向深入，而且证明清初学术风气的骤变，虽然因社会、政治条件急剧变化的刺激，而从学术本身讲，明季已经有了酝酿，有了源头，以后在特定历史环境下才会激起汹涌的波涛。

本书第四章论述晚清新思潮鼓荡的原因，也极见深度。梁氏首先分析嘉、道以后考证学风的衰落以至蜕变，学术思潮已经暗地转移。考证学已经过了它的全盛期，"考证古典的工作，大部分被前辈做完了，后起的人想开辟新田地，只好走别的路"。再加上，到鸦片战争前后，"政治现象，令人感觉不安，一面政府箝制的威权也陵替了，所以思想渐渐解放，对于政治及社会的批评也渐渐起来了"。于是出现了以龚自珍、魏源为代表的今文学派这支"别动队"。其次，梁氏分析咸、同以后，清朝统治受到太平天国起义的严重打击，思想界正在酝酿走出新路。汉学家已陷于支离破碎，渐已惹起人心厌倦。"对于汉学家的评价逐渐低落，'反汉学'思想，常在酝酿中。"经过两次鸦片战争失败，失香港、烧圆明园之后，感觉有发愤自强的必要，因此推动了西学的讲求。由注重学习西方"船坚炮利"，到译出西方科学著作，以及国际法、政治书，才知道西方在先进技术后面还有学问。太平天国起义还留下反满思想的火种。梁氏又特别强调，至光绪年间，中法战争、中日战争、马关条约签订等事件相继发生，列强不断对中国侵略，"这几场接二连三的大飓风，把空气振荡得异常剧烈，于是思想界根本动摇起来"。由此因政治的剧变，酿成思想的剧变；又因思想的剧变，致酿成政治上的剧变。"前波后波展转推荡，至今日而未已。"至此，清初几位大师黄宗羲、顾炎武、王船山等人批判专制统治、激发爱国思想、倡导经世致用的话，"在过去二百多年间，大家熟视无睹，到这时忽然像电气一般把许多青年的心弦震得直跳。他们所提倡的'经世致用之学'，其具体的理论，虽然许多不适用，然而那种精神是'超汉学'、'超宋学'的，能令学者对于二百多年的汉宋门户得一种解放，大胆的独求其是。他们曾痛论八股科举之汨没人才，到这时候读起来觉得句句亲切有味，引起一班人要和这件束缚思想、锢蚀人心的恶制度拼命。他们反抗满洲的壮烈行动和言论，至这时正因为在满洲朝廷手上丢尽中国人的脸，国人正在要推勘他的责任，读了先辈的书，蓦地把二百年麻木过去的民族意识觉醒转来。他们有些人曾对于君主专制暴威作大胆的批评，到这时拿外国政体来比较一番，觉得句句都餍心切理，因此从事于推翻几千年旧政体的猛烈运动。"这些分析，比起《清代学术概论》的概括论述，更加系统，更体现出"史"的特点，而且由于是结合梁氏的亲身体验阐发，因而更能切中肯綮。

再从思想家评价言。第五章论黄宗羲（梨洲）的思想和学术成就。首先对宗羲所著《明夷待访录》作了高度评价："三百年前——卢骚著《民约论》出世前数十年，有这等议论，不能不算是人类文化之一高贵产品。"《原君》《原法》诸篇，"的确含有民主主义精神——虽然很幼稚——对于三千年专制政治思想为极大胆的反抗。在三十年前——我们当学生时代，实为刺激青年最有力之兴奋剂。"其次，梁氏认为宗羲学问对后来影响最大者在史学，他熟悉明代历史和文献，撰有明季重要史料多种，"而其在学术上千古不磨的功绩，尤在两部学案。中国有完善的学术史，自梨洲之著学案始。"《明儒学案》是由宗羲一人著成，成就更高。此书以阳明这派为中坚。"因为当时时代精神焦点所在，应该如此。"而又能对阳明以外各个学派，各还其相当的地位，并不抹杀。此书的成功之处还在于，有提挈的本领，有忠实的态度。故梁氏称赞说："我们读《明儒学案》，每读完一案，便觉得这个人的面目活现纸上。梨洲自己说皆从各人全集纂要钩玄，可见他用功甚苦。但我们所尤佩服者，在他有眼光能纂钩得出"；书中"虽有许多地方自下批评，但他仅在批评里头表示梨洲自己意见，至于正文的叙述却极忠实，从不肯拿别人的话作自己注脚"。梁氏提出：《明儒学案》这一套成功的方法，经过改良，将来做哲学史、科学史、文学史都可以采用。关于宗羲学术思想的倾向，梁氏的评语是，他"以阳明为根底"，又是"王学的修正者"，他有清代学者的精神，却不脱明代学者的面目。这一看法，至今看来，仍然是在总体上把握黄宗羲丰富的学术著作和多方面学术思想的一把钥匙。

书中第八章论全祖望（谢山），也是梁氏善于对学术个案作全面中肯评价的突出例证。梁氏十分推崇全祖望《鲒埼亭集》所体现的高尚人格和学术价值，说："若问我对于古今人文集最爱读某家？我必举《鲒埼亭（集）》为第一部了。全谢山性情极肫厚，而品格极方峻，所作文字，随处能表现他的全人格，读起来令人兴奋。"然后指出祖望史学成就的特色。他不发空论，集中所最乐道的，是"晚明仗节死义之士与夫抗志高蹈不事异姓者，真是'其心好之，不啻若自其口出'。试看他关于钱忠介、张苍水、黄梨洲、王完勋……诸人的记述，从他们立身大节起，乃至极琐碎之遗言轶事，有得必录，至再至三，象很怕先辈留下的苦心芳躅从他手里头丢掉了。他所作南明诸贤之碑志记传等，真可谓情深文明，其文能曲折尽情，使读者自然会起同感，所以晚清革命家，受他暗示的不少。"全祖望又有不同寻常的识力与技术，最善于论学术流派，最会描写学者风貌。"集中梨洲、亭林、二曲、季野、桴亭、继庄、穆堂……诸碑传，能以比较简短的文章，包举他们学术和人格的全部。"没有门户之见，无论对于王学和其他学派，都能深入领会，作出公允的评价。而对于伪学者，则"直揭他们的面目，丝毫不肯假借。""文笔极锋利，针针见血。"梁氏所论，深得全祖望学术的精髓，对他的民族气节、求实态度和学术地位作出确当的评价。

《中国近三百年学术史》还具有鲜明的总结性的特色。梁氏总结了撰著学术史应具有以下四个特色：

> 第一，叙一个时代的学术，须把那时代重要各学派全数网罗，不可以爱憎为去取；第二，叙某家学说，须将其特点提挈出来，令读者有很明晰的观念；第三，要忠实传写各家真相，勿以主观上下其手；第四，要把各人的时代和他一生经历大概叙述，看出那人的全人格。①

用最简洁的话来说，这四项，就是要做到考察全面、力戒主观、注重时代、知人论世。梁氏论述清代学术史，已做到自觉地贯彻了这些原则，符合于近代理性精神和科学方法，所以他做的反思审视才经得起半个多世纪的时间考验，至今对我们了解清代学术史的演进仍有宝贵的价值。

本书最末四章（十三至十六），论述"清代学者整理旧学之总成绩"。对古代典籍进行训诂、校勘、辨伪、辑佚等项工作，是清代学术的中坚，始于顺治、康熙，极盛于乾隆、嘉庆，迄于清末，仍然余波荡漾，治斯业者，历代人才成百上千，著述数以万计。而其中的一些典籍或学科门类，专门性极强，头绪纷繁，是非真伪互相攻驳，莫衷一是，作专门研究者也须积年累月穷搜

---

① 以上引文，均见梁启超《中国近三百年学术史》，《饮冰室合集》专集之七十五，中华书局，1989 年版，第 8—49 页。

苦索，方能究其底蕴，冀图对全部门类作论述整理，艰巨的程度更可想见。梁启超却以他少年时代以来积累的深厚功力，长期淬砺磨炼形成的近代科学的眼光，气魄宏大地作一次总的清理，他所表现出来的才力、识力和魄力，令人叹为观止！经过梁氏爬梳、整理，将清代学者整理旧学的成果，总分为十二门类：经学、小学、音韵学、校注古籍、辨伪书、辑佚书、史学、方志学、地理学、谱牒学、历算学、乐曲学，论述的学者上启清初顾炎武、黄宗羲诸大师，下迄与梁氏同时代的学者皮锡瑞、王国维、章炳麟，无所不包，应有尽有。每一门类论述的内容则包括：择要论列主要著作，论述撰著的学术背景、学术渊源、学派关系；评价这些著作价值和研究方法的得失；提出在清代学者基础上继续整理的意见。

对儒家经书的整理注释，在清代考证学中占有重要地位，书中将清代学者在这一领域的成果，分列易经、尚书、三礼、春秋三传、四书、诸经新疏合评、其他通释群经之著作七个子目论述，囊括无余。梁氏对于清代学者考证经书的重要成果，论述、评价尤为精赅。在"易经"这一子目中，他指出：《易经》是一部最带神秘性的书，自古已称难懂。后经王弼、邵雍等人屡加附会，遂使《易》学与老庄之道家言混合，《易》学与后世矫诬之道教混合，更加混沌难辨。故清代《易》学第一期的工作，就是扫除一千年来蒙罩《易经》的云雾，主要著作有黄宗羲《易学象数论》、黄宗炎《图书辨惑》、胡朏明《易图明辨》，遂把"所有一切怪诞的图——什么无极太极，什么先天后天，什么太阳少阳太阴少阴，什么六十四卦的圆圈方位，一概打扫得干干净净"。第二期的学者，从事建设的工作，"另辟一条新路"，成就大者有三家。惠栋《周易述》《易汉学》，费了功力把许多汉儒《易》学遗说搜集起来，爬梳整理。但惠栋盲从汉儒家说，却是缺点。张惠言著《周易虞氏义》，长处在家法明了，把汉儒虞翻的《易》说发挥尽致。焦循有《易学三书》，被阮元评为石破天惊，处处从实测而得，又被王引之誉为凿破混沌，扫除云雾的精锐之兵。梁氏也予以高度评价：注释不依附汉人，而且对于汉人所纠缠不休的附会迷信说法，摧陷廓清。焦循并且"精于算理，又精于声音训诂，他靠这种学问做帮助，而从本经中贯穴钩稽，生出妙解"。焦循表现出极大的创造力，脱出两千年传注范围，他的新解新说又非出自臆断，而确是用考证家客观研究的方法得来，所以可贵。最后，梁启超提出今后研究《易》学的看法："焦里堂带我们走的路象是不错。我们应用他以本书解本书法，把他所阙略的那部分——即本卦本爻之意义，重新钩稽一番，发现出几种原则来驾驭他，或者全部可以彻底真懂。"

《尚书》这部典籍一向问题极复杂。梁氏把清儒众多的著作分为三类。一是辨《古文尚书》之伪。梁氏认为，清代学者对《尚书》的第一件功劳，是"把东晋《伪古文尚书》和伪孔安国传宣告死刑"。成就最高的是阎若璩，余者黄宗羲、姚际恒、惠栋、程廷祚、段玉裁。经过这么多学者的努力，"这件案总算定谳了"，"是清儒在学术史上极有价值的事业"。二是对《今文尚书》的研究。乾隆中叶，有江声《尚书集注音疏》、王鸣盛《尚书后案》、孙星衍《尚书今古文注疏》。江声是惠栋嫡派，一味好古，无别择剪裁。王鸣盛搜罗极博，但于今古文学说分不清楚，"好为调和，转成矛盾"。孙星衍有优良的体例，"自为注而自疏之"，注文简洁，疏文才加详。又能注意今古文学说的不同，态度谨慎。故梁氏评论孙书是"三家之冠"。晚清简朝亮撰《尚书集注述疏》，仿孙书体例，且兼采汉宋，旁及伪孔传，故不失为一良著。陈乔枞《今文尚书经说考》，则搜集西汉今文学者对《尚书》的解释。三是其他有关《尚书》注释研究，有胡渭《禹贡锥指》、陈寿祺《尚书大传辑校》、皮锡瑞《尚书大传疏证》。最后梁氏总结说：清儒对《尚书》学，第一功是将东晋伪古文打倒；"剩下真的二十八篇，也经过许多人费很大的劳力，解释明白了十之六七"。清儒所共同存在的不足是："他们有时拘守汉儒说太过；关于校勘文字，时或缺乏判断的勇气；关于研究制度，好引异代之书强为比附。"故以后有志于治《尚书》者应做的工作是："专从训诂上平实解释，不要穿凿，不要贪多，制度有疑则阙之。能泐成一部简明的注，或者这部书有人人能读的一天了。"平实、准确、简明易懂，使人人能读能用。这些是梁启超对现代《尚书》学所提出的要求。他对此后整理经学的方向，则提出"重辟一条新路，令应读之经，人人能读而乐读，……用简明的方法解释其文句，而用有趣味有组织的方法发明其义理"。这些在今天仍不失是卓见。

校勘文献典籍在清代是一门发达的学问，乾嘉以后学者个个喜欢做，且应用范围极普遍，他们取得的勘正典籍的成果，对后人读懂和正确使用古籍作用极大，有时因一两字的校正，令全段得正确的解释。故梁氏称："校勘之学，为清儒所特擅。"他将清儒校勘成果按照各部典籍一一列举，评论得失。更值得注意的是，他把清儒所做的大量工作在理论上作了总结，归纳出三种主要的校勘法。第一种，是拿两本对照，两相比勘，据善本（宋元刻本或精抄本）校正今本之谬。此可称为对校法。第二种，从本书或他书找出凭据，校出错误。梁氏称此法又有两条路，一是本书文句和他书互见的，便可拿来对勘，二是无他书可借比勘，专从本书各篇所用的语法、字法注意，或细观一段中前后之义，以意逆志，发现出今本讹误之点。前者是"他校"，后者是"本校"。第三种，发现出著书人的原定体例，根据它来刊正全部通有的讹误。可称为"理校"。若遇到全部书抄刻颠倒紊乱，以至不能读，或经后人妄改，全失其真，则前两法都不能济事，那么唯一的方法就是把现行本未改部分精密研究，求得此书义例，然后根据它来裁判全书，不合的便认为讹误。梁氏阐释说："这种办法，例如郦道元《水经注》，旧刻本经文注文混乱的很多；戴东原研究出经注异同的三个公例，把它全部厘正。又如墨子的《经》上下、《经说》上下四篇，原书写法和后来刻本写法不同，每条的上下文往往相乱；我著的《墨经校释》，发明'经说首字牒经'之例，也把他全部厘正。又如《说文解字》，经徐铉及别的人增补窜乱，多非许氏之旧；段茂堂、王箓友各自研究出许多通例，也把他全部厘正。"梁氏谙熟清儒校勘经、子、史各部门典籍的有价值著作，如数家珍。循着他所论列的著作，我们可明读哪一部典籍可参考哪一位清代学者的成果，即可获事半功倍之效，一目了然。试以下面三种常用古籍为例：

《荀子》　有汪中《荀卿子通论》《荀卿子年表》，谢墉、卢文弨《荀子》合校本，顾广圻《荀子异同》《荀子佚文》，郝懿行《荀子补注》，陈昌齐《荀子正误》，王念孙《读荀子杂志》，俞樾《荀子平议》，王先谦《荀子集解》。

《墨子》　有毕沅《墨子注》，俞樾《墨子平议》，苏时学《墨子刊误》，孙诒让《墨子间诂》，王闿运《墨子注》，梁启超《墨经校释》，马非百《墨辩解故》。

《竹书纪年》　有徐文靖《竹书纪年统笺》，雷学淇《考订竹书纪年》，洪颐煊《校正竹书纪年》，陈逢衡《竹书纪年集证》，·王国维《古本竹书纪年辑校》《今本竹书纪年疏证》。

清儒有关历史学的整理考证之作甚多，本书所论列者，有两项极具特识。其一，梁氏认为在"上古史之研究"中，马骕《绎史》和崔述《考信录》是两部很有价值的著作。《绎史》搜罗资料最宏博，仿袁枢纪事本末体，以事类编；有"体制之别创"的突出优点，其书虽存在资料收集过滥、别择不精的缺点，但它对研究者确实提供了很大方便。由于《绎史》所反映的史事范围广阔，故梁氏又称它"稍具文化史的雏形，视魏晋以后史家专详朝廷政令者盖有间焉"。崔述《考信录》与马骕"求博"的方向相反，是以"考信"态度研究古史。它原本是为"考经"而作，恪守司马迁"考信于六艺"之义，摒除"其言不雅驯"的百家杂说，经书以外只字不信，《论语》《左传》尚择善而从。崔述生当乾嘉"汉学"极盛的时代，当时学者风气是广聚材料，以多取胜。其书著成后长期消沉无闻，原因即在不为好博的汉学家所喜好，直到 20 世纪初年以后才渐渐受到学术界注意。梁氏充分肯定了《考信录》的价值和方法："（崔述）用此种极严正态度治古史，于是自汉以来古史之云雾拨开什之八九。""考证方法之严密犀利，实不让戴、钱、段、王，可谓豪杰之士也。"其二，是对乾嘉考史三大名著的评论。钱大昕著《廿二史考异》，王鸣盛著

《十七史商榷》，赵翼著《廿二史劄记》，是清代学者通释诸史最有名的三种。钱氏在当日儒林中学术声誉极高，众人仰望，后人沿袭这种注重考据的旧见，往往极称钱书，对王书称物者少，而于赵书则往往轻视。梁氏摒弃前人成见，他作为近代学者从本人治史的亲身体会出发，实事求是地指明三书的不同特点，并给予公允的评价，对于钱氏书的价值未予贬低，但指出其局限，而充分肯定了王、赵二书的方法和史识。他说："钱书最详于校勘文字，解释训诂名物，纠正原书事实讹谬处亦时有。凡所校考，令人涣然冰释，比诸经部书，盖王氏《经义述闻》之流也。王书亦间校释文句，然所重在典章故实，自序谓'学者每苦正史繁塞难读，或遇典制茫昧，事迹樛葛，地理职官眼眯心督，试以予书置旁参阅，疏通而证明之，不觉如关开节解，筋转脉摇……'诚哉然也！书末'缀言'，论史家义例，亦殊简当。赵书每史先叙其著述沿革，评其得失，时亦校勘其牴牾，而大半论'古今风会之递变，政事之屡更，有关于治乱兴衰之故者'。但彼与三苏派之'帖括式史论'截然不同。彼不喜专论一人之贤否、一事之是非，惟捉住一时代之特别重要问题，罗列其资料而比论之，古人所谓'属辞比事'也。清代学者之一般评判，大抵最推重钱，王次之，赵为下。以余所见，钱书固清学之正宗，其校订精核处最有功于原著者；若为现代治史者得常识、助兴味计，则不如王、赵。王书对于头绪纷繁之事迹及制度，为吾侪绝好的顾问，赵书能教吾侪以抽象的观察史迹之法。陋儒或以少谈考据轻赵书，殊不知竹汀为赵书作序，固极推许，谓为'儒者有体有用之学'也。"①书中像这样具有真知灼见的评论随处可见。

《清代学术概论》和《中国近三百年学术史》对于从普通读者到专门家的启发是多方面的，这两部著作的高度学术价值是向有定评的。梁启超论述清代学术史取得巨大成功，除了应归因于他具有渊博的学识、开阔的视野、亲历的感受和哲学的思考外，

---

① 以上引文，均见梁启超《中国近三百年学术史》，《饮冰室合集》专集之七十五，中华书局，1989年版，第178—292页。

还有一项应予强调的，即他冀求做到客观地研究。这两部书贯串着梁氏"求真求是"的指导思想，努力摒弃"是古非今"的封建旧习、胶固僵化的观念、宗派门户之见。两部书中笔锋所至，对于传统文化的消极面，如"好依傍"、"喜比附"、"名实相混"的痼疾，因"重道轻艺"、"空谈性理"的偏见造成的自然科学的不发达，几千年"以古相矜"的意识、"支离破碎、汩殁性灵"[1]的迷信邪说和愚顽不化的观点，都予以抨击。梁氏本人是晚清今文学派的健将，但他不贬低古文学派的学术成果，不偏袒今文学派存在的弱点。他肯定魏源利用公羊学观点批评时政，同时指出魏氏攻击《诗经》毛传甚无必要，"偏激的地方不少"[2]。对其师康有为，梁氏高度评价他掀起晚清思想解放潮流的巨大进步作用，同时，对于康有为学风上的武断，托古比附的做法，杂引谶纬之说和神化孔子的神秘说法，也都中肯地指出，无所隐饰。梁氏对于他本人治学博而不专、入而不深的毛病，也公开批评，基本上做到了如他所说："以现在执笔之另一梁启超，批评三十年来史料上之梁启超也。"[3] 讲他在万木草堂时，倾服于康氏学说，但又有批评："启超治《伪经考》，时复不惬于其师之武断，后遂置不复道；其师好引纬书，以神秘性说孔子，启超亦不为谓然。"讲他本人学术性格上的弱点："然其保守性与进取性常交战于胸中，随感情而发，所执往往前后相矛盾，尝自言曰：'不惜以今日之我，难昔日之我。'世多以此为诟病，而其言论之效力亦往往相消，盖生性之弱点然矣。"他又总论本人在学术上的功过和学风特点：

> 启超之在思想界，其破坏力确不小，而建设则未有闻。晚清思想界之粗率浅薄，启超与有罪焉。启超常称佛说，

---

[1] 梁启超《论中国学术思想变迁之大势》，《饮冰室合集》文集之七，中华书局，1989年版，第87页。

[2] 梁启超《中国近三百年学术史》，《饮冰室合集》专集之七十五，中华书局，1989年版，第185页。

[3] 梁启超《清代学术概论·自序》，《饮冰室合集》专集之三十四，中华书局，1989年版，第4页。

谓："未能自度，而先度人，是为菩萨发心。"故其生平著作极多，皆随有所见，随即发表。彼尝言："我读到'性本善'，则教人以'人之初'而已。"殊不思"性相近"以下尚未读通，恐并"人之初"一句亦不能解。以此教人，安见其不为误人？启超平素主张，谓须将世界学说为无制限的尽量输入，斯固然矣。然必所输入者确为该思想之本来面目，又必具其条理本末，始能供国人切实研究之资，此其事非多数人专门分担不能。启超务广而荒，每学稍涉其樊，便加论列，故其所述著，多模糊影响笼统之谈，甚者纯然错误，及其自发现而自谋矫正，则已前后矛盾矣。平心论之，以二十年前思想界之闭塞委靡，非用此种卤莽疏阔手段，不能烈山泽以辟新局。就此点论，梁启超可谓新思想界之陈涉。

又说：

启超与康有为有最相反之一点，有为太有成见，启超太无成见。……然启超以太无成见之故，往往徇物而夺其所守，其创造力不逮有为，殆可断言矣。启超"学问欲"极炽，其所嗜之种类亦繁杂，每治一业，则沉溺焉，集中精力，尽抛其他；历若干时日，移于他业，则又抛其前所治者。以集中精力故，故常有所得；以移时而抛故，故入焉而不深。彼尝有诗题其女令娴《艺蘅馆日记》云："吾学病爱博，是用浅且芜；尤病在无恒，有获旋失诸；百凡可效我，此二无我如。"可谓有自知之明。①

这些对其本人的评论是与历史实际相符合的，对于我们从总体上把握梁氏学术上的特色大有帮助。

---

① 以上引文，均见梁启超《清代学术概论》，《饮冰室合集》专集之三十四，中华书局，1989年版，第61—66页。

（三）　建构史学理论体系

梁启超在史学理论上，发展了 20 世纪初撰著《新史学》时形成的观点，于 1924 年和 1926 年先后著成《中国历史研究法》（约十一万字）、《中国历史研究法补编》（约十四万字），构建了自己的史学理论体系。若跟同时或较后时间的同类著作相比较，梁氏这两部专著观点更明确，内容更丰富，也更有系统性。他的史学理论体系主要包括五个方面：一、关于史的目的、范围和旧史的改造。二、历史的因果和动力。三、史料的搜集与鉴别。四、史家的修养。五、专史的做法。

1. 论史的目的、范围和旧史的改造

此项是梁氏史学理论的核心，在近代影响也最大。梁氏论"史"的目的，发展了《新史学》中反对"君史"、提倡"民史"的思想，明确主张今天著史应成为"国民资治通鉴"或"人类资治通鉴"，以促进国家富强和社会进步。梁氏相当深刻地论述史学与现实生活的关系及历史的教育作用："今日所需之史，则'国民资治通鉴'或'人类资治通鉴'而已。史家的目的，在使国民察知现代之生活与过去、未来之生活息息相关，而因以增加生活之兴味；睹遗产之丰厚，则欢喜而自壮；念先民辛勤未竟之业，则矍然思所以继志述事而不敢自暇逸；观其成败之迹与夫恶因恶果之递嬗，则知耻知惧，察吾遗传性之缺憾而思所以匡矫之也。夫如此，然后能将历史纳入现在生活界使生密切之联锁。"这样来界定"史"的目的，又是世界激烈竞争、弱肉强食的形势使民族生存经受严峻考验的时代特点所决定的，因为，"在今日惟个性圆满之民，自进为种族上、地域上、职业上之团结互助，夫然后可生存于世界而求有所贡献，而历史其物，即以养成人类此种性习为职志。"

梁氏认为今日理想之史著，必须再现出昔日人类活动的"体相"，且能显示出历史演进之因果关系，最终可为国民生活提供借鉴，因此对"史"下了这样的定义：

> "史"者何？记述人类社会赓续活动之体相，校其总成绩，求得其因果关系，以为现代一般人活动之资鉴者也。其专述中国先民之活动供现代中国国民之资鉴者，则曰"中国史"。

根据这一定义，他为撰成一部"适合于中国人需要之中国史"设计了二十二个项目，主要有中华民族如何由各族混合淳化而成，民族间的关系和中华民族活动范围的拓展，与世界的关系，政治组织、经济活动和经济制度，民族思想和思潮演变等。最后，归纳中国史的主要内容为四项："第一，说明中华民族成立发展之迹，而推求其所以能保存盛大之故，且察其有无衰败之征。第二，说明历史上曾活动于中国境内者几何族？我族与他族调和冲突之迹何如？其所产结果何如？第三，说明中国民族所产文化，以何为基本？其与世界他部分文明相互之影响何如？第四，说明中国民族在人类全体上之位置及其特征，与其将来对全人类所应负之责任。"[①] 这四项，构成了有机联系的四个层次：中国历史发展大势—各民族的活动和关系—思想文化的特点—中国与世界，记载范围之广阔为旧史所无法相比，在指导思想上则明确贯串了近代国民意识和进化观点，因此对近代史学理论和史学研究都产生了很大影响。

梁氏又根据上述对"史"的意义的界定，系统地提出对旧史改造的意见：一、改变旧史以"少数特别阶级"（贵族，或官僚阶级，或智识阶级）为写作对象为以国民为对象；二、"以生人本位的历史代死人本位的历史"，彻底改变旧史那种"费天地间无限缣素，乃为千百年前已朽之骨校短量长"的状况；三、史家应改变"中国古代，史外无学"的旧观念，做到集中精力于对人类"各种活动之相"的研究；四、改变旧史家好加主观褒贬的做法，提倡客观研究的精神，"务持鉴空衡平之态度，极忠实以搜

---

① 以上引文，均见梁启超《中国历史研究法》，《饮冰室合集》专集之七十三，中华书局，1989 年版，第 3、1、7 页。

集史料，极忠实以叙论之，使恰如其本来"；五、对旧史的史料价值，应以"科学的眼光严密审查"，"重新估价"，作材料的搜补和考证；六、改变旧史片段、孤立、不相联属的状况，新史叙述史实，"横的方面最注意于其背影与其交光，然后甲事实与乙事实之关系明"，"纵的方面最注意于其来因与其去果，然后前事实与后事实之关系明"，还应有说明，有推论，使整部的史书成为结构严密的系统的著作。

以上各项，实则以史的对象、视角、史家的态度、史料的搜集和考证、史书的纵向联系和横向联系这六个方面，对比论述了新的史著与旧史的不同，规划了由改造旧史到创造新的史著的途径。关于集体编撰通史的组织工作，梁氏提出应联合各方面有专门学识的专家先作专门史的研究，在此基础上从事通史的研究和撰著，"分途以赴，合力以成"。①

梁启超论史的目的、范围和旧史的改造，确有自己的系统性。他的主要出发点和归宿，是改变旧史为帝王或特殊阶级服务，而为国民服务，改变旧史与现实生活割断联系，使之与当今社会进步密切相关，尤其具有卓识。但梁氏论点也有自相矛盾之处，如他指责旧史家主张史学"经世"是一种狭隘的目的，而他本人极力主张史应该为今日国民所"资鉴"。其实，梁氏提倡史著为当今社会进步服务，也是传统史学"经世"观点在近代的发展。

2. 论历史的因果和动力

这是史学理论极其困难的问题，因为历史人物的思想和行为，历史事件的演变，历史形势的变迁，无一不是极其复杂的，各个民族、各个国家的历史道路又千差万别，要从中概括出法则性的东西，实在戛戛乎其难！梁氏于 20 世纪初在《新史学》中已经倡言历史研究的任务在于求得历史进化之公理公例，探索因果关系。至 20 世纪 20 年代，他的认识已大大深化，提出了以下

---

① 以上引文，均见梁启超《中国历史研究法》，《饮冰室合集》专集之七十三，中华书局，1989 年版，第 28、29、34、35 页。

一些重要论点。

（1）关于历史事件的互相联系。梁氏认为历史事件的发生、民族的活动，都有环环相扣的关系，"一波才动万波随"。他举出《史记》《汉书》《后汉书》有关匈奴和西域各国的记载，论述秦汉之际，中国拒匈奴势力骤减，匈奴得自强，乃南进，西击大月氏。月氏被逼远去，击大夏而臣之。此大夏是亚历山大王部将所建国，而希腊人势力东进的产物，旧史又称为"塞族"。"塞族受月氏大波所荡激，又南向征服印度。后百余年，月氏王所立五翖侯的后代自立为贵霜王，又侵占安息，攻灭天竺。至此，"挫希腊之锋使西转，自尔亚陆无复欧人之势力矣"。综合此几百年史实，可以得出这样一个论题：刘项之争，与中亚细亚及印度之诸国之兴亡有关，而影响及于希腊人之东陆领土。中国与西方地域相隔辽远，"而彼我相互之影响犹且如此之巨，则国内所起之事件，其首尾连属因果复杂之情形，益可推矣"。这正证明人类的历史活动息息相关，"如牵发而动身，如铜山西崩而洛钟东应"。①

（2）关于自然因果律与历史因果律的不同。梁氏在《中国历史研究法》中提出：自然现象的因果律本身就异常复杂，不易探求，而历史现象的复杂尤甚。在此意义上，他指出："若果欲以因果律绝对的适用于历史，或竟为不可能的而且有害的亦未可知。"但梁氏明确地指出，借此不谈历史现象的因果关系是不行的，这是因为，"不谈因果，而无量数繁赜变幻之史迹，不能寻出一系统，而整理之术穷；不谈因果，则无以为鉴往知来之资，而史学的目的消灭"。

故问题是研究者要有特别炯亮的眼光观察历史因果关系，要明了自然界与历史的因果律二者的不同。简要言之，其一，自然科学的事项，常为反复的、完成的，历史事项反是，常为一度的、不完成的。"天下从无同铸一型的史迹。"其二，自然科学的

<hr>

① 梁启超《中国历史研究法》，《饮冰室合集》专集之七十三，中华书局，1989年版，第101、102、104页。

事项，常为普遍的，历史事项反是，常为个性的，"凡成为历史事实之一单位者，无不各有其特别之特性。此种个性，不惟数量上复杂不可缕指，且性质上亦变幻不可方物"。其三，自然科学的事项，为超时间、空间的，历史事项反是，常以时间、空间关系为主要基件。故"史迹之为物，必与'当时'、'此地'之两观念相结合，然后有评价之可言"。以上所论均确有见地。更值得重视的是，梁氏由此而论述了历史运动是由各个怀有各不相同目的的个人之活动总体构成，在有意无意、错综复杂之间，形成了似乎是向着共同的目的前进。他说："合无量数互相矛盾的个性，互相分歧或反对的愿望与努力，而在若有意若无意之间，乃各率其职以共赴一鹄，以组成此极广大极复杂极致密的'史纲'，人类之不可思议，莫过是矣。史家之职责，则在此种极散漫极复杂的个性中，而觑见其实体，描出其总相，然后因果之推验乃可得施。"强调历史家通过千差万别的不同个人的动机，去求历史运动的"总相"，从中找出因果规律。这一结论与唯物史观论证历史运动合力作用有相通之处，是梁氏深入思考和概括许许多多复杂历史现象而得，具有极高的哲理上的价值。

（3）梁氏对历史的动力也作了深入的探讨。他认为英雄人物在历史上有极伟大的作用，同时又认为，"而所谓大人物之言动，必与此时社会心理发生因果联系者，始能成为史迹"。"所谓大人物者，不问其为善人恶人，其所作事业为功为罪，要之其人总为当时此地一社会——最少该社会中一有力之阶级或党派——中之所能深入社会阃奥而与该社会中人人之心理最易相互了解者。如是，故其暗示反射之感应作用，极紧张而迅速。"又认为，"文明愈低度，则'历史之人格者'之位置，愈为少数所垄断，愈进化则其数量愈扩大。……今后之历史，殆将以大多数之劳动者或全民为主体。……故'历史即英雄传'之观念，愈古代则愈适用，愈近代则愈不适用也"。上述论断都包含着十分深刻的思想，表现他作为近代学者在理论上的可贵探索精神。但梁氏在论述历史运动的根本原因时，又每每陷于唯心主义，认为："历史为人类心力所造成"，"所谓民族心理或社会心理者，其物实为个人心理之扩大化合品",① 把个人的作用夸大到荒谬的程度，不懂得表面上的偶然性始终是受内部隐蔽着的规律性所支配，不懂得决定历史方向的终极原因乃是生产力和生产关系的矛盾运动和亿万人民群众的意志。

3. 论史料的搜集与鉴别

我国传统史学有重视"考信"的传统。至清代"朴学"盛行，学者对于如何搜集材料、考订歧误、辨别真伪这套学问尤其致力，积累了许多经验和资料。梁氏《中国历史研究法》辟了专章论述史料的搜集和鉴别，就是以传统史学所积累的方法为基础，运用了近代学术眼光加以总结和发展。因此他申明：论述搜集和考证史料，目的是达到"求真"，而"求真"乃是由传统学术"实事求是"的精神和方法发展而来。求得史实的准确是史学研究的前提，否则，"其思想将为枉用，其批评将为虚发"，这就是注重史料如何搜集与鉴别的意义所在。梁氏的论述所涉及的范围甚广，这里只能举出其中较有代表性者加以论列。

一般的史事记载见于常见的史籍之中，掌握并不费力。对于治史者来说，困难而又至关重要者，在于从表面上看似乎是孤立的材料，把它联系起来，发现问题，并得出恰当的有价值的结论。梁氏举出了一些很有启发意义的例证。他本人曾欲研究春秋以前部落林立的情状，先从《左传》《国语》中汇录其所述已亡之国，得六十余，又从《逸周书》中搜录，得九十余，又从《汉书·地理志》《水经注》搜录，得七十余，又从金文中搜录，得九十余，其他散见于各书者尚有三四十。结果，"除去重复，其夏、商、周古国名之可考者，犹将三百国；而大河以南，江淮以北，殆居三分之二。其中最稠密之处——如山东、河南、湖北，有今之一县而跨有古三四国之境者。试为图为表以示之，而古代社会结构之迥殊于今日，可见一斑也。"经过这样一番将分散而旁人不予注意的材料搜集研究，得出"春秋前半部落式之国家甚

① 梁启超《中国历史研究法》，《饮冰室合集》专集之七十三，中华书局，1989年版，第115、113、114、111、114页。

多"的结论，证明国家形成演进必须经过这样一个阶段。梁氏又曾欲研究中古时期中印文化交流，而考证中国赴印度学习佛经的人物。按常人习知者，不过前有法显，后有玄奘，三几人而已。他先据慧皎之《高僧传》、义净之《求法传》，得六七十人，已大喜过望；其后每读一书，遇有此数则类而录之，经数月乃得一百八十七人之数（其中姓名失考者有八十二人，所余得一百零五人）。再将这一百八十七人"稽其年代籍贯，学业成绩，经行路线等，为种种之统计；而中印往昔交通遗迹，与夫隋、唐间学术思想变迁之故，皆可以大明"。又有一种材料，在同时代看似平常，而经历不同时代以后情况出现变化，人们也不注意。治史者若将它们搜集起来系统排比整理，同样可得出有价值的结论。梁氏所举出的历代《高僧传》所记隋、唐以前诸僧之重要事业，大抵云译某经某论若干卷。宋以后诸僧传中，此类记事绝不复记，但记其如何洞彻心源，如何机锋警悟而已，即是很好的例证。对这些材料仔细地搜集、整理，可证明隋唐时期僧人重视译经、注经，以后僧人则以警悟妙对相尚，所走的正是与中古经学——宋明理学相类似的道路，形成了两相平行而起伏波折相同的两段曲线。学术史上还有这样的情况，"往往有一人之言行，一事之始末，在正史上觉其史料缺乏已极，及用力搜剔，而所获或意外甚丰"。晚清孙诒让研究墨子生平，即是这样。据《史记·孟子荀卿列传》中所附墨子生平，仅有二十四个字，史料可谓至为枯竭。孙氏生于二千年后，却能遍引各书，钩稽史料，作了一篇数千言的博赡翔实的《墨子传》，成为学术史上的一段佳话。

梁氏又特别论述史料应用的两种情况。一是官书，记载每经封建朝廷有意篡改。"《宋神宗实录》，有《日录》及《朱墨本》之两种，因廷臣争党见，各自任意窜改，致同记一事，两本或至相反。至清代而尤甚。清廷讳其开国时之秽德，数次自改实录。实录稿今入王氏《东华录》者乃乾隆间改本，与蒋氏《东华录》歧异之处已甚多。然蒋氏所据，亦不过少改一次之本耳，故如太宗后下嫁摄政王，世宗潜谋夺嫡等宫廷隐匿，讳莫如深，自不待言。即清初所兴之诸大狱，亦掩其迹唯恐不密。"治史者对这些故意湮灭的记载绝不能据以凭信，而应另外搜集材料补充或辨正，以发其覆。清顺治十八年（1661）"江南奏销案"，是清初一大冤案，但官书中竟丝毫痕迹也见不到。近代史家孟森据数十种文集笔记，钩距参稽，最后得出全案信史："一时搢绅被杀者十余人，被逮者四五百人，黜革者万三千余人，摧残士气，为史上未有之奇酷。"二是应特别重视新史料的发现，包括地下发掘和外国人有关中国史事的记载。梁氏称青铜器铭文的出土，如克鼎、大盂鼎、毛公鼎等，字数抵一篇《尚书》，为古史研究提供了宝贵资料。周宣王伐猃狁之役，是上古时代一大事件，原先《诗经》上有关的记载简略不明，经近代学者王国维运用小盂鼎、虢季子白盘、梁伯戈等铜器铭文细心考释研究，"乃能将其将帅、其战线、其战状，详细考出，历历如绘"。① 殷墟卜辞的出土，其价值可改变整个殷商史研究的面貌。

关于史料的鉴别，梁氏作了明确的界定："正误辨伪，是为鉴别。"他反复阐明对史料正误辨伪，是极其复杂的工作，必须具有严谨的态度、精密的方法。从本国说，是要继承"前清乾嘉诸老严格的考证法"，从外国说，是要吸收"近代科学家之归纳研究法"，二者是相通的。梁氏在书中所论述的方面甚广，例证极其丰富，现择举数项介绍。其一，鉴别史籍的价值，第一步应以年代为标准。年代愈早，可信程度愈强，因为作者所获见的直接史料多，而后人所见者少。"例如研究三代以前史迹，吾侪应信司马迁之《史记》，而不信谯周之《古史考》，皇甫谧之《帝王世纪》，罗泌之《路史》。何则？吾侪推断谯周、皇甫谧、罗泌所见直接史料，不能出司马迁所见者以外，迁所不知者，周等何由得知之也？是故彼诸书与《史记》有异同者，吾侪宜引《史记》以驳正诸书。反之，若《竹书纪年》与《史记》有异同，吾侪可以引《纪年》以驳正《史记》。何则？魏史官所见之直接

---

① 梁启超《中国历史研究法》，《饮冰室合集》专集之七十三，中华书局，1989年版，第70、68页。

原料，或多为迁之所不及见也。"① 但运用这一原则又不能刻板。在特殊情况下，有极可贵的史料而晚出或较迟传布，后人才能利用，而为前人所不及见。如元代重要史料《元秘史》《圣武亲征录》等，都是晚出的史料，为明初宋濂等人修《元史》所不及见，故魏源《元史新编》、柯劭忞《新元史》在史料价值上有不少地方超过《元史》。其二，对于涉及同一时期或同一问题的史籍，考定其价值时，应考察作者的史德、史识，以及其人所处的地位如何。"例如陈寿时代，早于范晔，然记汉、魏易代事，晔反视寿为可信。盖二人所及见之直接史料，本略相等，而寿书所不能昌言者，晔书能昌言也。" 以往的史籍，即使是名著，总不免有一部分记载失实或有缺欠，故治史者"宜刻刻用怀疑精神引起注意，而努力以施忠实之研究，则真相庶可次第毕露也。"② 其三，治史者切忌用伪材料。如通行本《尚书》（今古文混合）中有《胤征》一篇，记载有夏仲康时发生日食。欧洲近代学者曾据此提出古代日食史的种种说法，长期争论，甚至著成专书。殊不知《胤征》篇纯属东晋晚出之伪古文，根本是伪史料，欧洲学者不了解这一背景，致使花费了笔墨、精力而毫无价值。然则，所谓伪材料，若按照该书所题作者的时代立论，确是伪造，但若能考出该书所出的真实时代，放在此时代考察，则又可能成为有价值的材料。如《管子》《商君书》，若指定为管仲、商鞅所作则必伪；然其中大部分要皆出战国人手，若据以考战国末年思想及社会情状，固绝佳之史料也。其四，梁氏总结出史文大多经过事后的增饰，治史者不能完全据信的原则。他说："史文什九皆经后代编史者之润色，故往往多事后增饰之语。……如诸葛亮之《隆中对》，于后来三国鼎立之局若操券以待，虽曰远识之人，鉴往知来，非事理所不可能，然如此铢黍不忒，实足深怪。试思当时备、亮两人对谈，谁则知者？除非是两人中之一人有笔记，不

---

① 梁启超《中国历史研究法》，《饮冰室合集》专集之七十三，中华书局，1989年版，第71、81页。

② 梁启超《中国历史研究法》，《饮冰室合集》专集之七十三，中华书局，1989年版，第83页。

然，则两人中一人事后与人谈及，世乃得知耳。事后之言，本质已不能无变，而再加修史者之文饰，故吾侪对于彼所记，非'打折头'不可也。"①《隆中对》向来为谈三国史者所津津乐道，但据近年来学者研究，其中有的内容确系出自事后的总结以至夸张之语，证明梁氏这一论断之中肯。梁氏在书中还提出鉴别伪材料的十二条原则，以后发展成为《古书真伪及其年代》这一专著。

4. 论史家的修养

传统史家刘知幾、章学诚论述过史家应具史学、史才、史识和史德，梁启超在《中国历史研究法补编》中专辟"史家的四长"一章，使用刘、章的提法而加以提高、发展，按照近代学术的要求，阐述了史家应具有的修养，既有浓厚的时代气息，又有鲜明的民族特色。

梁氏把史德列为史家四长的首位。他发挥章学诚的观点，提出"史德"是指史家要心术端正，毫不偏私，做到忠实、公正。要达到这种境界，要时时克服盘踞于意识中的主观成分。极易犯的毛病有三种。一是"夸大"，由于治史者对于本人研究的对象总有特别的关系或爱好，尤其对于人物，往往出于本人所信仰，因而容易把它拔高、夸大。二是"附会"，"自己有一种思想，或引古人以自重，或引过去事实以为重，皆是附会"。三是"武断"。历史材料散亡很多，古代、近代都如此。研究者"对于一件事的说明，到了材料不够时，不得不用推想。偶然得到片辞孤证，便很高兴，勉强凑合起来，作为事实。因为材料困难，所以未加审择，专凭主观判断，随便了之，其结果便流为武断了"。对于遇到的史料，符合自己脾胃的便采用，不合的便删除。必须力戒这些主观上的毛病，做到"鉴空衡平"，② 公正无私。

关于"史学"，梁氏认为，由于历史范围极其广博，治史者欲求无所不通，是不可能的。合乎情理的要求是：贵专精不贵杂

---

① 梁启超《中国历史研究法》，《饮冰室合集》专集之七十三，中华书局，1989年版，第91—92页。

② 梁启超《中国历史研究法补编》，《饮冰室合集》专集之九十九，中华书局，1989年版，第15—16页。

博，同时还要懂得常识。治史者应确定专攻的目标。在专的范围内，非知到"透彻周备"不可。"如此一来，注意力可以集中，访问师友，既较容易，搜集图书，亦不困难，才不至游骑无归，白费气力。有人以为这样似太窄狭，容易抛弃旁的学问，其实不然。学问之道，通了一样，旁的地方就很容易。……好像攻打炮台，攻下一个，其余就应手而下了。"专精同涉猎，两者不可缺。"大概一人功力，以十之七八，做专精的功夫，选定局部研究，练习搜罗材料，判断真伪，抉择取舍。以十之一二，做涉猎的功夫，随便听讲，随便读书，随意谈话。如此做去，极其有益。"专精决定自己的成绩。下功夫的方法有三项：一是勤于抄录。"古人平常读书，看见有用的材料便抄下来，积之既久，可以得无数小条。由此小条，辑为长编，更由长编，编为巨制。顾亭林的《日知录》，钱大昕的《十驾斋养新录》，陈兰甫的《东塾读书记》，都系由此作成。一般学问如此，做专门学问尤应当如此。"[①] 二是练习注意。定下来要研究的问题，看书时，有关系的就注意，无关的就放过，过些日子再换别的问题，把注意力换到新的方面去，如此长期练习。三是逐类搜求，按照一个问题，跟踪搜索下去，长期积累，可以获得许多好材料。

史识，是指"历史家的观察力"。研究自然科学，要注重实验；研究历史，要注重"求关联的事实"，因而凡是对研究问题稍有帮助的材料，一点都不可放松。历史家的观察力，表现在两个方面：由全部到局部，你所研究的是局部问题，但不要忘记局部是整体的一部分；再由局部到全部，局部的事件或个人，要考察它对全体的影响。培养观察力的方法，一是不要为因袭传统的思想所蔽。对前人的说法，既要充分尊重其价值，又不盲从，遇有必要修正的，无论是怎样有名的前人所讲，也要加以修正。二是不要为自己的成见所蔽。梁氏总结钻研得很深的学者容易为己所蔽的情况："大凡一个人立了一个假定，用归纳法研究，费很

---

① 梁启超《中国历史研究法补编》，《饮冰室合集》专集之九十九，中华书局，1989年版，第17—18页。

多的功夫，对于已成的工作，异常爱惜，后来再四观察，虽觉颇有错误，亦舍不得取消前说。用心在做学问的人，常感此种痛苦。但忠实的学者，对于此种痛苦，只得忍受，发见自己有错误时，便应当一刀两断的，即刻割舍，万不可回护从前的工作，或隐藏事实，或修改事实，或假造事实，来迁就他，回护从前的工作。这种毛病，愈好学愈易犯。"① 梁氏的分析鞭辟入里，实在是治疗学人共犯毛病的一副良药。

史才，是讲"作史的技术"，包括组织的才能（体裁体例、篇章结构）和文采。中国传统史学在著史技术上有极高的成就，形成了优良传统，《左传》作者、司马迁、司马光等是著述方面的杰出代表，刘知幾、章学诚是理论总结方面的杰出代表。梁启超总结了前人的成就，并且用现代学识加以诠释和发展。他认为，组织的才能，是指形成全部书或一篇文章的结构的技巧，能够把许多材料整理包括起来。一是要讲究剪裁。在搜集到丰富材料的基础上决定去取，"去其渣滓，留其菁华"。二是讲究材料组织联缀的能力。行之有效的方法，有："将前人记载，联络镕铸，套入自己的话里。"治史的人爱讲"无一字无来历"，乾嘉名家阮元作《国史儒林传》，专集前人成语，无一字出自杜撰。每句话都有根据，这是好的，但短处是文字太呆板。这种方法不能照搬，应该是人体上都有所根据，但还要有事实的补充和发表己见；在引古书时，也"尽可依做文章的顺序，任意连串，做成活泼飞动的文章"。还可考虑采用"纲目体"，以及在论著中适当采用图、表。关于"文采"，梁氏认为最重要的是两项。一是"简洁"，做到"章无剩句，句无剩字"。二是"飞动"。他说："做文章，一面要谨严，一面要加电力，像电影一样活动自然。如果电力不足，那就死在布上了。事本飞动，而文章呆板，人将不愿看，就看也昏昏欲睡。事本呆板，而文章生动，便字字都活跃纸上，使看的人要哭便哭，要笑便笑。如像唱戏的人，唱到深刻

---

① 梁启超《中国历史研究法补编》，《饮冰室合集》专集之九十九，中华书局，1989 年版，第 20、23 页。

时，可以使人感动。假使想开玩笑，而板起脸孔，便觉得毫无趣味了。不能使人感动，算不得好文章。"司马光文笔"最飞动"。"如赤壁之战，淝水之战，刘裕在京口起事，平姚秦，北齐北周沙苑之战，魏孝文帝迁都洛阳，事实不过尔尔，而看去令人感动。"要达到这两项要求，写活写好，没有别的秘诀，只有"常常模仿，常常练习"。要培养优良的史才，就要敢下笨功夫，"多读，少作，多改"，① 写作要谨慎、郑重，要反复地修改，从组织到文采，有不满意处就修改、补充、剪裁。长期下苦功夫，最后写出的历史文章或著作，就能感动人，就能提高它的价值。

5. 论专史的做法

《中国历史研究法补编》所着重的是专史的研究。梁氏区分为五种专史：人的专史，事的专史，文物的专史，地方的专史，断代的专史；分别作了概括性论述。然后具体地论述"人的专史"和"文物的专史"，包括：人的专史的对象、合传、年谱、专传的做法；政治专史、经济专史、文化专史（文字史、神话史、宗教史、学术史）等。

梁氏对历史有深入的研究，熟悉中国历史漫长进程中许多人物的经历，对于他们的作用、历史地位、影响有不少独到的看法，所以，他在《补编》分论一"人的专史"中，对于人物传的选题和做法确有许多精到的论述。他认为，对于"人物传"在历史学中的作用应有恰当的评价。中国旧史，本纪、列传几占了大部分篇幅，本纪、列传又以人为主，故历代正史也即以人为主的历史。这种特点，以近代眼光观察，缺点自然甚多，历史成为专门表彰人的手段，过分注重彰善惩恶，但对人的历史的作用又不能全部抹杀。拿《史记》说，记载人物的性格、兴趣以至做事步骤，都与全部历史有关。《史记》所立每一篇列传，必代表一方面人物，如《孔子世家》《孟荀列传》等代表学术思想界最重要的人物，苏秦、张仪列传代表造成战国局面的游说之士，田单、

---

① 梁启超《中国历史研究法补编》，《饮冰室合集》专集之九十九，中华书局，1989 年版，第 24、25、27、28 页。

乐毅列传代表有名的将帅，四公子平原、孟尝、信陵、春申列传代表那时新贵族势力，《货殖列传》代表当时经济变化，《游侠列传》《刺客列传》代表当时社会上一种特殊风尚。"每篇都有深意，大都从全社会着眼，用人物来做一种现象的反影，并不是专替一个人作起居注。"故《史记》以人物传为主确有其重要价值在。西方史学中，有布鲁塔克《英雄传》，专记希腊的伟人豪杰，也有其"不朽的价值"。近世欧洲史学界，历史与传记分开，但"传记体仍不失为历史中很重要的部门，一人的专传，如林肯传，格兰斯顿传，文章都很美丽，读起来异常动人"。这些论述对我们的有益启示是，作专史，尽可以个人为对象，考察一个人在历史上有何等关系，"最要紧的是看历史人物为什么有那种力量"。①

根据上述认识，梁氏总括有七种人物可以做专传或补作列传。（一）思想及行为关系方面很多，可以作时代或学问的中心，应该为他作专传。如杜甫，以他为中心，将唐玄宗、肃宗时代的事实归纳到他身上，这样的传，可以作得精彩。杜甫的诗作不仅对后代影响大，而且与时代关系密切，"叙述天宝乱离情形，在杜（甫）传中是正当的背景，在李（白）传中是多余的废话"。②（二）一件事情或一生性格有奇特处，可以影响到当时与后来，或影响不大而值得表彰，应为他作专传。（三）在旧史中没有记载，或有记载而太简略的，应当为他作专栏，如墨子、荀子，又如王充、刘知幾、郑樵、吴敬梓等。（四）在历史上有作为而受到诬枉的人，应从辩护角度，重新作传。如范晔，以叛逆见杀，确是枉冤，故陈澧在《东塾读书记》中作了《申范》篇，为之辩诬。李清照，宋人笔记中说她品节有可訾议之处，俞正燮在《癸巳类稿》中作有《易安居士事辑》，证明谣言之无实。又如提倡新法的王安石，明朝以前人认为他罪大恶极，而且不满王安石的议论在社会上很普遍。就应重新作传，洗刷他所受冤枉，表彰他

---

① 梁启超《中国历史研究法补编》，《饮冰室合集》专集之九十九，中华书局，1989年版，第29—30页。

② 梁启超《中国历史研究法补编》，《饮冰室合集》专集之九十九，中华书局，1989年版，第42页。

的贡献和人格。（五）皇帝的本纪及政治家的列传，在旧史中因体例所牵，写成官样文章，看不出其性格特点和作为，如秦始皇、汉高祖、汉武帝、汉光武帝、曹操、刘备、孙权、魏孝文帝、北周武帝、唐太宗、宋太祖、元太祖、明太祖、康熙、雍正、乾隆帝等，政治家如诸葛亮等，都应作专传。（六）有的外国人，主要活动在中国，做出了贡献，如马可·波罗、利玛窦等，应作专传。（七）近代政治或学术人物，如孙中山、蔡锷以至西太后、袁世凯等，可作专传。

以上梁氏所论，是从中国历史发展的全局，提出值得深入研究的人物，在近数十年中，这些课题几乎都受到研究者的重视，而且大多已写出有价值的论著，说明梁氏的看法，确有一定的指导意义。饶有兴味的是，梁氏在当时已提出重新研究曹操的问题。他这样议论："曹操代汉，在历史上看来，这是力征经营当然的结果，和汉高祖、唐太宗们之得天下实在没有什么分别。自从《三国演义》通行后，一般人都当他作奸臣，与王莽、司马懿同等厌恶。平心而论，曹操与王莽、司马懿绝然不同。王莽靠外戚的关系，骗得政权，即位之后，百事皆废。司马懿为曹氏顾命大臣，欺人孤儿寡妇，狐媚以取天下。这两人心地的残酷，人格的卑污，那里够得上和曹孟德相提并论。当黄巾、董卓、李傕、郭汜多次大乱之后，汉室快要亡掉，曹孟德最初以忠义讨贼，削平群雄。假使爽爽快快作一个开国之君，谁能议其后？只因为玩一回挟天子以令诸侯的把戏，竟被后人搽上花脸。换个方面看待，同时的刘备、孙权，事业固然比不上曹操的伟大，人格又何尝能比曹操高尚？然而曹操竟会变成天下之恶皆归，岂非朱子《纲目》以后的史家任情褒贬，渐失其实吗？"[1] 梁氏总的看法是，曹操在历史上的作为，类似于汉高祖、唐太宗，不失为一个对中国历史大有贡献的人物，应该破除陈旧观念，对他重新评价，写出有价值的专传。果不其然，"替曹操翻案"在20世纪五

---

① 梁启超《中国历史研究法补编》，《饮冰室合集》专集之九十九，中华书局，1989年版，第46页。

六十年代成为史学界研究的热点。这恰恰证明梁氏的见解符合近代学术发展的趋势。

梁启超又是近代提出应该写出"中国史学史"这样一部专史，开辟这一学科领域的第一人。该书所讲"史学史的做法"，即可作为他论述"文物专史"的代表。我国历史著作产生很早，先秦已有《春秋》《左传》，表示对于人类历史活动要自觉地作记载、总结的工作，这是认识的一次飞跃。至刘知幾著《史通》，写出史学评论的专门著作，对史学的发展自觉地作总结工作，从史学发展说，是认识又一次飞跃。进入近代，梁启超提出写"史学史"，自觉地对史学本身的发展作总结，这是认识上的第三次飞跃。梁氏的论述对于近代史学史学科的建设有三项突出的意义。

首先，他最早设计了史学史体系的框架。中国史学史的演进，时间极其漫长，内容无比繁富，在总体上如何驾驭，殊非易事。梁氏首先提出应包括四大部分。（一）史官。因为中国古代史官设置很早。传说黄帝时有史官仓颉，确否可先不论。至少西周初年有史官史佚，天子赐钟鼎给公卿诸侯，常派他做代表，见于钟鼎文记载不下数十次，可见他地位之高。《尚书》中《王命》《顾命》两篇，有史官活动的史实。《左传》中记载晋董狐、齐南史氏的事迹，极力称誉他们的直笔精神。孔子以前，列国都有史官。战国时代，列国都有《春秋》一体史书，而且都是史官所记。史官执掌史事，所以远古史事能流传下来，历史记载代代相传，从不间断。中国史学之所以发达，史官设置之早是一个主要原因。古代"史官地位的尊严"，也是史学发达的主要原因。（二）史家。中国最早的史家，可推孔子和《左传》作者。以后，历代著名的史家，梁启超特别提出司马迁、班固、荀悦、欧阳修、司马光、朱熹、袁枢等人。（三）史学的成立及其发展。梁氏认为，由于中国史学发展很早，成就巨大，于是就有可能成为专门的学科，来归纳、总结已经取得的成绩，并且以此推动史学进一步发展。梁氏认为对中国史学成立和发展最有关系的是刘知幾、郑樵、章学诚。尤其对刘知幾作了很高评价："刘知幾是史官中出类拔群的，孤掌难鸣，想恢复班固的地位而不可能，只好烦闷郁结，著成一部讲求史法的《史通》。他虽然没有作史的成绩，而史学之有人研究，从他始。这好像在阴霾的天气中打了一个大雷，惊醒了许多迷梦，开了后来许多法门。"① （四）最近史学的趋势。梁氏所设计的史学史，要一直讲到当前史学的发展，加以总结为止，提倡当前研究史学，就是为了使这门学科能够对当前起指导作用，这是梁氏的卓识，也是对中国史学关注现实的优良传统的发扬。

其次，从本书还可看出，梁氏晚年对传统史学的一些问题的看法，已较《新史学》中那种持过分激烈的批评态度不同，他有意修正早期的偏颇之处，更加注重总结一些重要史家的杰出成就。对司马迁所开创的纪传体，认为它有诸体配合、包罗万象、气魄宏大的突出优点，仍然值得近代学者重视，从中得到借鉴。"表以收复杂事项，志以述制度风俗，本纪以记大事，列传以传人、事，伸缩自如，实在可供我们的研究。"②

再次，梁氏敏锐地看出当前学风存在方向性问题，中肯地加以批评，提出矫正的办法。指导当前的史学实践，使之朝着健康的方向前进，这是史学理论最重要的任务和最有意义的工作。梁氏在讲"最近中国史学的趋势"中严肃地批评学术界专爱做细小问题的考证的流弊，提出这并非治学的大道，避难就易，想侥幸成名，是一种病态。他说："最近几年来时髦的史学，一般所注重的是别择资料。这是自刘知幾以来的普通现象，入清而甚盛，至今仍不衰。发现前人的错误而去校正他，自然是很好的工作，但其流弊乃专在琐碎地方努力，专向可疑的史料注意，忘了还有许多许多的真史料不去整理。如清代乾嘉学者，对于有错字的书有许多人研究，对于无错字的书无人研究。《荀子》有错字，研究的有好几家，成绩也很好。《孟子》无错字，研究便很少。此

---

① 梁启超《中国历史研究法补编》，《饮冰室合集》专集之九十九，中华书局，1989 年版，第 155、158 页。

② 梁启超《中国历史研究法补编》，《饮冰室合集》专集之九十九，中华书局，1989 年版，第 157 页。

可以说是走捷径，并非大道。""近来史家反都喜欢往这条补残钩沉的路走，倒忘了还有更大的工作。"梁氏不怕招致别人不满，严肃地指出这种做法背离了正确的治史方向："老是往这条捷径走，史学永无发展。我们不能够从千真万确的方面发展，去整理史事，自成一家之言，给我们自己和社会为人处事作资治的通鉴，反从小方面发展，去做第二步的事，真是可惜。"最后梁氏郑重地提出矫治的办法，就是要研究有价值的课题，重新写出有价值有分量的中国历史。①

梁氏提出的史学史主要内容和他论述的一系列重要问题，对于这门学科的建立有开拓创始之功。至1938年金毓黻著《中国史学史》，全书框架结构明显地实践梁启超的主张。已故中山大学教授刘节先生20世纪50年代讲授和撰写《中国史学史稿》，也仍然可以看出受到梁氏最初构想的影响。

总起来说，梁启超于20世纪20年代完成的《中国历史研究法》及其《补编》，形成了20世纪我国最早的史学理论体系。梁氏谙熟中国传统史学的成就，晚年尤其注重总结其中的有价值的遗产；他又处于19世纪末20世纪初西方进步文化大量输入的时期，本人具有开放、进取、迎接文化新潮流的精神，故能做到大量吸收西方史学理论，并注重将之与中国传统学术的优秀部分结合起来，互相贯通；再加上他有丰富的著史实践，写出大量论著，涉及范围很广，能从实践上升到理论高度，有真知灼见。由于这些原因和条件，他成为我国20世纪前期近代史学理论的代表人物，产生了广泛而深远的影响。他的理论中也存在一些错误与不足，这同当时整个学术思想所达到的总体水平有关，也与本人的局限性有关。我们对此也应有恰当的说明。

---

① 梁启超《中国历史研究法补编》，《饮冰室合集》专集之九十九，中华书局，1989年版，第167—168页。

（四） 多层面、多格调的先秦史研究

梁启超有关先秦社会政治史的两篇名著《春秋载记》《战国载记》是在 1918 年完成的。他于上年年底脱离了政坛，住到天津家中，这才实现了早先曾几次有过的潜心著述的愿望。这一年他用大部分时间撰著中国通史，从先秦写起。梁启超对《诗》《书》《左传》《史记》这些重要典籍，早已熟悉到大多能够背诵的程度，当年在日本（1901—1902）就曾经着手从事撰写中国通史的工作，在材料上、构思上都有些基础，如今在哲学思想、西方社会学说和社会经验等方面都更有充分的准备，又当年富力强、思想敏锐、精力旺盛，正是著述的最佳时期。

因此，这两篇著作进行得很顺利，著成后果然非同凡响。友人林志钧半日之内将四万字书稿连读两遍，表示爱不释手。梁启超本人更自信书稿的价值，珍宝视之，当日写信告诉陈叔通说："所著已成十二万言（前稿须复改者颇多），自珍敝帚，每日不知其手足之舞蹈也。体例实无暇作详书告公，弟自信前无古人耳。宰平曾以半日读四万言之稿两遍，谓不忍释，吾计凡读者或皆如是也。顷颇思'先秦'杀青（约端午前可成），即先付印（《传》《志》别行），此惟有《年表》、《载记》、《志略》三种，'先秦'之部都十一卷，冠以总叙一卷，约二十万言也。"稍后，又致其弟梁仲策信说："今日《春秋载记》已脱稿，都百有四叶，其得意可想，夕当倍饮以自劳，弟亦宜遥浮大白以庆我也。拟于《战国载记》后，别为《秦以前文物制度志略》一卷，……明日校改前稿一过，即从事《战国》。"[①]

梁氏完全有理由这样自信，他继承了中国历史编纂学的出色成就，并向前发展，这两部书的高度学术价值和表述的成功向来

---

① 两信均载于《梁启超年谱长编》1918 年。梁氏为著史付出了巨大心血，因过分用功，《战国载记》刚完成就吐血病倒，致《中国通史》的著述中止。

受到高度重视。近代史家张荫麟认为：梁氏的《春秋载记》《战国载记》和《欧洲战役史论》，如以质不以量言，非止可媲美近代中外名家，抑且足以压倒吉朋（1737—1794），麦可莱（1800—1859），格林（1837—1883）和威尔斯（1866—1946）。① 可知两篇《载记》乃是享誉近代史坛的名著。

《春秋载记》约四万字（另附《春秋年表》约万余字），它对于我们考察春秋时期的历史进程和改进历史著作的组织、表述方式，都有宝贵的价值。

第一，梁氏做到了从中国历史发展的总向来把握春秋时期历史的趋势和特征，中肯地论述了春秋时期是中国历史走向大一统过程的极其重要的阶段。

人类历史的演进有如奔流不息的长河，前后联贯，无法截然分开。历史需要划分阶段来研究，才能认识深入；但研究者的眼光又不能只局限在这一阶段之内，而必须上下联系纵贯考察，才能看清楚它的发展方向和作用。梁启超出色地做到这一点。在全篇之前，他高瞻远瞩，中肯地论述春秋时期在中国历史进程中的地位：由春秋时期小国林立状态，经过大国争霸，成为走向华夏统一国家的意义重大的历史阶段。他指出：不能从表象看问题，认为春秋"分立百数十国，其盛强者尚十数，日寻干戈，二百余年"，似乎与统一之义相背反；而应该看历史发展的总向，认识春秋之世乃是统一的观念和动力酝酿、培育的时期，"非经此阶段，则后此一统之象决无自而成"。②

梁氏又进一步论述：在春秋时期，中国境内各地区居民文明制度由较低级程度向较高级程度发展。具体讲，又可分为两个阶段。春秋初期，极多小部落散布错杂，范围狭窄，闭塞陋略，文明低下，"取精寡而用物啬，势不能大有发舒"。经过春秋前期实行兼并，形成了大国的规模，制度得到发展："其大国皆廓境至数百里，尤大者逾千里。以千数百里之国，而建政府，设法制，

---

① 张荫麟《跋梁任公别录》，见《思想与时代》，1941年第4期。
② 梁启超《春秋载记》，《饮冰室合集》专集之四十五，中华书局，1989年版，第2页。

备官守，其经纬擘画，易以纤悉周备，其治理之资，亦不甚觳薄。……于是各因其土宜、民俗，浚发其物力，而淬厉其人文，缉熙向上。"由此跨出了部落、小国范围狭小的局限，形成了以各个大国为范围的地方文化的特性。梁氏认为这是春秋时期社会向上进化的第一阶段。进入霸政时代，各国在交往中互相交流、吸收并且互相竞争，制度向前发展，形成了交往的规范，有共循的规则或新定的盟约，民力也获得了发展："霸政既起，朝聘会盟征伐无虚岁，其劳费诚为各国所共患苦，然而交通之利坐是大开。其君其卿相得频相酬酢，其士大夫交错结纳，相与上下其议论而互濡染。其术学其军旅习于共同之行动，增长其节制而磨淬其材力。其道路衔接修治，奔走其商旅而通输其物材。而其国与国之相交际也，无论在平时在战时皆有共循之轨则，或出自相沿之礼制，或根于新定之盟约，各信守之，罔敢越也。故争斗虽频数，而生民之被祸不甚烈。霸政全盛之代，尤以仗义执言摧暴扶微为职志，各国不敢恣相侵伐，民愈得休养生息，以孳殖其文物。"由于竞争，原有各大国业已形成的文化特性得到发扬充实，而且互相交流融汇而成全中国范围的通性："以交际频繁之故，彼此之特性日相互有所感受，徐徐蒸变化合而不自知。于是在各种特性基础之上，别构成一种通性。此即所谓中国之国民性，传二千年颠扑不破者也，而其大成，实在春秋之季。"① 梁氏认为，这是春秋时期社会进化的第二阶段。

　　以上，是梁启超通过多层次概括春秋时期的史实，并运用其通识进行考察而得的崭新结论，发前人之所未发。他将这一套系统见解置于篇首，赋予春秋史以极重大而极深刻的意义。以此为基调，全篇分为六章论述。前两章，分述十二大国国势梗概②，首章论述决定春秋时期全局的晋、楚、齐、秦四大国国势盛衰变化，二章论述八个较次要国家的不同地位和作用。后四章分别是

---

　　① 梁启超《春秋载记》，《饮冰室合集》专集之四十五，中华书局，1989 年版，第 2—3 页。

　　② 这十二国系依据《史记·十二诸侯年表》所列十二诸侯而有所斟酌变更，燕至战国始显，曹无足轻重，去此二国，而补上越国。

"霸政前纪""齐桓晋文霸业""晋霸消长""霸政余纪",从纵向论述春秋史的重大事件,霸业的消长和各国交互错综的关系。全篇形成纲举目张、互相配合的严整结构。

第二,善于对错综复杂的历史现象进行综合、归纳,写出春秋各国的特点,揭示出历史进程中具有本质意义的东西。

春秋十二诸侯国,起决定性作用的是晋、楚、齐、秦四国。梁启超发挥了司马迁《史记·十二诸侯年表》序中的论点,认为:"晋、楚、齐、秦,分峙朔南东西四徼,实春秋之骨干,而晋楚尤其脊柱也。"这四国,只有齐在西周初封时是大国,余三国均微弱不足挂齿,它们之所以勃兴,有一个共同的原因,是因四国地处边远,周围相处的多是文明程度低下的少数族,若不振拔求治则不能生存。"及其既已强立,次第蚕食群落以自广。剪灭虽众,而天下不以为贪;蓄力既厚,乘时内向以争中原,则弱小者固莫与抗矣。"① 诚如梁氏所强调,这是考察春秋史的一大关键。

认识了共性更要认识特性,应该分别研究四国历史的不同特点。晋国受封较晚,被安排到边远地方,与戎狄相处,土地瘠薄,由是养成勤朴健武的作风。自曲沃桓叔、庄伯、武公、献公四代国君不断开拓,疆土扩大。至晋文公重耳,凭着他出亡在外十九年所积累的丰富政治经验,内修政治,取信于民,外联诸国,与楚争锋,城濮一战,把楚国打得大败,晋被天下诸侯奉为盟主,故"城濮之役,春秋第一大战,亦后此百余年大势所攸判也"。晋国称霸中原还有一项重要原因,是人才兴盛,大臣忠心辅佐:"自晋文拔用贤才,其臣却毂、先轸、狐偃、赵衰、胥臣、栾枝等皆崇礼让。其后晋卿十一族,赵、魏、韩、狐、胥、原、栾、却、范、知、中行,更迭执政,代有贤良。若赵盾、士会、士燮、荀䓨、韩厥、魏绛辈,皆一时名卿,忠于谋国。故历襄、灵、成、景、厉、悼六公垂百年,虽有汰虐之主,而晋霸不衰,

① 梁启超《春秋载记》,《饮冰室合集》专集之四十五,中华书局,1989年版,第3页。

诸卿之力也。"而且晋自献公以后，不畜群公子，公族内部少有纠纷，较能缉和，晋国颇赖于此而得以久霸。但公族势力逐渐衰弱，卿族势力不断膨胀，最终导致六卿瓜分晋室的结局。太公始封的齐国也地处边徼，在与落后的"蛮族"杂处的艰难环境中，以忧勤强奋立国。而齐国独特之处，是地理上有优越条件："其地东至海，饶鱼盐之利；西至河，凭襟带之固；南至穆陵，扼大岘之险；北至无棣，拊广漠之野。其势易以强，故春秋之世，最先兴焉。"① 又一特点是，齐桓霸业短促，此后频繁加兵于邻近小国鲁、卫、纪、莒、曹等，无力与晋楚两大国竞争，惟思侵凌小国以逞己私欲，屡兴无名之师。

　　梁氏对楚、秦两国特点的论述也很精辟。与晋国"代有名卿"不同，楚国"代有名王"。成王统治楚国长达四十六年，后有穆王、庄王、共王、康王、灵王、平王、昭王、惠王，"皆雄鸷能善用其国"，故能长久强大而最后灭亡，而王室篡弑之祸也最烈。梁氏分析问题颇能体现出历史辩证法的精神。他认为，楚国北上中原争锋一再受挫，恰恰创造了楚对开发南中国做出重大贡献的条件。当齐桓公之世，楚国已地跨千里；处在中原的小国陈、蔡都附属于它。齐桓公率诸侯之师伐楚，未能取胜，在召陵主盟后北还，但楚国北进势头也被压制。至晋文公称霸，城濮之战大获胜利，楚遭受更大挫折，遂久不得志于中原。而楚国正是在这种情势下全力在南方扩展，向东灭了江、黄、蓼、六、英、舒等小国，占有淮河、颍水流域，向西灭了庸、夒，控制了巴、蜀地区。故梁氏得出崭新的看法："晋之攘楚，亦楚之所以滋大也。"此后，楚庄王常常告诫国人：居功侈大，必将招祸，应记取祖先的创业精神，勤劳不懈，才能保国。因而使楚国达到政治修明、国力增强，楚庄王也被史家列为五霸之一。更值得称道的是，梁氏有力地廓除了以往封建文人长期所持的一种旧见，认为楚灭国最多，"以夷猾夏"，应加以谴责。梁氏强调，当时南方这

---

① 梁启超《春秋载记》，《饮冰室合集》专集之四十五，中华书局，1989 年版，第 8 页。

些小国文明低下，中原的大国无力顾及。楚国兼并这些小国，是把它们的文化提高到开化的程度，在此过程中，楚国本身的文化也上升到更高的层次，故说："当时江淮间古部落棋布，其俗尽在半文半野之间，文化远在楚下，江以南则群蛮百濮所窟宅，……使其孳孳浸大，则为害于诸夏者岂有量。夫此非中原诸国之力所能及也。楚自武、文、成、庄以来，以锐意北向争中原故，力革蛮俗，求自侪于上国，春秋中叶既甚彬彬矣。然后出其所新获之文明，被诸所灭之国，广纳而治化之。缘地远民情之异宜，卒乃孕育一新文明统系，与北方旧系相对峙相淬厉，而益骈进于高明。微楚之力，何以及此！"因此历史的正确结论不应是"以夷猾夏"，而是"举蛮夷以属诸夏"，① 有大功于中国！梁氏这些分析极富启发意义，说明他比封建文人站得更高，能够揭示出历史进程中深层次的有价值的东西。

梁氏认为，秦在西部兼并诸戎族小部落，对中国文明的裨益与楚国灭群蛮群濮，晋灭群狄，齐灭莱夷、山戎相同。而秦在春秋时期的特点是：秦晋两国交往频繁，秦穆公与晋结为婚姻，值秦国内乱，两次纳置晋君（惠公、文公）。秦之所以这样做，是想借此以向东发展，而不是对晋国怀有偏爱。故两国关系又有长期矛盾的一面，秦东窥中原的努力常受晋国的扼制。"终春秋之世，两国交欢时甚暂，而交争时甚长。晋不衰，秦终不能以得志。"秦国又一特点是多用客卿。梁氏分析，这种特点也起于秦穆公，而后世仿效。原因是秦偏处西陲，文明开化程度低，只好从别国借来人才，而且求之甚切，故说："秦穆三名臣，曰百里奚，虞之逋臣也；曰蹇叔，齐之寒门，而百里所荐也；曰由余，晋人而仕于戎者也。穆公皆罗致而宠任之，秦用以昌。盖诸姬之国，其公族皆受特别教育，多贤才，其民亦宗而归之，非是莫莅也。如秦者，僻在群戎间，塞野无士大夫，有雄主起，舍借材异地，无以善治。故求之独勤，而任之独重。穆公以此治谋，世世

① 梁启超《春秋载记》，《饮冰室合集》专集之四十五，中华书局，1989年版，第7—8页。

子孙袭之。以区区之秦，兴于附庸以并天下，皆客卿之力也。"①
秦国以此在西部长期经营，到春秋史结束，秦便对全局掌握着主
动权。

对于次等大国，梁氏始终把它们放在大国对峙的背景下来考
察。梁氏分析它们的命运如何受大国摆布，不得不有所依附或偏
向，又因环境不同而形成本身的特点。鲁、卫两国与周王室至
亲，建国都在华夏文明的集中地，在政治上、军事上，它们无法
与大国争强，故两国在春秋史上主要对文化发展做出贡献，在姬
姓国家中最后灭亡。但也由于它们立国以后处于中原安宁的环
境，右文而不习武，养成文弱的国风，故只能恭事霸主，行繁文
缛节，也是其致弱原因之一。孔子居卫久，称其国多君子，孔子
弟子中也以卫人为最多，故梁氏称鲁卫"同为春秋文化中坚"。

第三，梁氏又恰当地运用比较研究方法，观察一国的历史、
作用，始终置于春秋史全局之中，看它与春秋霸政的关系，使之
不游离于全局之外。

梁氏研究宋、郑二国，始终抓住此二国在晋、楚争霸的大局
中所处的地位，所充当的角色来论述，行文游刃有余，堪称相映
成趣。篇中突出两国所据有的战略要地如何成为晋楚两国掌握战
场主动权和牵制对方所必争的目标。宋、郑同为兵家必争之地。
宋为微子之后，西周始行分封之时，本让其地处平原，无险可
据，以易制驭。不料后来宋国却因兼并而得彭城，地处南北之
冲，极为险要。"故终春秋之世，宋最喜事，齐兴则首附齐，晋
兴则首附晋。"晋、楚争霸，如何控制彭城这一战略要地，一向
成为一个重要目标。晋悼公争霸，要联络远在东南的吴国以牵制
楚国，就是借控制彭城而与吴相交通的；随后楚拔彭城，目的也
在堵死晋、吴联系的孔道。"可知彭城系于南北之故者至大，而
宋之常为天下重，盖以此也。"郑国则有虎牢、成皋，当春秋初
年，郑庄公据有虎牢，而获小霸之名。"既处可以左右天下之地，

---

① 梁启超《春秋载记》，《饮冰室合集》专集之四十五，中华书局，1989 年版，
第 10—11 页。

自为经营天下者所必争。故齐晋迭霸，与楚争郑者二百余年，南北有事，郑首被兵，迄无宁岁。及晋得虎牢，且城之以逼郑，自是晋三驾而楚不能与争。其后三家分晋，韩得成皋，卒以灭郑。秦亦灭韩而帝业乃成。"直到楚汉之时，刘邦、项羽也以争成皋以决雌雄。可见郑国在战略上有如此重要，而且形势保持有如此之久！在这种情势下，宋、郑处事各有特点，梁氏极富风趣地加以总结、对照："宋人喜事而狂，郑人谲世故而黠。"宋人承受殷人浮躁的习性，"加以彭城所居，地四冲而俗慓急，故其人常如中酒，躁叫狂掷"。春秋初年宋殇公主十年而十一战，狂态毕露。至宋襄公，乘人之丧两伐齐国，急于欲取代齐的霸主地位，自不量力，向强楚挑战，"卒乃执于盂，伤于泓，身殒国削，为天下笑。历古可诧之战事，莫过兹役也！"梁氏总结郑国的总特点则是："天下无伯则先叛，天下有伯则后服。"郑处在晋楚两大国之间，首鼠两端，邲之战，首先叛晋，以后因挟怨而叛楚，此后又因贪楚重赂、贪汝阴之田两度从楚，"投骨于地，就而食之，摇尾乞怜，郑之谓也"。郑国当政者又常常权衡晋、楚实力对比，决定对谁投靠，朝三暮四，随时势变化，"昼伏夜行，窃食盆盎，常惧人觉者，郑之谓也"。子良所说，"晋楚无信，我焉得有信"，典型地可以代表郑国处事之道，"因此得保其社稷，常倔强于诸侯间"。①

对于陈、蔡二国，梁氏所作的分析也入木三分。陈、蔡所共同处，在于二国一直属于楚国的势力范围，所差别者，是蔡国依附更甚，楚北向与齐晋争锋，蔡无役不从。蔡跟从楚国最紧密、而受楚祸害也最深，最后对楚国报复也最烈。楚灵王狂暴异常，连灭陈、蔡二国，后来恢复二国，蔡遂图谋报复，最终引导吴兵入楚，攻破郢都，使楚国几乎灭亡。

第四，本篇对于历史发展的关键问题和重大事件，能作重点的描述和深入的分析，因而能深深地刻印于读者的脑海中而难以

---

① 梁启超《春秋载记》，《饮冰室合集》专集之四十五，中华书局，1989 年版，第 13—15 页。

忘怀。

梁氏认为，春秋时代即"霸政时代"，此乃时代的中心。按照他的界定，"霸政"的内涵，就是由一个有力量和有责任感的大国居于"盟主"的地位，稳定中原的局面，减轻不义的兼并和掠夺性战争的破坏。"抚宁诸夏，字小兴灭，布信义，明约束"，"东诸侯庇以安焉，文治骤隆"，成为中国历史进化极其重要的一环。故霸政全盛之时，有"仗义执言，摧暴扶微"的力量占据上风，有利于社会文化的发展，残民逞欲，名义上是霸政所不许。他很有说服力地分析霸政的出现是时势发展所需要的结果。在齐桓公称霸以前，突出的历史现象是：其一，列国篡杀攻伐祸害至烈。春秋弑君之数绝不止一般史书上所说"三十六次"，而是达到百次，许多都因有所讳饰或不赴告而不见于史书。鲁、齐、宋、卫、郑、许诸国，几乎无岁无战事。"岁寻干戈，民不堪命！"其二，戎狄猖獗至甚。"诸戎最胜于隐、桓之际，群狄最胜于闵、僖、文之际。"孔子所说"微管仲，吾其披发左衽矣"，恰恰反映出中原各国人民迫切欢迎霸政，好比解民于倒悬！其三，小国林立，必然造成兼并激烈。兼并最盛者是齐、晋、秦、楚，晋、楚尤甚。晋兼并之小国，绝大多数在霸政出现以前，而所兼并的地方，大部分得之群狄。楚对中原小国的兼并，也大都在霸政以前。综观整部春秋史，兼并之祸，实以霸政以前为最烈。故梁氏总结说："兼并盛而霸政不得不起"，"而霸政者大一统之前驱也"。① 以上三项，有力地说明了霸政出现的历史必然性。

明白了霸政是历史的必然，对齐桓、晋文霸业的功绩就容易理解了。鲁庄公十六年，齐率诸侯伐郑，主盟于幽，霸业开始。至鲁僖公四年，齐桓公率诸侯军队欲攻楚，进驻于陉，退至召陵，与楚盟誓而还。旧时文人对此役颇有遗憾，因齐桓公处心积虑谋楚垂三十年，本欲在此决战，最后却不战而还。梁氏则指出：齐桓公在召陵主盟，已使楚国北向中原的势头受到遏制，这

---

① 梁启超《春秋载记》，《饮冰室合集》专集之四十五，中华书局，1989 年版，第 27、19、22 页。

正达到了霸政保持均势、制止不义之战的目的。故说："楚之不可灭,甚章章也。非惟不可灭,岂遂必可克?若其不克,祸焉可测!霸政职志,在保均势,威楚使无敢悍然破均势,斯亦足矣!召陵之役,所谓不战而屈人,善审势而善养勇也。"①

晋文公霸业是春秋史的高潮,篇中对此更浓墨重彩予以描绘。梁氏的分析最有启发意义的有三项。首先,他强调两国国内政治状况决定了城濮之战的结局。晋国国内减轻赋敛,赈救贫穷,发展生产,崇尚信用,大臣之间互相谦让和睦,对当前这场大战役谨慎从事,惧怕出错。楚国则决策集团内部互相矛盾,新上任的令尹子玉骄躁狂妄。"观其臣下之一骄一惧,则胜负之数既可知矣。"再者,晋国君臣临战之前周密计划,处处掌握主动。晋国放弃眼前小利,让郑国贿赂齐、秦,战前取得齐、秦的支持。晋又争取到曹、卫的好感,然后故意激怒楚国,使楚首先挑战。"君臣密勿谋议,如此其周详而审慎也。"这场春秋时期最大的战役,实际上战斗一日结束,晋国的胜利早已由战前长期的准备、谋划而决定。"备战之日则甚长,晋之君臣,盖以五年之力为可战之预备,以三月之力为临战之预备,史实斑斑可考也。其胜败之机,一言蔽之曰:晋惧而楚骄。"这就是历史上著名战役主要教训之所在。复次,梁氏对比晋文、齐桓霸业,认为晋文称霸对影响中原全局时间长达百年,晋文功绩更大。"城濮之役,在晋文即位之第五年春,实则四年耳。其时中原诸侯尽即楚,晋盖孤立于北方,苦心结齐秦以奏此肤功,而天下靡然从风,鲁、卫、郑、陈、蔡皆震于一战之威,去楚即晋。……楚于是忽反成孤立,而霸局始定。中原食其赐者垂百年,则晋文之功,视齐桓为烈也。"②

就外交关系言,晋秦关系与晋楚关系对于春秋史有全局性意义。梁启超以如炬目光,分析其现象与实质间的巨大反差。晋与

① 梁启超《春秋载记》,《饮冰室合集》专集之四十五,中华书局,1989年版,第26页。

② 梁启超《春秋载记》,《饮冰室合集》专集之四十五,中华书局,1989年版,第28—30页。

楚是对头，终春秋之世，只发生过三次战争。晋与秦，是世婚，但六十九年间交战达十五次之多。秦图谋向东发展，必欲争夺殽、函控制权，而又晋之所必争。秦、晋既通婚交好，又互相矛盾。两国之间较大的战役，有韩之役，晋师失败，晋惠公被俘；殽之役，秦军遭晋伏击，全师覆没，而导致秦晋关系彻底破裂。故梁氏评论说："晋楚之战，与晋秦异。晋秦屡战，一胜一败，疆场之事耳。晋楚不轻战，战则为大局所关，故城濮一战而天下靡然从晋，邲一战而天下靡然从楚。"[①]

综上所述，《春秋载记》这篇脍炙人口的名作，不仅善于把握历史的全局和本质，对重要的问题和事件作深入的分析和比较研究，揭示出隐藏于错综复杂的现象背后的本质性东西，而且组织严密，剪裁合理，纵横捭阖，波澜起伏，叙述生动。换言之，梁氏观察极深刻，并且把历史写活了。此篇对于我们如何写好历史著作实有多方面的启发意义。

《战国载记》是《春秋载记》的姐妹篇，著述风格相似，成就也可相媲美。

战国历史局势复杂多变，各国的内政、外交事件及交战胜败头绪纷繁。梁氏却能抓住对于局势发展和历史进程关系最重大的三个问题，作为论述的主线，使全篇纲举目张。这三个问题是：（一）推动大国先后出现强盛局面的是实行变法。（二）纵横家的策略和统一的必然趋势。（三）秦始皇统一六国的功业。

梁启超十分重视战国各国变法对推动历史前进的作用。魏在战国七雄中最先强盛。时为魏文侯当位，他敬礼贤士，重用才俊。任李悝守上地，吴起守西河，西门豹守邺。李悝实行变法措施最为著名，主要内容有二。一是"尽地力之教"，重视农业，奖励增产。按照他的计算：地方百里，提封九万顷，除山泽邑居三分之一，为田六百万亩。治田勤谨，则亩益三斗，不勤则损也如之。实行李悝力耕措施的结果，地方百里可增加产量一百八十

_____

① 梁启超《春秋载记》，《饮冰室合集》专集之四十五，中华书局，1989 年版，第 33—34 页。

万石。有足够的粮食，就为国家富强提供了基础。二是平籴法，实行调节谷价，防止歉收之年商人抬高谷价和丰收之年谷贱伤农。李悝又制订法律条令，著有《法经》六篇。可见李悝是早期法家人物。西门豹治邺，开凿十二渠，引河漳之水以灌田，成为后世言水利之祖。吴起善治军，先后打败秦、中山、楚国军队，开拓疆土。魏国依靠李悝等三位实行变革、进取措施的人物而强盛起来，是战国时期首先奏出的变法乐章。继魏国之后取代其强盛地位的是楚国。时楚悼王在位，实行变法的人物是吴起。吴起在魏国受谗害，惧而奔楚。楚悼王任他为相，他针对楚国贵族势力跋扈、政出多门的情况，实行变革。明法审令，捐不急之官，废公族以养士，徙贵人往实广虚之地，黜游说之言纵横者。目的在于削弱旧公族势力，加强王权，提高行政效能和增强军队战斗力。于是楚国大强，诸侯畏惧。旧公族对吴起百倍仇视，楚悼王死，守旧贵戚大臣发动叛乱，杀死吴起。楚肃王嗣位，诛杀叛乱者，夷灭旧公族高官七十余家，吴起虽因变法被害，但他的事业却推动楚国前进，如梁启超所说："起虽死，而楚政自兹一新矣。"赵国的强盛是由于赵武灵王厉行变革旧俗，重视作战。当时赵国四邻强敌，中山又在腹心。若无强兵之策，将有亡国的危险。赵武灵王克服了贵族和群臣的阻力，教导百姓，实行胡服骑射。以前中山屡为赵国之患，赵肃侯之时，中山恃有齐国之援，引河水围鄗城，几乎不守。至此，强弱之势反易，年年攻略中山，攘地北至燕、代，西至云中、九原。嗣后，赵武灵王传位于少子何，是为赵惠文王，使大臣傅之，自称主父。主父使子治国，本人身着胡服率士大夫西北略胡地。最后灭掉中山，又连破林胡、楼烦，置雁门、代郡、九原诸郡。梁启超赞扬说：吾观古今中外诸大国之君主，"其飒爽瑰特，未有过赵武灵王者也"。主父死后，秦国逐渐集中进攻赵国，"然赵人习武灵之教，矜气节，右武善战，有平原君、廉颇、蔺相如、赵奢、李牧先后为之将相，皆一时之杰也。故历数十年与秦为劲敌，秦以间去此数贤，仅乃得志。……而李牧却匈奴之功，终赵世不衰”。①

　　梁氏认为，各国变法中对历史影响最大者，尤推商鞅变法。商鞅法治思想的来源即在李悝。他原名公孙鞅，曾事魏相公孙痤，明习魏国法令掌故，对李悝治法尤为悦服。后入秦，时秦孝公初立，亟求宾客群臣中能出奇计强秦者。与公孙鞅一见，十分赏识其法治主张，便授予国政。梁启超据《史记·商君列传》记载的商鞅变法措施，与《商君书》中所反映的商君治国思想，把商君的主张总结为四项。一是“主变法”。商鞅认为治理国家不能拘守旧俗，不能迁就安于现状的众人之见，“苟可以强国，不法其故；苟可以利民，不循于礼”。二是“主贵农”。农业是国家的根本，务农者寡而游食者众，其国必贫危。农民若离开土地四处迁移，国家掌握不到丁壮劳力，则守卫国土都成问题。故“对人必令民归心于农，则民朴而可正也”。三是“主厉战”。民众本来厌恶战争，政府要制定奖励军功的法令，赏给爵位、免其劳役，使民乐于参战，并且以死于国事为荣。故“强国之民，父遣其子，兄遣其弟，妻遣其夫，皆曰不得无返。……民固欲战，又不得不战，是为重强”。四是“主峻刑”。国家出现乱争，是有法不用。刑罚用来惩罚已有的过失，则大奸不生；赏赐用来告发奸邪，则细过也可防止。故“刑重者民不敢犯，则无刑矣”。梁氏认为，商鞅两次变法，实行奖励耕织，废除贵族世袭特权，按军功大小赏给爵位，推行连坐法等措施，都是以上述四项为指导思想。商鞅变法比魏、楚等国更彻底，收效也更巨大，“行之十年，秦民大悦。道不拾遗，山无盗贼，家给人足，民勇于公战，怯于私斗，秦以骤强”。梁氏论述秦国历史发展的趋势是：自秦穆公至始皇四百余年间，秦国以创业、拓展为目标，未尝一日停息，“以图进取，百折不挠以贯其初志”，“虽缘外力抵抗之强弱，而屡有屈伸，顾未尝或一退转，其步骤未或一凌乱”。而商鞅变法便是奠定了秦国富强的基础，如刘向说：“商君极身无二虑，尽

---

① 梁启超《战国载记》，《饮冰室合集》专集之四十六，中华书局，1989 年版，第 8、11、16 页。

公不顾私。故令行而禁止，法出而奸息。……秦所以强六世而并诸侯，皆商君之谋也。"①

《战国载记》辟有专章评述纵横家的活动。梁氏指出，纵横家骋其词说，鼓荡世局，致"万乘之主，立谈而为之回虑；瓮牖之夫，徒步而迳取卿相"。这是战国时期特有的异象，为中国历史上其他时代所从未出现。山东合纵、连横形势的变化，关键又在三晋。魏文侯时，明晓三晋利害与共，以魏国隔开赵、韩，使不相攻，故三国以一致态度对待秦、楚。至魏武侯以后，三晋互成仇敌。正是因为山东六国互相矛盾，所以有合纵说（苏秦为代表）和连横说（张仪为代表）推波助澜。梁氏进而分析：苏秦和张仪对六国国君游说，逞其辩词利口，极煽动之能事。然而山东六国因地理位置不同，攻秦或联秦与己利害相关程度也显有差别。所以透过苏、张二人种种鼓动的言词，可以总结出他们游说重点的选择和难易的差别。"苏秦用赵为从约主，燕则入赵之阶耳。其最难者，莫如韩、魏，次则楚。……故苏秦之合纵也，其论锋在燕、赵最强，齐次之。在楚较弱，韩、魏尤甚。""张仪之时，魏、楚皆经巨创，不复能鼓勇以与秦为难，魏襄、楚怀又皆昏暗，仪首从事于此，横基植矣。楚、魏下则取屠韩如拾也。其最难者，莫如赵。……然仪说魏、楚、韩之言，尚多实录。其说齐、赵、燕，则皆虚声也。"②上述梁氏所作的概括，实在为读者认识苏、张说词的实质和掌握合纵、连横形势的变化，提供了要领。

梁氏对造成秦灭六国的结局作了中肯的分析。山东六国在利害上互有矛盾，给秦国提供了各个击破的可乘之机。而更重要的是，中国走向统一是必然趋势，这是支配战国局势的根本性因素。故此他强调说："天下之趋统一，势也，不统于秦，亦统于他国。而统一之愈于分争，则明甚也。天将假手于秦，以开汉以

---

① 梁启超《战国载记》，《饮冰室合集》专集之四十六，中华书局，1989年版，第19—20页。

② 梁启超《战国载记》，《饮冰室合集》专集之四十六，中华书局，1989年版，第29—30页。

后之局，夫谁能御之！而秦与他国，又何择焉？"梁启超还进一步分析：秦统一六国用的是暴力手段，给六国人民带来了灾难。然而，统一是历史的巨大进步，因为六国分立割据，各国专制君主政治上的压迫，经济上的榨取，战争的频仍，生产的破坏等，更给各国人民造成无穷尽的沉重灾难。"假长此不获统一，岁岁交糜烂其民而战之，其惨状将伊于胡底！而在六七专制君主之下，重以各地大小之封君，徭役供亿，民又何以堪命？其他若曲防遏籴，关讯市征，各自为政，民之患苦，亦何可量！故孔子尊大一统，孟子称定于一。秦并六国，实古代千余年大势所趋，至是而始成熟，非始皇一人所能为，并非秦一国所能为。"① 梁氏所论，堪称切中肯綮。

梁启超评论秦始皇创建第一个封建专制统一皇朝的功过，能从大处着眼，并且有的放矢，澄清长期形成的误解。他指出，秦始皇自统一全国、登上帝位，共历十二年，"无日不有所兴作"。继起的汉朝，是推翻秦朝而建立起来的，汉人多"过秦"，故汉代所撰成的史籍多叙述秦始皇的淫侈和暴虐。读史者对此应有清醒的认识，不应被前人有所偏执的记载所左右，需要以客观的态度作公允的评价。梁氏总的看法是，秦始皇"功罪不相掩"。秦始皇建立第一个专制统一国家，有十项功业：一、销兵器；二、隳名城；三、徙豪富。这三项，本意虽在削弱原六国旧宗族势力，防止反抗，但客观上却有利于统一，因为"偃武息兵，实当时天下共想望。各国境上城障，遮绝不通，毁之殊便民。各国豪富，徙聚京师，使得交相熏习，去畛域，通情感，其于铸治国民性，效至宏也"。四、确立郡县制；五、同文字；六、壹度量衡；七、颁法典；八、决堤防，兴水利；九、更田制，"令黔首自实田"，许民私有；十、奖产业，乌氏倮以畜牧致富，始皇使奉朝请，蜀寡妇清能殖财自卫，始皇为筑女怀清台。这十项，都是关系封建统一国家的重大措施，"变革古来之制度思想，虽流弊在

---

①　梁启超《战国载记》，《饮冰室合集》专集之四十六，中华书局，1989 年版，第 32、50 页。

所不免，然规模抑宏远矣"。①其他攘匈奴，开南粤，筑驰道，也是重大功绩。梁氏对秦始皇历史功过的总评价是：

> 秦始皇宁为中国之雄，求诸世界，见亦罕矣。其武功焜耀众所共知不必论，其政治所设施，多有皋牢百代之概。秦之政书，无传于后，而可藉汉以窥见之。汉高起草泽，百事草创，未遑制作。文景谦让，不改其度。故汉制什九皆秦制，绅绎《汉书》表、志可见也。夫汉制虽非尽善美乎，而治二千年来之中国，良未易出其范围，后世所改，率每况愈下，则始皇可厚非乎哉！其所短者，主我意力，强过乎度，狃于成功，谓君权万能，天下万事万物，可以随吾意所欲变置之。含生之俦，悉吾械器，骄盈之极，流为侈汰，专恣之余，重以忌刻。此其所以败也！②

此论秦始皇在武功上和创建制度的规模上都不失为盖世之雄主，而其失败在于奢侈、专制、忌刻。在经过20世纪数十年间学者们反复研究之后，今天回视梁氏的论断，基本上仍都能站得住脚，这正说明梁氏具有可贵的历史洞察力。

梁氏还提出，对于秦始皇的焚书坑儒，二者应区分作评价。"二事同为虐政，而结果非可以一概论。坑儒之事，所坑者咸阳四百余人耳。且祸实肇自方士，则所坑者什九皆当如汉时文成、五利之徒，左道欺罔，邪诡以易富贵，在法宜诛也。即不然，袭当时纵横家余唾，揣摩倾侧，遇事风生；即不然，如叔孙通之徒，迎合意旨，苟以取荣。凡若此辈，皆何足惜！要之当时处士横议之风，实举世所厌弃。虽其间志节卓荦，道术通洽之士，亦较他时代为特多，然率皆深遁岩穴，邈与世绝矣。其仆仆奔走秦廷者，不问而知其为华士也。始皇一坑正可以扫涤恶氛，惩创民

① 梁启超《战国载记》，《饮冰室合集》专集之四十六，中华书局，1989年版，第50、52页。
② 梁启超《战国载记》，《饮冰室合集》专集之四十六，中华书局，1989年版，第57—58页。

蠹，功逾于罪也。"① 焚书则本意全在愚民，以专制的威力，窒息自由思想，毁灭文化，为祸至为酷烈！在此论发表数十年后，仍有不少研究者重申这种观点，可见梁氏的看法确有精到之处。

上述《春秋载记》《战国载记》均属于从社会、政治史的层面对先秦史的研究。梁氏又撰有论述先秦学术思想发展总向的著作，构成其先秦史研究又一层面。《先秦政治思想史》撰于1922年底，约十四万余字，在当时也是名作。本书作为一部撰成较早的研究先秦思想史的开创性著作，在观察的视野、研究内容和方法上都明显地体现出近代学术的特色。它的内容相当丰富，论述了先秦学术思想产生、发展的时代背景，论述了儒、道、墨、法各大学派的政治思想、伦理观念以及它们对于统一、寝兵、教育、生计、乡治等问题的主张，论述了学派的分化和交汇，梁氏对于这些有价值的问题都作了梳理，提出了自己的看法。他并不局限于先秦学术思想本身立论，书中的论述贯串了东西方文化比较研究的眼光。梁氏认为，我国古代的学术文化，迄于十五六世纪以前，较之全世界其他地区，毫无逊色。我国古代文化有独特的发展途径，"故如希伯来人、印度人之超现世的热烈宗教观点，我无有也。如希腊人、日耳曼人之暝想的形而上学，我虽有而不昌。如近代欧洲的纯客观的科学，我益微微不足道"。中国学术的特点，在于"以研究人类现世生活之理法为中心"，换言之，以探究"人生哲学及政治哲学所包含之诸问题"为最发达。而极其显著的特色之一是，"中国人则自有文化以来，始终未尝认国家为人类最高团体，其政治论常以全人类为其对象，故目的在平天下"。② 梁氏称这种特色是"世界主义"，当然古人所讲的"天下"并非真的是全世界，重要的是所着眼点"恒在当时意识所及之全人类"。梁氏认为，先秦学者，虽然生活在诸国并立的时代，

---

① 梁启超《战国载记》，《饮冰室合集》专集之四十六，中华书局，1989年版，第53—54页。

② 梁启超《先秦政治思想史》，《饮冰室合集》专集之五十，中华书局，1989年版，第2页。

但是他们所关心的是"天下"的"一统"。孔子作《春秋》，第一句话是"元年春王正月"。《论语》又说"四海之内皆兄弟也"。《中庸》则更加显示出博大雄伟的抱负，说："是以声名洋溢乎中国，施及蛮貊，天之所覆，地之所载，日月所照，霜露所坠，凡有血气者莫不尊亲。"孟子也倡导说："天下恶乎定？定于一。"墨家讲"兼爱"，讲"尚同"，《墨子·尚同》篇明确讲"天子壹同天下之义"。从实际活动说，以孔、墨大圣，亦周历诸侯，无所私其国。道家主张"抱一为天下式"。法家也主张统一，所不同者，他们主张靠武力手段统一。梁氏认为：先秦各学派这种怀抱"天下"、主张"统一"的学说，直接促使了由战国诸国分立到实现全中国的统一。他将中国与欧洲比较，欧洲历二千年来，依然保持"大小国数十的局面"，"德、法夹莱茵河而国，世为仇雠，糜烂其民而战，若草芥然。巴尔干区区半岛，不当我一大郡，而建国四五，无岁无战"。中国则自秦汉以后，"以统一为常轨，而分裂为变态"。最主要的原因，乃在于先哲学说熏陶培育的结果。"使吾先民常以秦人爱秦、越人爱越为教，则秦越民族性之异，又宁让德、法？吾惟务滋长吾同类意识，故由异趋同。彼惟务奖借其异类意识，故异者益异。"①

系统性和科学性是学术近代化的重要特点，这两项在本书中都有明显的体现。作者从实际研究工作上升到自觉的理论认识，故设立"序论"，讲明全书内容特点，材料依据，如何审择材料和研究、论述的方法。研究的内容分为两个层次："从所表现出来的对象观察"，分理论和应用二类，二者既有区别又有密切联系；"从能表现的主格观察"，分"个人的思想"和"时代的思想"二类，前者是大学者或大政治家有意识的创造，后者则由遗传积累及社会现行习俗制度混织而成，其性质是无意识的演进。为研究上述内容所应依据的材料，梁氏认为按其重要性可分四项：一、学者的著述及言论。二、政治家活动之遗迹。三、法典

---

① 梁启超《先秦政治思想史》，《饮冰室合集》专集之五十，中华书局，1989年版，第154—155、156—157页。

及其他制度。四、历史及其他著述之可以察证时代背景及时代意识者。并告诉读者，根据他的时间所许可，本书只能做到以第一类材料为主要依据，第二、四类材料作为辅助，第三类材料则全部舍弃。梁氏还着重说明：对材料必须以审慎态度选择。对于伪书尤应仔细甄别，不能滥引失真；有的著作则是后人将其理想托诸古人以自重，对此大半只能认为是著书者的思想，不能据认为是所指述之人的思想。对于伪材料还应有辩证的态度，弄清楚其作伪的时代至为重要，不能因其伪而全行抛弃。"例如谓《管子》为管仲作，《商君书》为商鞅作，则诚伪也。然当作战国末法家言读之，则为绝好资料。谓《周礼》为周公致太平之书，则诚伪也。然其中或有一小部分为西周遗制；其大部分亦足表现春秋战国乃至秦、汉之交之时代背景，则固可宝也。"① 梁氏将材料来源、研究方法等项都交待明白，有利于读者对本书研究结论的正确程度作出恰当的评价。全书布局，先讲时代背景，然后分论儒、道、墨、法四家政治思想，再次论述与各个学派共同有关的统一问题、寝兵问题、教育问题等，形成严整的结构。这些，都明显地反映出近代学术注重体系性、科学性的时代趋势。

书中又一突出成就，是能抓住各个学派政治思想的重点，辨析其不同主张，体现出近代理性审视的眼光。

梁氏中肯地分析："仁"是儒家全部学说的核心，也是其政治思想的基石。仁的含义，用最浅显的话表达，就是对人的同情心。故《论语》说："樊迟问仁。子曰：'爱人。'"再作进一步分析，"仁"的境界，从消极方面说，对别人要"恕"，即"己所不欲，勿施于人"；从积极方面来说，则是"忠"，对人真诚帮助，"己欲立而立人，己欲达而达人"。儒家"仁"的学说，构成一套人生哲学，也是儒家政治思想的出发点。孔子给"政"下定义，就与他所下"仁"字定义同一形式，说："政者，正也。"综合先秦儒家治理天下的主张，中心即在按照"以己度人"为尺

---

① 梁启超《先秦政治思想史》，《饮冰室合集》专集之五十，中华书局，1989年版，第7、10页。

度，要求做到"均"和"正"。故说："圣人者以己度者也"；"老吾老，以及人之老；幼吾幼，以及人之幼"。由此而形成了如《礼记·礼运》篇中所描述的"大同"理想。但儒家主张人类的爱不能是无差别的泛爱，必按其关系之远近，形成亲疏程度不同的爱。因此儒家竭力主张维护等级分明的秩序，严格实行"君君""臣臣""父父""子子"的伦理关系，主张"正名"。《论语》中记齐景公问政于孔子，孔子对曰："君君，臣臣，父父，子子。"齐景公问："善哉！信如君不君，臣不臣，父不父，子不子，虽有粟，吾得而食诸？"这句最为典型。故必须以规定人人皆应遵从的形式，维系这种等级伦理关系，这就是"礼"。孔子明确说过："道之以德，齐之以礼。"

儒家主张"爱人"，墨子主张"兼爱"，它们的差别在哪里呢？梁氏对此有深刻的阐述。儒家专主"以己度人"，因爱己身，推而爱人，己与他之间自然存在差别，故说"亲亲之杀、尊贤之等"，是一种有差别的爱。墨家对此持坚决反对态度。墨家主张"爱人，待周爱人然后为爱"，要实行平等周遍的爱；而差别主义，必然造成有爱有不爱，既有己与他之"别"，一到彼我利害冲突时，则要牺牲他而利于己。① 所以墨家视这种差别观念为罪恶。孟子则指责墨家"兼爱无父"，《荀子·天论》篇也说："墨子有见于齐，无见于畸。"批评墨家仅见到人类平等的一面，而忘却其实有差等的一面。

道家主张"法自然"，消极无为，倒退到民不相往来的原始状态。故说："我无为而民自化，我好静而民自正。""常使民无知无欲。""绝圣弃智，大盗乃止。……掊斗折衡，而民不争。"而治国的诀窍，在于"不敢为天下先"，"以柔弱胜刚强"。梁氏尖锐地批评这种怯懦圆滑的人生态度是与人类的进取精神完全相违背的。他称赞儒家思想中的积极精神，《易传》讲："君子以自强不息。"《中庸》讲："不变塞焉，强哉矫。"《孟子》讲："浩

---

① 梁启超《先秦政治思想史》，《饮冰室合集》专集之五十，中华书局，1989年版，第116页。

然之气，至大至刚。"而道家的主张，"徒奖励个人之怯懦巧滑的劣根性，而于道无当也"。①

本书还显示出梁氏学识洽通，善于从大处着眼，作高度综合概括的能力。他精辟地论述西周在全国范围内实行分封制，此举对于中华民族的发展关系极大，一是由于实行分封制，发展程度高的周族文化得以在中原各地区传播。"各侯国在方百里或方数百里内，充分行使其自治权，地域小则精神易以贯注，利害切己则所以谋立者周。"梁氏又形象地比喻为从生命力旺盛的主干上截枝分栽，生成繁茂的新树群落："此之侯国，则由一有活力之文化统一体分泌出来，为有意识的播殖活动。譬犹从一大树中截枝分栽，别成一独立之新根干。故自周初施行此制之后，经数百年之蓄积滋长，而我族文化，乃从各地方为多元的平均发展。至春秋战国间，遂有千岩竞秀万壑争流之壮观，皆食封建之赐也。"二是起到"同化"作用，即通过各诸侯国，将周围文明比较低的小国吸引、提高，汇合成华夏族高度文化的总体。"殷周之际，所谓华夏民族者，其势力不出雍、岐、河、洛一带。周家高掌远蹠，投其亲贤于半开（化）的蛮族丛中，使之从事开拓吸化之大业。经数百年艰难缔造，及其末叶，而太行以南大江以北尽为诸夏矣。此种同化作用，在国史中为一最艰巨之业。……而第一期奏效最显著者，则周之封建也。"②在这里，梁氏还表达了他对于中华民族形成的极具进步意义的见解，即：华夏文化，汇进了古代许多少数民族的血液而成。古代士大夫常讲"蛮夷猾夏""夷不乱华"一类话，这并不足怪。我们所应更加注重的是，古代所谓夷、夏，并不是绝对不可逾越的鸿沟，相反地，我国古代四海一家的理想发达甚早，先民中常有将文化水准较低的少数族视为弱弟。"我国所谓夷夏，并无确定界线。无数蛮夷，常陆续加入华夏范围内，以扩大民族之内容。"《史记·楚世家》记周夷王

---

① 梁启超《先秦政治思想史》，《饮冰室合集》专集之五十，中华书局，1989年版，第106页。

② 梁启超《先秦政治思想史》，《饮冰室合集》专集之五十，中华书局，1989年版，第41—42页。

时，楚子熊渠之言曰："我蛮夷也。"春秋桓八年，楚子熊通之言仍曰："我蛮夷也。"襄十四年，楚臣子囊之言则曰："赫赫楚国，……抚有蛮夷，以属诸夏。"梁氏据此提出论断："可见现代之湖北（楚）人，向来自称蛮夷，乃经过百六十五年后忽自称为抚有蛮夷之诸夏。此等关节，实民族意识变迁之自白，读史者不容轻轻放过也。""我先民之对异族，略如长兄对其弱弟，当其稚时，不与抗礼，及既成年，便为平等。弱弟之自觉，亦复如是。"再加上同姓不婚之制，也是促使夷夏同化的重要因素。据《左传》《国语》所记，周襄王有狄后，晋文公及其异母弟夷吾、奚齐皆诸戎所出，文公自娶狄女季隗，以叔隗妻赵衰，生盾。贵族中华夏族与夷狄族通婚既有显著例子，民间通婚当也存在。故梁氏说："此亦同化力猛进之一原因也。"①

梁氏论述不同学派的政治思想互相渗透，并非铁板一块、截然对立。主张"法后王"的荀子，他所讲的礼，便与法家言极相近。《荀子·不苟》篇讲："礼，法之大分也。"又，《儒效》篇讲："礼者，人主所以为群臣寸尺寻丈检式也。"所以韩非是荀子的弟子，却成为法家大师。属于道家学派的慎到，主张无为而治，同时又主张"事断于法"，把任法作为主要的治术。②

由于《先秦政治思想史》有上述多方面成就，因而它著成时受到学术界的赞扬是很自然的。但是本书也有明显的缺陷。梁氏否认不同阶级、阶层和处于不同地位的社会成员，有不同的权利要求，尤其反对当时在欧洲和国内已经流行的阶级斗争学说，这就使他在揭示历史上的政治思想学说的根源、实质等方面都受到局限，因而影响了书中论述的深度。

同一年，梁启超还撰有《评胡适之中国哲学史大纲》一文，针对胡著论及的内容，相当广泛地讨论了先秦哲学史的问题，可以说是一篇相当集中地从学术层面论述先秦史的有价值的论著。

---

① 梁启超《先秦政治思想史》，《饮冰室合集》专集之五十，中华书局，1989年版，第42—43页。

② 梁启超《先秦政治思想史》，《饮冰室合集》专集之五十，中华书局，1989年版，第134—135页。

梁氏肯定胡著具有"锐敏的观察力，致密的组织力，大胆的创造力"，[①] 对于先秦名学（指逻辑学或知识论）的研究尤为突出。但梁氏指出，把知识作为讨论先秦哲学史的唯一的观察点，以不同宗派之各家，都专从这方面论他的短长，恐怕有偏宕狭隘的毛病。胡适研究中国哲学史，以老子、孔子为起点，对此，梁氏认为这样做是"把思想的来源抹杀得太过了"。因为，《诗》《书》《易》《礼》四部书，大部分是孔子以前的作品，那里头所含的思想，都给后来的哲学家提供了营养。"宇宙是什么"，"人生所为何来"，"人类应该怎样适应自然"，都是更远的祖先早就刻意研究的问题，决非起于孔子、老子。"像《诗经》说的'天生烝民，有物有则，民之秉彝，好是懿德'，'唯号斯言，有伦有脊'；《书经》说的'天叙有典，天秩有礼'，'洪范九畴，彝伦攸叙'；《易经》爻辞说的'君子终日乾乾夕惕若'，'直方大'，'观我生进退'，'不远复，无祗悔'……等等，都含有哲学上很深的意义。《左传》《国语》里头所记贤士大夫的言论，也很多精粹微妙之谈。孔子、老子，自然是受了这种熏习，得许多素养，才能发挥光大成一家之言。"[②] 而胡著的毛病，在疑古太过。不惟排斥《左传》《周礼》，连《尚书》也一字不提，"简直是把祖宗遗产荡去一大半"。胡著提出诸子之兴，是由于"战乱连年""政治黑暗"等项。梁氏认为这些提法甚不中肯。梁氏分析当时的社会背景，总结诸子勃兴的条件是："西周时代，凡百集中王室，春秋以后，渐为地方的分化发展，文化变成多元的"；"霸政确立之后，社会秩序比较的安宁，人民得安心从事学问，加以会盟征伐，常常都有，交通频繁，各地方人交换智识的机会渐多"；由于兼并征伐的结果，"平民阶级中，智识分子渐多，即如孔子本宋之贵族，入鲁已为平民，学问自然解放且普及"；"战国时兼并更烈，合为七国，而且大都会发生，有荟萃人文的渊薮，加以纵

---

① 梁启超《评胡适之中国哲学史大纲》，《饮冰室合集》文集之三十八，中华书局，1989 年版，第 51 页。

② 梁启超《评胡适之中国哲学史大纲》，《饮冰室合集》文集之三十八，中华书局，1989 年版，第 52—53 页。

横捭阖盛行，交通益频数"，所以文化发展也"循加速率的法则进行"……一共列举出十二方面的理由，[1] 把社会思想的演变同时代条件紧密结合起来分析，显示出作者开阔的视野和深刻的眼光。

梁启超指出：胡适书中凡知识论的讲得都好。但胡著讲孔子，也拿知识论作立脚点，这就本末倒置，因为知识论在孔子学说中只占第二、三位，胡适讲孔子思想中的"学""一以贯之"等基本命题，理解都大有偏差。孔子的"学"，决不能如胡氏所讲，"只是读书，只是文字上传授来的学问"。正确的看法应该是，孔子所讲"学"的内容，主要是学如何"能尽其性"，如何"能至于命"，也即怎样才能看出自己的真生命，怎样才能和宇宙融合为一。而"学"的方法，也是"一面活动，一面体验"。[2]

梁启超还对大思想家和重要学派作个案研究，1920 年撰有《老子哲学》《孔子》，1921 年撰有《墨子学案》，1927 年撰有《儒家哲学》。这些构成他先秦史研究又一层面。这里简述《老子哲学》《墨子学案》的成就。

中国古代思想家老子的时代及《老子》五千言的评价，历来是学术界聚讼纷纭的问题。关于老子其人，《史记·老子韩非列传》所载即扑朔迷离，一说是孔子曾向他问礼的老聃，一说是老莱子，一说是太史儋。《老子哲学》中推测老子约比孔子年长三十岁，即生活在离战国甚近的年代。此后，在《评胡适之中国哲学史大纲》中，梁氏经过进一步研究，又对《史记》的记载提出六项可疑之点。一是老子既是孔子的前辈，又说他的儿子宗"为魏将"，魏为列国在孔子卒后六十七年，老子竟有这么一个儿子，岂非奇事？二是，按《史记》所载，孔子既赞誉"老子犹龙"，为何《论语》中，以及《墨子》《孟子》书中都没有讲到老子？

---

① 梁启超《评胡适之中国哲学史大纲》，《饮冰室合集》文集之三十八，中华书局，1989 年版，第 56—57 页。

② 梁启超《评胡适之中国哲学史大纲》，《饮冰室合集》文集之三十八，中华书局，1989 年版，第 61—62 页。

三是，据《礼记·曾子问》中所载老聃的谈话，是一个拘谨守礼的人，而《老子》五千言的精神却与此相反。四是《史记》中列出的说法，追究起来，可说大多由《庄子》杂凑而成，《庄子》多载寓言，难以为据。梁氏举出的最后两项尤为重要，他说："从思想系统上论，老子的话，太自由了，太激烈了，像'民多利器，国家滋昏；人多伎巧，奇物滋起；法令滋彰，盗贼多有'；'六亲不和有孝慈，国家昏乱有忠臣'这一类的话，不大像春秋时人说的。果然有了这一派议论，不应当时的人不受他的影响，我们在《左传》、《论语》、《墨子》等书里头，为什么找不出一点痕迹呢？这是第五件可疑。再从文字语气上论，《老子》书中用'侯王'、'王侯'、'王公'、'万乘之君'等字样凡五处，用'取天下'字样者凡三处，这种成语，像不是春秋时人所有。还有用'仁义'对举的好几处，这两个字连用，是孟子的专卖品，从前像是没有的。还有'师之所处，荆棘生焉，大兵之后，必有凶年'这一类的话，像是经过马陵、长平等战役的人才有这种感觉，春秋时虽有城濮、鄢陵等等有名大战，也不见死多少人，损害多少地方，那时的人，怎会说出这种话呢？还有'偏将军居左，上将军居右'这种官名，都是战国的，前人已经说过了。"①据此梁氏提出新的看法，《老子》可能产生于战国之末，或许是在庄周之前或之后。因史料缺乏，《老子》一书产生的时代本来就难以断定，梁氏之说均有参考的价值。

《老子哲学》多以佛教的说法来解释《老子》，可以说，这样做等于为《老子》的思想体系属于唯心主义提供了佐证。从思辨哲学的角度看，本篇也提出了一些有价值的论断值得注意。例如：一、称《老子》的本体论，讲"有物混成，先天地生"，"是谓天地根"，其意义是"要超出'天'的观念"来求本体，"把古代的'神造说'极力破除"。这一认识跟近代和当代的一些著名学者的看法相一致。二、梁氏对"一生二，二生三，三生万

---

① 梁启超《评胡适之中国哲学史大纲》，《饮冰室合集》文集之三十八，中华书局，1989 年版，第 58—59 页。

物"的解释甚为合理，且充满机智。梁氏的分析是："老子的意思，以为一和二是对待的名词。……既说个'一'，自然有个'二'和他对待，所以说'一生二'。一二对立，成了两个，由两个生出个'第三个'来，所以说'二生三'。生出来的'三'，成了个独立体，还等于'一'，随即有'二'来和他对待，生的'三'不止一个，个个都还等于'一'。无数的一和二对待，便衍成万了。"三、梁氏用"车轮若没有中空的圆洞，车便不能转动；器皿若无空处，便不能装东西；房子若没有空的门户窗牖，便不能出入，不能流通空气"，来解释"无之以为用"，也很精到。四、认为："老子的大功德，是在替中国创出一种有统系的哲学"，"规模宏大，提出许多问题供后人研究"。[①] 但是篇中也反映出梁氏晚年思想中的颓废情绪和相对主义观点。这些地方比起梁氏本人1902年写的《说希望》中说"老子曰：'知足不辱，知止不殆。'此毁灭世界的毒药，萎杀思想之谬言也"所表现出的进取精神，明显是一种倒退。

《墨子学案》著成于1921年。此年梁启超应清华学堂之邀，以"国学小史"为题对学生演讲，前后连续讲五十次以上，遂即将讲课中有关墨子的部分加以整理，成《墨子学案》刊行。

在总结墨子思想体系上，本篇与梁氏早期所著《子墨子学说》全然不同，形成了新的框架，从墨子之根本观念、经济学说、宗教思想、社会思想、实行精神、论理学和科学成就七个方面论述。通篇贯串着对墨子这位古代思想史上的杰出人物及其精深学说的高度褒扬之情，表达出对民族文化珍品的自豪感。梁氏认为，墨子学说的最大价值，在于树立了舍己救人、"摩顶放踵利天下"的精神，二千年来深入人心，特别是存在于下层民众之中，成为民族生命力之一部分。我国二千年来反对向外征伐，勇于保卫民族国家，为国捐躯，民族英雄受到崇拜颂扬，这种优良传统也发源于墨子。

---

① 梁启超《老子哲学》，《饮冰室合集》专集之三十五，中华书局，1989年版，第7、11、15、23页。

　　梁氏认为兼爱是墨子的根本观念，提出兼爱学说是为了救世，反抗当时各国纷争的时代潮流。"他觉得整个旧社会要不得，非从根本上推翻改造不可。"在兼爱的基础上力主"非攻"，并且不知疲倦地到处奔走，阻止国与国的战争，表现出他深厚的同情、坚强的意志、伟大的人格。墨子这种坚苦实行、随时准备牺牲自我的精神，显示出人类向上的元气。梁氏论墨子经济思想的主要原则是：反对奢侈享乐，"诸加费于民力者弗为"；人人必须努力劳动，尽力于各人份内的职事，发挥本人的所长，"赖其力则生，不赖其力则不生"；主张全社会人人互助，"有余力以相劳，有余财以相分"；反对儒家久丧、厚葬；主张增加人口。而核心的主张是"兼相爱交相利"，爱、利并举。这同儒家主张相反。儒家从孟子、董仲舒以下以言利为大戒，"正其谊不谋其利，明其道不计其功"。"于是一切行为，专问动机，不问结果，弄得道德标准和生活实际距离日远，真是儒家学说莫大的流弊。"相比之下，墨子爱利并举的主张有明显的进步意义。关于墨子的宗教思想，梁氏抛弃了先前肯定墨子宗教迷信思想具有积极意义的旧见解，在本篇中指出：墨子讲"天志"的迷信思想，是其学说的严重缺陷。"墨子本是一位精于论理学的人，讲到'天志'，却罅漏百出，所论证多半陷于'循环理论'。我想都是因为'天志论'本身，本难成立，墨子要把它勉强来应用，未必不是他失败的一原因哩。"① 这些新看法也是梁氏推进自己学术研究的明显例证。

　　"墨家之论理学及其科学"一章，论述墨子在知识论、逻辑学和自然科学方面的成就，也有许多精到的见解。如认为，《墨经》论知识的来源，提出"知，闻、说、亲"的命题，即指知识只能靠闻知、说知（推论）、亲知三项；又提出"三法"加以应用，其中尤重"察知"，即凡百事都要原耳目之实。这些都很符合"科学的根本精神"。关于逻辑学，梁氏对《小取》篇中"辟

---

　　① 梁启超《墨子学案》，《饮冰室合集》专集之三十九，中华书局，1989 年版，第 3、13、23 页。

略万物之然，论求群言之比，以名举实，以辞抒意，以说出故，以类取，以类予"一段话，简洁地概括了"论辩要搜求一切事物的真现象"，"整理各种现象相互之关系"的原则，而且总结演绎法和归纳法的命题。① 又认为，《墨经》中有关判断、推理等内容，有不少与近代逻辑学"三段论"相贯通。梁氏还把《小取》篇中所列"或""假""效""辟""侔""援""推"七项，总结为"墨辩七法"，以近代逻辑学理论加以诠释。② 对于墨学中有关几何学、力学等方面的成就书中也多所阐发。由于墨学有上述多方面的贡献，梁氏充满赞扬地称之为"祖先遗下的无价之宝"。书中的缺点是，有时将古代思想与现代观点作了不恰当的比附。

（五）文化史开山之作

开展文化和文化史的研究，是"五四"前后近代学术提出的新课题，梁启超即是从事这一创始工作的学者之一。他所著的《地理与文明之关系》《地理及年代》《科学精神与东西文化》《近代学风的地理分布》《中国文化史·社会组织篇》等，都属于文化史开山之作。这些论著大都撰成于 20 世纪 20 年代，只有《地理与文明之关系》撰成较早（1902），在这里一并予以介绍，以看出梁氏学术观点前后的联系。

《地理与文明之关系》一文，是我国学者以近代眼光论述地理环境与文明发展关系的发端。梁启超汇集了西方著名学者黑格尔（文中译为"黑革"）、洛克等的观点，主要论述了以下几个问题：一、人类文明程度之高下，发达之迅速，与地理环境关系极大。人类文明并不发生于极寒极热之地，而"独起于温带"，原因是：酷热使人精神昏沉，酷寒使人精神憔悴，都使人无法与

---

① 梁启超《墨子学案》，《饮冰室合集》专集之三十九，中华书局，1989 年版，第 40、43 页。

② 梁启超《墨子学案》，《饮冰室合集》专集之三十九，中华书局，1989 年版，第 52—57 页。

自然力抗争。又"热带之人，得衣食太易，而不思进取；寒带之人，得衣食太难，而不能进取。惟居温带者，有四时之变迁，有寒暑之代谢，苟非劳力，则不足以自给，苟能劳力，亦必得其报酬。此文明之国民，所以起于北半球之大原也。"二、世界文明按地理环境之不同，可分为三种类型。高原地区，如中亚、非洲、南美，属草原游牧文化，"行族长政治"，尚未发展到国家。平原，如中国、印度、巴比伦、埃及，是平原农业文化，很早就出现"巩固之国体"，"在数千年以前庞然成一大国，文明烂然"。海滨，如欧洲之地中海周围地区，提供了人类往来交通之便，地中海地区成为人类文明的"中心点"。① 三、各大洲的地理条件的特点：亚洲，有卡布儿高原、喜马拉雅山、帕米尔高原等峻险的大山阻隔，各地交通不便，"故亚洲东西南北，各自成一小天地，而文明之竞争不起焉"。欧洲则有地中海，"凡交通贸易、殖民用兵，一切人群进化之事业，无不集枢于此"，故能将平原民族所孕育之文明"发挥而光大之"。又因欧洲"幅员不广，故各地之联络交通易"，而"经界复杂，故能分立诸国，使诸种国民，角起相竞"。非洲，大河湍急，不利航行，沙漠横亘，阻隔交通，又全洲四分之三属热带，故不利于文明发展。北美洲之墨西哥，温度、湿度适宜，故 16 世纪以前即有文明。而南美洲之巴西，"森林深而农业不进，虫害甚而收获期难，山高而不可登，河大而无由渡"，故巴西"不能孕育文明"。四、地理环境与精神生活也大有关系。"亚、非、美三洲，其可怖之景物，较欧洲为多"，如山川、河岳、沙漠以及地震、飓风，故安息时代文明，"大率带恐怖天象之意"，埃及、秘鲁、墨西哥、印度"崇拜之偶象，都不作人形"。而希腊人绘画的群神，"始为优美人类之形貌"。五、欧洲进步之迅速，在于 18 世纪末以后，"脱神权专制之轭，行人民自由之治"。亚洲进步之迟缓，则在"今日犹安于专制，

---

① 梁启超《地理与文明之关系》，《饮冰室合集》文集之十，中华书局，1989年版，第106—108页。

不知何年何代，乃脱其樊"。①

以上论点，大体上都是采自西方学者，而由梁氏综合、发挥。所论均有根据，而且在当时来说是很新鲜的学问。梁氏也有独到的见解，他认为地理环境固然极重要，但人力也大有可为，试看："近来学术日明，人智日新，乃使亚细亚全洲，铁路遍布，电线如织。虽喜马拉耶之崇山，不能阻中国与印度之交通，虽比儿西亚之高原，不能塞印度内地与东西两洋之往来。亚细亚亦将为文明竞争之舞台矣！"而文章开头提出因果律是天下事物之"公例"，研究因果关系，还可"知其果之所以来，则常能选善因以补助之"。② 比起旧史观来，显然是进步的观点。

1922 年，梁启超又撰有三篇概述地理与文明发展关系的论著：《亚洲地理大势论》《欧洲地理大势论》《地理及年代》。其中，《地理及年代》主要论述地理特点对中国历史的影响，其中有不少看法都确有根据。他说："中国黄河流域，原大而饶，宜畜牧耕稼，有交通之便，于产育初民文化最适。故能于邃古时即组成一独立文化系。"黄河流域"千里平衍，无冈峦崎岖起伏，无湾碕岖离旋折，气候四时寒燠俱备，然规则甚正，无急剧之变化，故能形成一种平原的文化，其中以尊中庸爱平和为天性"。中国东西南北各部"地理上各有特色，而形势上各有与中国不可离之关系，故吾族常努力吸收之以自卫，所以促其住民之同化者亦多术"。这些具体论述中国地理环境与历史关系的看法，对我们今天仍有参考的价值。篇中还论述地理与历史发展的一般关系，认为"人类征服自然之力，本自有限界，且当文化愈低度时，则其力愈薄弱，故愈古代则地理规定历史之权威，至近代日以锐减，"例如海运及国境上之铁路既通，则连山大漠，不足为对外交通之障"。③ 这些，在 20 世纪 20 年代提出来，也不愧为

---

① 梁启超《地理与文明之关系》，《饮冰室合集》文集之十，中华书局，1989 年版，第 110、103、105 页。

② 梁启超《地理与文明之关系》，《饮冰室合集》文集之十，中华书局，1989 年版，第 116 页。

③ 梁启超《地理及年代》，《饮冰室合集》专集之四十七，中华书局，1989 年版，第 2、5 页。

卓识。

自 1922 年 4 月起，至次年 3 月，梁启超在北京、济南、苏州、上海、南京、南通、天津等地作巡回讲学，讲演的题目包括广泛的学术领域，如文化、历史、哲学、文学、教育、科学、美术，以至女权和政治等问题，前后为时一年，拥有广泛的听众。《科学精神与东西文化》就是他在南通所作的讲演。本篇从东西文化对比的角度，评析传统文化中障碍科学发展的落后价值观念。他认为："我们几千年来的信条，都说的'形而上者谓之道，形而下者谓之器'，'德成而上，艺成而下'这一类话。多数人以为科学无论如何高深，总不过属于艺和器那部分，这部分原是学问的粗迹，懂得不算稀奇，不懂得不算耻辱。又以为，我们科学虽不如人，却还有比科学更宝贵的学问——什么超凡入圣的大本领，什么治国平天下的大经纶，件件都足以自豪，对于这些粗浅的科学，顶多拿来当一种辅助学问就够了。"由于"这种故见横亘于胸中"，因此晚清盛行"中学为体，西学为用"的话，一直成为传播科学的思想障碍。梁氏还具体将以往中国学术界在观念上和方法上存在的弊病，归结为五项：一、笼统；二、武断；三、虚伪；四、因袭；五、散失。以上所讲的旧学的弊端，确实都有事实的根据。

梁氏根据"科学精神"所下的界说："有系统之真智识，叫做科学。可以教人求得有系统之真智识的方法，叫做科学精神。"① 这样立论和分析，与五四新文化运动提倡"德先生""赛先生"的精神，也是相一致的。不过，梁氏在讲演中，不讲中国古代科学技术曾长期处在世界前列，也不讲近年以来科学落后，还有更根本的原因——帝国主义侵略和反动统治阶级的腐败，这类地方则有负面影响。

《近代学风的地理分布》是近代有关区域文化地理研究的创始工作。作者自搜集材料至撰成此长篇论文，仅用十天时间，这

---

① 梁启超《科学精神与东西文化》，《饮冰室合集》文集之三十九，中华书局，1989 年版，第 2—3 页。

也是他才思敏捷而又勤奋著述的明显例证。本文推进了关于地理环境对历史的影响这一理论问题的探讨。作者提出应该看到两个方面。一方面是，地理环境对历史发展具有"伟大"的"支配力"，"气候山川之特征，影响于住民之性质，性质累代之蓄积发挥，衍为遗传；此特征又影响于对外交通及其他一切物质上生活；物质上生活，还直接间接地影响于习惯及思想，故同在一国同在一时而文化之度相去悬绝，或其度不甚相远，其质及其类不相蒙，则环境之分限使然也"。他并由此而赞成唯物史观的某些论点，说："吾因是则信唯物史观派所主张谓物质的环境具万能力，吾侪一切活动，随其所引以为进展，听其所制以为适应，其含有一部分真理，无少疑也。"另一方面是，人类又不是坐等地理环境的摆布，而能改造环境。"夫环境之迁嬗，岂其于数年、十数年间而剧变遽尔？""人类之所以秀于万物，能以心力改造环境，而非偶然悉听环境所宰制。"这些议论，虽然尚是直观的，而未达到深层次的认识，但毕竟是从历史事实中抽象出来的，并且具有思辨色彩，因而是可贵的。

清代学术界人才辈出，治学范围至为宽广，梁氏按各个行省（文化发达的省份又再分析到省内不同区域）概括其主要特色，囊括材料甚为丰富，分析甚为中肯精到。如论直隶及京兆："自昔称多慷慨悲歌之士，其贤者任侠，尚气节、抗高志、刻苦、重实行，不好理论，不尚考证。"清康熙初王介祺、王源、刘献廷，"其为人皆倜傥钦异，不拘拘绳墨，慷慨多感，常自任以天下之重"。而颜元、李塨一派，"专标实用主义，排斥冥想、讲诵、笺证之学，实为二千年学术界一大革命。其短处，则太蔑视知识"。他论江苏及浙江，说："大江下游南北岸及夹浙水之东西，实近代人文渊薮，无论何派之学术、艺术，殆皆以兹域为光焰发射之中枢焉。然其学风所衍，又各有分野：大抵自江以南之苏、常、松、太，自浙以西之杭、嘉、湖，合为一区域；江宁、淮、扬为一区域；皖南徽、宁、广、池为一区域；皖北安、庐为一区域；浙东宁、绍、温、台为一区域。此数域者，江南精华所攸聚也。语其大较，则合诸域成一风气，与大河南北及关西截然殊撰；细为剖判，则此诸域者，各因其山川之所孕毓，与夫一时大师之偶然的倡导（按，梁氏此称大师"偶然"的倡导甚不正确，因为只要作深入分析，每个大师的学术思想的形成，无不有其时代的、政治的、学术的原因），又各自发挥其特色而分别有所贡献。"①由于作者站在 20 世纪 20 年代的时代高度，运用了发展的联系的历史眼光和分析、综合、比较的科学方法研究问题，因而能居高临下，总结出不同地域学者各自的特色。

梁氏比较各地区学术特色又是同动态的研究相结合的。如论直隶学者，"明清之交多奇士，乾嘉以降，渐陵夷衰微矣"。②论大江南北学术，则说："江苏近代学风，发轫于东南滨海之苏、常、松、太一带，以次渐扩而北。"顾炎武倡经世之学，重视考证，"治经则祧宋儒传注而求诸汉唐注疏"。至元和惠栋出，"惟古是信，惟汉是崇。自是'汉学'之目，掩袭天下，而共宗惠氏"。而戴震"以其赡博之学、综核之识、清湛之思，每治一学，必期于深造"。故至戴震而"清代考证学之壁垒始确立焉"。③到常州学派崛起，又成为一代学术转捩之中枢，"自是'公羊学'与许郑之学代兴，间接引起思想界革命"。④由于梁氏把横向比较与纵向分析相结合起来，故全篇论述既有开阔的视野，又很有深度。篇中对清代许多著名学者，均能以极简洁的文字，抓住其主要特点、成就作出评价。如论清初顾、黄、王三人，云："昆山顾亭林，巍然三百年来第一大师。其制行刚介拔俗，其才气横溢而敛之于范，其学博极群书而驭之在我，标'经学即理学'与'经世致用'两大徽帜，号召学者以从事于新学派之建设，清代诸科之学，殆无一不宗称亭林者。""梨洲以忠端之子、蕺山高

---

① 梁启超《清代学风之地理的分布》，《饮冰室合集》文集之四十，中华书局，1989 年版，第 52—54、60 页。

② 梁启超《近代学风之地理的分布》，《饮冰室合集》文集之四十一，中华书局，1989 年版，第 53 页。

③ 梁启超《近代学风之地理的分布》，《饮冰室合集》文集之四十一，中华书局，1989 年版，第 61—62 页。

④ 梁启超《近代学风之地理的分布》，《饮冰室合集》文集之四十一，中华书局，1989 年版，第 66 页。

弟，气节岳岳，而于学无所不窥，又老寿讲学不倦，故岿然如东南灵光，与孙夏峰、李二曲称海内三大师焉。浙东学术，全部出自梨洲，语其梗概，则陆王之理学为体，而史学为用也。""衡阳王船山以孤介拔俗之姿，沉博多闻之学，注经论史，评骘百家，著作等身，巍然为一代大师。"① 又如，书中论乾嘉时代不同于"汉学"家法的二位重要学者——章学诚和崔述，说："乾嘉间，浙东产一大师，会稽章实斋受'六经皆史'之论，为思想界起一大变化，其史学盖一种历史哲学也。""乾隆末叶，直隶有一暗然自修之学者，曰大名崔东壁。其学专治古史，而善怀疑，善裁断，剪落枝叶，与东南考证家大异其撰。"② 对于没世不久的晚清学界名人，梁氏也以冷静的客观态度作出公正的评价，论孙诒让云："瑞安孙仲容，治《周礼》，治墨子，治金文、契文，备极精核，遂为清末第一大师，结二百余年来考证古典学之局。"而称张之洞"善谈经济，负时名"，"通显老寿，在晚清以主持学风自命，然文士达官耳，不足语于学者之林。"③ 像这类言简意赅的论断，评价中肯，不加虚美，在此篇中甚多，都给人以有益的启迪。上述成就，使本篇不但在研究区域文化地理上作出可贵的尝试，而且通篇对清代学术有精到评价，足与作者所著《清代学术概论》《中国近三百年学术史》互相发明。

《中国文化史·社会组织篇》作于 1927 年，共包括以下八章内容：第一章　母系与父系；第二章　婚姻；第三章　家族及宗法；第四章　姓氏·附名字号谥；第五章　阶级（上）；第六章　阶级（下）；第七章　乡治；第八章　都市。

梁启超撰写文化史，与其通史著述计划有密切联系。早在 20 世纪初，他即发愿撰著《中国通史》，此后一再搁置。现见于《饮冰室合集》"专集"中有关中国通史的部分作品《太古及三

---

① 梁启超《近代学风之地理的分布》，《饮冰室合集》文集之四十一，中华书局，1989 年版，第 61、73、76 页。

② 梁启超《近代学风之地理的分布》，《饮冰室合集》文集之四十一，中华书局，1989 年版，第 74、54 页。

③ 梁启超《近代学风之地理的分布》，《饮冰室合集》文集之四十一，中华书局，1989 年版，第 74、55 页。

代载记》等六篇，均为 1920 年所撰。其最末一篇之后，附有一份《原拟中国文化史目录》，设想包括二十八篇的异常庞大的规模：一、朝代篇；二、种族篇上；三、种族篇下；四、地理篇；五、政制篇上；六、政制篇下；七、政治运用篇；八、法律篇；九、军政篇；十、财政篇；十一、教育篇；十二、交通篇；十三、国际关系篇；十四、饮食篇；十五、服饰篇；十六、宅居篇；十七、考工篇；十八、通商篇；十九、货币篇；二十、农事及田制篇；二十一、语言文字篇；二十二、宗教礼俗篇；二十三、学术思想篇上；二十四、学术思想篇下；二十五、文学篇；二十六、美术篇；二十七、音乐篇；二十八、载籍篇。

奇怪的是，这一篇内容完整、字数达八万余字的《社会组织篇》，竟不在"目录"中二十八篇之列，只是此篇行文中作者注明应参见的《政制篇》《语言文字篇》《通商篇》三个篇名，可与上述"目录"相印证。至于何以《社会组织篇》不见于"目录"之故，则尚待详考。

梁氏以近代眼光，提出研究中国历史上社会组织及其演变的课题，突破了传统史学的旧格局，这对于革新历史学的面貌，拓宽研究领域，是很有意义的。本篇广泛地搜集了丰富的史料，且对中国历史上婚姻、宗法、社会等级、乡治、都市、港口等的演变均有论述，堪称为对中国社会组织变迁史作了初步勾勒之作。

本篇在研究方法上对我们很有启发。梁氏运用近代社会学、民俗学知识，往往对古代资料作出新解，一些以往学者不甚注意的材料，经他诠释，即使人感到新鲜而有趣。如：他论述古代婚姻，对《易经·爻辞》中"乘马班如，泣血涟如，匪寇婚媾"一语，认为可以用"社会学者言最初之婚姻起于掠夺，盖男子恃其膂力，掠公有之女子而独据之"的知识，加以解释："寇"与"婚媾"，本来是不相干的两回事，为何这里连在一起呢？"得无古代婚媾所取之手段与寇无大异耶？故闻马蹄蹴踏，有女啜泣，

谓是遇寇,细审乃知其为婚媾也。"① 这样的解释颇为大胆,但又言之成理。有的则运用古文字学知识对材料解释。如认为古文的"父"与"君",是由同一字(|ㅋ)孳生而成,以《孝经》所说"家人有严君,父之谓也"参证,称威严地管理家事的人是"父",恰恰标志着家长制度的产生,而"君"则等于是统率一家之长的扩大。

篇中见解独到、善于作出归纳之处甚众。如:有关古代姓氏来源,是人们普遍希望了解的问题,梁氏对此有简洁明白的总结。对于社会等级关系的变化,如战国时期平民力量的崛起,西汉多次释放奴婢之后,至魏晋时代又出现逆转,篇中都有生动的论述。篇中提供的反映先秦时代"乡治"的大量资料,清初广东花县曾有过"筑堡寨自卫","不许官吏入境"② 的"乡治"例证,以及作者回忆故乡新会茶坑"上祠堂""江南会"③ 等的乡民组织形式,都对读者了解中国古代社会组织裨益甚大。梁氏把"阶级"与"社会等级"相混淆,将历史上及其本乡的"乡治"理想化,则是不正确的看法。

本篇对沿海港口城市的变迁,论述尤有系统,理出自汉代至清代港口城市和对外贸易的略史,这也是本篇的一项突出贡献。读者据此即能对沿海港口城市的盛衰更替获得清晰的印象:自汉代,广州即为对外贸易的都会。隋唐以后,扩大到广州以外泉州、扬州二口岸。泉州在唐时,即有"蕃商"居住,"至南宋以后,骎骎夺广州之席,为全国第一大口岸"。扬州,在唐时为第一都市,即以对外贸易论,其殷盛亦不亚于广州。至五代时,受破坏最剧,遂告衰落。此后,则有上海代起。宁波(明州)宋代设市舶司,因交通便利,取代了杭州的地位。这样,广州、泉州、宁波、上海四大通商口岸形成,遂奠定了近代五口通商的格

---

① 梁启超《中国文化史·社会组织篇》,《饮冰室合集》专集之八十六,中华书局,1989年版,第4页。

② 梁启超《中国文化史·社会组织篇》,《饮冰室合集》专集之八十六,中华书局,1989年版,第58页。

③ 梁启超《中国文化史·社会组织篇》,《饮冰室合集》专集之八十六,中华书局,1989年版,第58—61页。

局。这样，历史发展的前后脉络便清楚地呈现出来。全篇引书多达一百二十四种，且其中时有对关键问题作精到的考证，如据唐李颀诗等材料考证扬州城在唐时"距江岸甚近，其江岸又距海岸甚近，海船出入已便矣"。又如，据《明一统志》、宋《絜斋集》等材料，考证今日上海市，旧名华亭海，在青龙江浦，以后"青龙湮没，江岸南徙，宋末已发展为市"。最后演变成"国中第一市场"。① 本篇涵盖面广，论述颇有系统，材料丰富，又能对关键问题作细致的考订，因而具有较高的学术价值。

（六）文献学领域的非凡建树

梁启超晚年还致力于文献学的著述。在这方面最有影响的著作是：《国学入门书要目及其读法》《要籍解题及其读法》《古书真伪及其年代》。其他还著有《史记中所述诸子及诸子书最录考释》《汉书艺文志诸子略考释》《汉志诸子略各书存佚真伪表》《图书大辞典簿录之部》《说方志》等。限于篇幅，这里仅就其三部文献学代表著作简要加以论述。

《国学入门书要目及其读法》是梁启超于 1923 年为答复《清华周刊》记者的问题而写的。梁氏为他所开列的国学入门书籍分了大类，区分主次，并且以自己一生治学体会，用最简要的文字说明如何读法。对于重要而需精读的典籍，他做到了：介绍这部典籍在"国学"上的意义；对其时代、内容或真伪作必要的评价；介绍可供人们参考的后人的研究成果。如关于《论语》和《孟子》，梁氏称它们的地位是："《论语》为二千年来国人思想之总源泉。《孟子》自宋以后势力亦与相埒。此二书可谓国人内的外的生活之支配者。"② 这样提法虽有绝对化毛病，但指出了

---

① 梁启超《中国文化史·社会组织篇》，《饮冰室合集》专集之八十六，中华书局，1989 年版，第 88、84、92 页。

② 梁启超《国学入门书要目及其读法》，《饮冰室合集》专集之七十一，中华书局，1989 年版，第 1 页。

《论语》《孟子》对传统文化及国民心理具有特别巨大的影响，则符合事实。梁氏又举出后人解释的论著之最有影响者，有朱熹《四书集注》，戴望《论语注》，焦循《孟子正义》《论语通释》，戴震《孟子字义疏证》等，且分别说明各书的特点，读者应如何参考。对于有些名著，时代有争论或内容主次有不同的，梁氏在篇中也予指明。"二十四史"卷帙浩繁，如何读法？梁氏提出，从学文的角度，可先读前四史中之列传，摘出若干篇稍为熟读，《明史》是官修史书中最佳者，时代又近，亦宜稍为详读；对"二十四史"中的"志"可分类摘读；又可找杰出人物、思想家、文学家等为单元，分类读其中的传。本篇列举清人及近人著述甚多，这是显示晚近思想界的趋向及清代学者整理古代文献的成绩，此点也值得注意。

《要籍解题及其读法》撰于 1925 年，是梁氏为十一部重要古代典籍所写的导读。此十一部典籍是：《论语》《孟子》《史记》《荀子》《韩非子》《左传》《国语》《诗经》《楚辞》《礼记》《大戴礼记》。

梁氏对于各部典籍作者（或编定者）的生平、思想，内容特点，主要价值，典籍的流传和影响等项，均有相当深入的研究，故能居高临下，提挈要点加以论述，对于读者确有指导的作用。如他将《论语》内容分为八类：一、关于个人人格修养之教训；二、关于社会伦理之教训；三、政治谈；四、哲理谈；五、对于门弟子及时人因人施教（注重个性）的问答；六、对于门弟子及古人、时人的批评；七、自述语；八、孔子日常行事及门人诵美孔子之语（映入门弟子眼中之孔子人格）。并指出第一、二项，约占了全书三分之二。这对于读者把握《论语》内容的大概，很有帮助。

本篇所论有许多精义，值得我们深入领会。譬如，梁氏认为：孟子在先秦学派中的地位虽不能比老聃、墨翟，但他"在文化史上有特别贡献者两端：一、高唱性善主义，教人以自动的扩大人格，在哲学上或教育学上成为一种有永久价值的学说；二、排斥功利主义，其用意虽在矫当时之弊，然在政治学上、社会学上最少亦代表一面之真理。"梁氏论述"《史记》著作之旨趣"，认为：司马迁作《史记》"盖窃比《春秋》"，"其著书最大目的，乃在发表司马氏'一家之言'，与荀卿著《荀子》，董生著《春秋繁露》，性质正同。不过其'一家之言'，乃借史的形式发表耳，故仅以近世'史'的观念读《史记》，非能知《史记》者也"。又论《史记》体裁"组织的复杂及其联络"，说："本纪"和"世家"，用以定时间的关系；"列传"则人的记载，贯彻其以人物为历史主体之精神；"书"，是自然界现象与社会制度之记述，与"人的史"相调剂；书中匠意特出，尤在十"表"。"《史记》以此四部分组成全书，互相调和，互相联络，遂成一部博大谨严之著作。后世作断代史者，虽或于表志门目间有增减，而大体组织，不能越其范围。可见史公创作力之雄伟，能笼罩千古也。"①

《古书真伪及其年代》写于 1927 年，是梁启超在辨伪学方面的名著。我国古籍种类繁富，在长期的流传过程中，出现了不少伪书，或本是真书而掺入伪篇，这种情况每每给历史研究造成混乱。故此，我国学者也早就注重审疑辨伪的问题，至北宋、南宋、明、清更先后有重要的辨伪著作问世，梁氏所著此篇更是总结性的著作。全篇约十一万字，前为总论，共五章，是从理论上对辨伪的意义、伪书来历、辨伪学发达的历史、辨伪方法等问题加以总结；后为分论，根据作者所定两汉以前的经书为范围，分别论述《易》《尚书》等十四部重要典籍的作者、年代、内容和流传过程中的真伪问题。

梁氏的论述有两大特色。第一个特色是系统性。他阐发了前期自司马迁至刘知幾、柳宗元在开创辨伪传统上的贡献，评价了宋以后重要的辨伪学者，如欧阳修、吴棫、朱熹、宋濂、胡应麟、姚际恒、阎若璩、胡渭、崔述、康有为等所撰辨伪著作的价值，贯串古今，概括了历史的发展，阶段清楚。他将伪书总结为

---

① 梁启超《国学入门书要目及其读法》，《饮冰室合集》专集之七十一，中华书局，1989 年版，第 6、18、20 页。

十类：一、全部伪；二、部分伪；三、本无其书而伪；四、曾有其书，因佚而伪；……关于辨伪的技术及考证年代的方法，梁氏在胡应麟《四部正讹》所归纳八项原则基础上，进一步总结为"从传授统绪上辨别"和"就文义内容上辨别"① 两大系统，并且分别详加阐发。对前一大类，他就周详地提出了八种方法：一、从旧志不著录，而定其伪或可疑；二、从前志著录，后志已佚，而定其伪，或可疑；三、从今本和旧志说的卷数、篇数不同，而定其伪，或可疑；四、从旧志无著者姓名而后人随便附上去的姓名定其伪；五、从旧志或注家已明言是伪书，而信其说；六、后人说某书出现于某时，而那时人并未看见那书，从这可断定那书是伪；七、书初出现，已发生许多问题，有人证明是伪造，我们当然不能相信；八、从书的来历暧昧不明，而定其伪。可见本篇对于许多重要的理论问题都作了相当系统的总结。

又一个特色，是时代性。本篇不论是对辨伪学的发展和辨伪方法的总结，还是具体讨论古籍的内容、真伪或作者、年代问题，都贯串着近代的观点。梁氏提出了"从思想上辨别"是辨伪的重要方法，此点即为前人极少论到。这就是要从思想系统上分析："看定某人有某书最可信，他的思想要点如何，才可以因他书的思想和可信的书所涵的思想相矛盾而断其伪。"如，由于记述孔子思想的书以《论语》最可信，即可辨明以往学者所指《易·系辞》为孔子作的说法不可信。原因是，"孔子是现实主义的，绝无谈玄的气味，而《系辞》却有很深的玄学气味，和《论语》正相反"。既然相信《论语》，则至少应认为"《系辞》不是孔子自己作的"。又按"思想和时代的关系"分析，思想的发展是有一定次序的，由简单到复杂，由较低阶段到高级阶级，据此可以认为，在《易经》中，"卦辞爻辞是一个时代的产品，彖辞象辞是一个时代的产品，系辞文言是一个时代的产品，并不是同一时

---

① 梁启超《古书真伪及其年代》，《饮冰室合集》专集之一○四，中华书局，1989 年版，第 41、43 页。

代的"。① 梁氏对清代学者崔述的辨伪学说给予高度评价，也是基于这种近代眼光。他认为，崔述所撰《考信录》"把春秋以后，诸子百家传说的古事，一件一件的审查，辨别那是真的，那是假的，使得古史的真相不致给传说遮蔽"。在辨伪才能上，崔述有许多"高妙的法门"，② 故其辨伪学说在 20 世纪 20 年代才产生那么巨大的影响。

梁氏还论述如恰当使用，有的伪书也有某一方面的价值。"伪书非辨别不可，那是当然的，但辨别以后，并不一定要把伪书烧完，固然也有些伪书可以烧的，如唐宋以后人所伪造的古书。但自唐以前或自汉以前的伪书却很可宝贵，又当别论。其故，因为书断不能凭空造出，必须参考无数书籍，假中常有真宝贝，我们可把他当做类书看待。"③ 梁氏还论及在辨伪中，怀疑眼光很必要但不能过头，把可信的东西也抛弃掉。这些都表现出作者的卓识，符合于辩证的观点。

梁启超在前期和后期写下的丰富著述，是近代文化史上一笔丰厚的遗产。就史学而言，他在史学理论、学术史、社会史、文化史、历史人物传记、文献学等领域都达到了很高的造诣，并且在当代史述和外国史方面也写下了重要的著作。他才思横溢，治学又极刻苦。《清代学术概论》这样一部内容丰富、见解精到的著作，他只用十五天写成。1921 年居天津后，为著《墨子学案》《中国历史研究法》和预备讲课，常常"除就餐外，未尝离书案一步"。④ 天赋过人和勤奋精神当然是他取得成功的重要条件。然而，梁氏成为代表 20 世纪初期史学发展的"史林泰斗"，则还有

---

① 梁启超《古书真伪及其年代》，《饮冰室合集》专集之一〇四，中华书局，1989 年版，第 53、56 页。

② 梁启超《古书真伪及其年代》，《饮冰室合集》专集之一〇四，中华书局，1989 年版，第 37 页。

③ 梁启超《古书真伪及其年代》，《饮冰室合集》专集之一〇四，中华书局，1989 年版，第 58 页。

④ 丁文江、赵丰田《梁启超年谱长编》，上海人民出版社，1983 年版，第 930 页。

更为深刻的原因。首先，是他炽烈的爱国主义思想。梁启超在其从事维新变法宣传、领导维新运动和仗义号召讨袁、保卫共和政体等著名政治活动中，都强烈地表现出他献身国家和民族的精神。同样地，在史学著述上，他也以发掘、阐述民族文化的优良遗产和讴歌中华民族自强不息的精神，作为自己的崇高责任。至今我们阅读他的许多名著，仍然可以感受到他激情澎湃的力量。其次，他善于吸收自孔子、司马迁以下古代优秀史家的精华，特别是谙熟清代学者优良的治学精神和治史方法，而他又处在 19 世纪末 20 世纪初西方进步思想传入中国的历史新时期，时代际会把他推到前人未曾达到过的高度。他俯视我们民族文化发展和史学演进的道路，更加了然在目。故此，他能够在总结传统史学的发展，传播西方近代史学理论，和运用新观点、新方法从事史学研究，拓展新领域和开创新局面上，均取得了具有深远影响的成就。第三，是他文采飞扬、富有感情的文字。梁启超所写思想启蒙和历史研究的论著，都具有清新优美、生动传神，极富说服力和感染力的特点，赢得了广大的读者。人们阅读他的论著，不仅获得了知识，而且在审美情趣上得到了享受。本书有意识地适当引用梁启超名著名篇中的精彩片断，读者从中定能获得这种感受。当然，梁启超的论著也存在明显的时代局限和本人思想局限，只要我们善于分析、剔别，排除其糟粕，吸收其精华，那么，他所写的领域宽广、成就高超的论著定能成为今天我们了解祖国历史、文化和推动史学发展的宝贵财富。

1996 年版后记

　　1993 年，适值近代著名爱国者、启蒙思想家和卓越的史学家梁启超诞生一百二十周年。谨以此书作为对这位近代杰出人物的纪念。

　　我确定撰写这本书稿的时间为 1992 年 8 月底，当时是在相当凑巧而又愉快的情况下决定的。在此之前的 7 月份，我和两位朋友合作的《梁启超论著选粹》，刚刚完稿交付出版社。这个项目，我们从确定选目到完成，共历时两年余。梁启超学识渊博，才思横溢，是"古来著述最多的一个学者"，仅编入《饮冰室合集》中的论著即多达一千四百万字左右。《选粹》的编选宗旨是，主要从学术文化的角度精选出业已经受时间考验的梁氏最有价值的论著。全书之前有长篇"前言"（三万字），历史地考察梁启超思想演变与时代的关系，评价他在近代文化启蒙运动中的地位和在史学、哲学、文学等领域的贡献。对于入选的近四十篇（部）论著，我们作了分类，共分四篇：社会·文化篇；哲学·文艺篇；民族·宗教篇；历史·文献学篇。又在入选的各篇（部）之前撰写"解题"，扼要地介绍写作的背景，概括主要内容，指出篇中精义所在。"正文"即是经过标点、整理的梁氏主要论著。编选《梁启超论著选粹》的过程，实际上也是我们对梁氏在 19 世纪末至 20 世纪初期剧烈时代变动中的思想发展和学术贡献，作较有系统、认真探究的过程。

由于有两年余对梁启超论著下功夫研究作基础，故此，当新学期开学之前，龚书铎教授建议我写这样一本《梁启超评传》时，我很高兴地表示应命。这就成为我进一步深入和全面地研究梁氏生平与学术成就的直接导因。李侃先生对本书提纲曾提出宝贵的修改意见，对本书写作提出了宝贵的建议。谨此向两位先生致以衷心的谢意！

我大学时代的同窗李根蟠研究员对我研究梁启超一直予以关注、支持。根蟠的家乡也是广东新会，赖他费心帮忙，拜托新会周学勤先生拍摄了梁氏故居和家乡风光的珍贵照片多幅，为本书增添了光彩。谨此一并向他们衷心地致谢！

书中定有许多缺点和不足，敬请专家和读者朋友赐正。

陈其泰
1993 年 6 月
于北师大丽泽 8 楼寓居

增订篇目

一、梁启超的学术风范和爱国情怀

（一）历史地位

梁启超（1873—1929）字卓如，号任公，又号饮冰室主人，广东新会人。今年是他诞生一百四十周年。他二十二岁就同康有为一起发动声势浩大的"公车上书"，二十三岁就担任上海《时务报》主笔，至其逝世前，重病住院仍著述不辍。《饮冰室合集》达四十册，一百四十八卷，虽未包括全部论著，总字数已达一千四百万字左右。他的大量论著，涉及政治、经济、哲学、史学、文学、民族、宗教、法律、教育、伦理等异常广阔的领域，产生过巨大的影响，被誉为"百科全书式的学者"。他生活的五十六年，是有声有色、波澜壮阔的五十六年。他的一生，有四大功绩：

> 他是戊戌维新运动的领袖人物；
> 是 20 世纪初出色的启蒙思想家；
> 发动讨伐袁世凯，策划护国战争，为保卫共和制度建立殊功；

最后十年专心著述，写下诸多传世之作，为推进学术近代化建树丰碑。

一个人一生如有此四项功绩中之一，便足以不朽，梁启超却有这么显赫的功绩，可见他在近代史上地位之重要，影响之巨大！请看同时代人对他的评价：

梁漱溟说，梁启超的主要成就"在迎接新世运，开出新潮流，撼动全国人心，造成中国社会应有之一段转变"，"任公无论治事和行文，正如韩信将兵，多多益善，自己冲锋陷阵所向无前"。①

黄遵宪评价其宣传新思想的文字所产生的无比巨大的力量："惊心动魄，一字千金。人人笔下所无，却为人人意中所有，虽铁石人亦应感动。从古至今，文字之力之大，无过于此者矣。"②

胡思敬说："当《时务报》盛行，启超名重一时，士大夫爱其语言笔札之妙，争礼下之。自通都大邑至僻壤穷陬，无不知有新会梁氏者。"③

至历史进入改革开放的新时期，蔡尚思评论说："近代中国社会同古代中国社会大不相同，洪秀全、康有为、严复、孙中山在向西方学习中各有其突出地位，已为人们所共知。据我研究的结果，觉得梁启超在很多方面是创纪录的，其地位并不太低于前四人。"④

蔡尚思先生提出这一认识，是经过拨乱反正、批判了极左错误之后才得出的。近三十年来大量的事实证明，梁启超的论著在今天仍然具有很强的生命力。梁启超不少论著的单行本一再重印畅销；报刊上的学术论文对梁氏的言论引用最多；研究梁启超思想和学术的相关著作和博士论文接踵而出。

---

① 梁漱溟《纪念梁任公先生》，《桂林梁先生遗书》之五，京华书局，1925年印本。

② 《黄遵宪致梁启超书》，见《中国哲学》第八辑，三联书店，1982年版，第33页。

③ 胡思敬《戊戌履霜录》卷四，南昌退庐民国二年刻本，第337页。

④ 蔡尚思《梁启超有创造历史纪录的一面》，《解放日报》，1983年9月28日。

因此，经过一个多世纪以来跌宕起伏的事实证明，梁启超的历史地位应当这样评价：他是维新运动的领袖人物，是出色的启蒙思想家，是杰出的爱国者和近代学术的奠基者。

然而由于历史现象极其复杂，这样的观点还未能说已成为人们的共识。譬如有人认为，梁启超在学术上"量过于质"，不赞同他在近代学术文化上享有崇高的地位。造成认识上分歧的主要原因有三：（1）由于梁启超著述极丰富，领域甚为广阔，要对其思想和学术作全面、中肯的评价，殊非易事。（2）梁氏所处时代是由传统社会向近代转型的时代，即他常称的"过渡时代"，新的进步的东西在迅速生长、发展，旧的落后的东西仍不肯退走，进步人物身上仍有落后的东西，有时甚至夹杂、纠缠在一起，不易别拣和评价。（3）梁氏本人讲真话，常解剖自己，坦陈自己的弱点："不惜以今日之我与昔日之我战"，"务广而荒"。本来时代变化迅速，他又极勇于接受新思想，因而改变原先看法。这样容易授人以柄，把他视为"浅尝多变"，甚至成为相当固定的看法，不易改变。

故评价梁的历史地位，必须坚持二项：一、统观历史大局，把握历史前进的大方向，以此作为评价其思想和学术的主要标准。二、善于作辩证的分析，破除僵化的思维定式，力戒片面、孤立看问题。

特别是，对于"梁氏开启了中国学术的新时代，为学术近代化奠基做出了杰出贡献"这一观点，还须作深入的论证，使之具有充分的说服力。

（二）学术风范

20世纪初年，作为学术新时代到来、新思潮迅猛传播的几项显著标志，都是由梁启超倡导和建树的。他以新思想代言人和向陈旧观念猛烈进攻的斗士的姿态，冲锋陷阵，所向披靡。梁启超的学术风范，我们可以初步归纳为以下四项。

1. 倡导"史界革命"，成为新世纪到来的第一声春雷。

1902 年发表的《新史学》一文，成为激烈批判旧史、宣告具有不同时代意义的"新史学"到来的时代宣言。梁启超所以能够居高临下地对旧史作批判性的总结，其理论基石是国民意识和进化观念。前者是戊戌变法失败后进步社会力量要求推翻帝制，最终实现民主的时代潮流的产物，后者则来自《天演论》。在马克思主义传入中国以前，这一近代进化理论是最进步的理论体系。《新史学》开宗明义标明史学的地位和作用，认为史学应是"学问最博大而切要"的一门，是"国民之明镜""爱国心之源泉"。而造成旧史陈腐落后的根源，正在于完全违背国民意识和进化观念："盖从来作史者，皆为朝廷上之君若臣而作，曾无有一书为国民而作之者也。""夫所贵乎史者，贵其能叙一群人相交涉、相竞争、相团结之道，能述一群人所以休养生息、同体进化之状"，旧史界却"未闻一人之眼光能及于此者"。由此而造成旧史"四蔽""二病"："知有朝廷而不知有国家"，"知有个人而不知有群体"，"知有陈迹而不知有今务"，"知有事实而不知有理想"；"能铺叙而不能别裁"，"能因袭而不能创作"。致使旧史简直成为二十四姓之家谱。

梁启超和其他新思想的传播者特别重视新史学的探讨，有着深刻的学术渊源和时代原因。史学在传统学术中素称发达，历代许多进步思想家和卓有建树的学者都视修史为名山事业，呕心沥血地撰成史著遗留后世。20 世纪初新思想的传播者同样重视著史事业，要以它激发爱国思想，提高民众掌握民族命运的责任感，争取国家的光明前途。因此，梁启超自觉地担负起对旧史批判总结的时代责任，要求清除其封建毒素，划清旧史以"君史"为中心和新史学以"民史"为中心的界限，输入西方进步理论，改造中国的史学界。

2. 大量输入西方民权思想和其他新学理，猛烈批判封建专制统治的祸害，为思想启蒙出色的代表人物。

流亡日本后，梁启超眼界大开，他深切感受到，"近世泰西各国之文明，日进月迈，观已往数千年，殆如别辟一新天地"。

他认为促成这一历史巨变的最根本的因素，是新思想传播的力量，"思想自由，言论自由，出版自由，此三大自由者，实惟一切文明之母，而近世世界种种现象，皆其子孙也"。反观中国，他认为，要改变国家的落后和社会空气的恶浊，输入新思想乃是首要的关键。因为，"凡欲造成一种新国民者，不可不将其国古来误谬之理想，摧陷廓清，以变其脑质"。① 于是他创办《清议报》（旬刊），自 1898 年底至 1901 年 11 月，共出版一百册，因火灾停刊。次年初又创办《新民丛报》（半月刊），至 1907 年 10 月停刊，共出九十六号。20 世纪初几年间，他满腔热情，大力宣传新思想，批判旧观念，奏出了进行启蒙宣传的华彩乐章。1902 年一年中，他即撰有《新民说》《论中国学术思想变迁之大势》《论学术势力之左右世界》《论立法权》《论政府与人民之限》《论民族竞争之大势》《法理学大家孟德斯鸠之学说》《天演论初祖达尔文之学说及其略传》《意大利建国三杰传》等论著四十三篇（部）。这一时期他所撰写的文章，还有《饮冰室自由书》《述近世政学之大原》《瓜分危言》《少年中国说》《论中国国民之品格》《论独立》《越南亡国史》《德育鉴》《近世第一大哲康德之学说》等。论述范围至广，而核心则是传播西方近代民主共和学说和哲学、政治思想，批判封建势力，论述现代国民的责任。梁启超在如此广阔的领域撰写文章，宣传一整套在当时是先进的新颖的资产阶级意识形态，宣传的对象是当时正在涌现的近代学生和近代知识界。民权思想、进化论、西方经济学说、"新史学"等新鲜知识，一下子涌进原先只读封建经典，只知八股、考据的人们的头脑中，打开了他们的眼界，把他们引进别一个丰富多彩的新世界。不只是传播新知识，更重要的是大量新鲜的理论、观点、价值标准，被越来越多的人所掌握，由此燃起救国和革命的热情，青年人更可经由此初步的启蒙，走向更广阔的思想解放的境界。这就是思想启蒙的力量，启蒙的意义。梁启超成为

---

① 均见《清议报一百册祝辞并论报馆之责任及本馆之经历》，《饮冰室合集》文集之六，中华书局，1989 年版，第 49、51 页。

20 世纪知识界心目中最有影响的人物。不夸大地说，梁启超传播新思想的论著教育了 20 世纪前期几代青年，包括其中最杰出的人物。毛泽东讲过，他青年时期曾经崇拜过梁启超，爱读《新民丛报》①。鲁迅青年时代也受他的影响，还曾购买《清议报》汇编、《新民丛报》和《新小说》赠人阅读②。特别值得注意的是，郭沫若在《少年时代》一书中所谈的切身感受：

> 平心而论，梁任公的地位在当时确实不失为一个革命家的代表。他是生在中国的封建制度被资本主义冲破了的时候，他负载着时代的使命，标榜自由思想而与封建的残垒作战。在那新兴气锐的言论面前，差不多所有的旧思想、旧风习都好像狂风中的败叶，完全失掉了它的精采。二十年前的青少年——换句话说，就是当时有产阶级的子弟——无论是赞成或反对，可以说没有一个没有受过他的思想或文字的洗礼的。他是资产阶级革命时代有力的代言者……③

梁启超主编的《新民丛报》对国内产生的广泛而巨大的影响，当时人多有评论，如说："杭州开化之速，无有如去岁之甚也……推其故，溯其因，乃恍然于《新民丛报》之力也。"④ 正是《清议报》《新民丛报》在思想宣传上起到瓦解清朝统治基础和客观上促进了进步阶层思想革命化的作用，所以清廷把康、梁同孙文一样列为最仇恨的人物，悬赏银十万两通令缉拿，对购买报章者予以严惩。顽固派如此恐惧和仇视，正好证明梁启超进行思想启蒙产生的巨大威力。

3. 开创近代学术研究的新范式，为青年学者打开新的天地。

近代学术与传统学术是不同时代的产物，从内容到著述形式都有根本不同，不但要以新的哲学思想、历史观点作指导，而且研究方法和著述范式也与旧学术迥异。梁启超恰恰也是在 20 世

---

① 埃德加·斯诺《西行漫记》，三联书店，1979 年版，第 113 页。
② 周启明《鲁迅的青年时代》，河北教育出版社，2002 年版，第 125 页。
③ 郭沫若《少年时代》，人民文学出版社，第 112—113 页。
④ 梁启超《与陈君逸庵论杭州宜兴教育会书》，载《新世界学报》，1903 年第 3 期。

纪初年运用新观点、新方法、新范式，撰成近代第一部影响巨大的学术著作的人物。这就是撰成于 1902 年的《论中国学术思想变迁之大势》这篇约八万字的长篇论文。本文以前所未见的高度的洞察力、概括力和理性，气势磅礴地概述了我国数千年学术思想演进的历史趋势，划分为七个时代：一、胚胎时代，春秋以前；二、全盛时代，春秋末及战国；三、儒学统一时代，两汉；四、老学时代，魏晋；五、佛学时代，南北朝隋唐；六、儒佛混合时代，宋元明；七、衰落时代，近二百五十年。今日则为复兴时代。如此提纲挈领地论述中国三千年学术思想的演变，精辟地评价了数以百计的思想家、学者及其著作的研究成果，自然是前所未有，而在研究方法和著述形式上，也开创了崭新的范式。一是高度的系统性，纵横连贯，使全篇成为体系严密的整体，这正是旧时代学者所极为缺乏的。全文不仅突出各个阶段学术思想的特点，各有什么主要成就和缺陷，而且论述这些特点如何产生，前一时代的学术思想如何成为这一时代的渊源，这一时代的思想又对后代产生了什么影响。几千年发展演进的趋势顿现在读者面前，宛如浩荡流转的大河，起伏曲折可望，又如蜿蜒绵亘的特长链条，环环相扣在目。二是中肯的分析。有对思想家的主要倾向、功过的评论；有对复杂的时代条件下如何形成一代学术思潮的剖析；有对一个时期学者学术倾向的不同类型及相互间同异的缕析、归纳。三是鲜明的批判精神，尖锐地批判专制政体和文化专制的祸害，针砭空疏迂腐、脱离实际学风的弊病。这篇在思想观点、研究方法和著述范式上都具有突出开创意义的名文所产生的深远影响，我们可以举出胡适的感受作为例证，胡适后来走上研究中国哲学史的道路，即直接受到梁启超此文的影响。胡适在其成名之后所写的《四十自述》一文中说：

> 我个人受了梁先生无穷的恩惠，现在追想起来，有两点最分明。第一是他的《新民说》，第二是他的《中国学术思想变迁之大势》。……"新民"的意思是要改造中国的民族，要把这老大的病夫民族改造成一个新鲜活泼的民族。……我们在那个时代读这样的文字，没有一个人不受他的震荡感动

的。他在那时代主张最激烈，态度最鲜明，感人的力量也最深刻。

……

《中国学术思想变迁之大势》也给我开辟了一个新世界，使我知道四书五经以外还有学术思想。……但在二十五年前，这是第一次用历史眼光来整理中国旧学术思想，第一次给我们一个"学术史"的概念，所以我最爱读这篇文章。①

4. 恢宏渊博和专深研究兼擅其长，为学术近代化奠定了厚重坚实的基础。

请看他晚年专心著述所撰成的论著：

1918 年《春秋载记》；

1920 年《清代学术概论》《墨经校释》《战国载记》《太古及三代载记》《老孔墨以后学派概观》；

1921 年《墨子学案》《中国历史研究法》《老子哲学》；

1922 年《先秦政治思想史》《中国韵文里头所表现的情感》《地理及年代》《五十年中国进化概论》《中国历史上民族之研究》《作文教学法》；

1923 年《陶渊明》（包括《陶渊明之文艺及其品格》《陶渊明年谱》《陶集考证》）《国学入门书要目及其读法》《颜李学派及现代教育思潮》《朱舜水先生年谱》；

1924 年《中国近三百年学术史》《戴东原哲学》《戴东原传》《近代学风之地理分布》《明清之交中国思想界及其代表人物》；

1925 年《要籍解题及其读法》；

1926 年《中国历史研究法补编》《先秦学术年表》《庄子天下篇释义》《汉书艺文志诸子略考释》；

1927 年《中国文化史·社会组织篇》《儒家哲学》《古书真伪及其年代》；

1928 年《辛稼轩先生年谱》（完成十之七八）。

以上所列计三十余种，数量之巨，质量之精，令人惊叹，其

① 胡适《四十自述》（一），上海亚东图书馆，1939 年版，第 100—106 页。

中有多部都堪称是传世之作，形成了恢宏渊博的风格。如果其前期的著述可以比为奔泻的激流，那么后期的论著则有如渟蓄涵泳、水波浩阔的巨泽，他无可争议是学术近代化的杰出奠基者。在20世纪二三十年代，梁氏即被称为"世界第一之博学家"（徐佛苏），"《饮冰》一集，万本万遍，传诵国人，雅俗同赏，得其余沥以弋鸿名而张骚坛者，比比皆是"（王文濡）。

梁氏又是渊博与专精兼擅其长，决不是"务广而荒"或"浅尝多变"。其尤精者，计有四个领域：清代学术史；先秦史；史学理论；历史文献学。

论清学史有两部名著，《清代学术概论》（撰于1920年）和《中国近三百年学术史》（撰于1924年），都是总结自明清之际至20世纪初年学术思想嬗变的名著，历来备受赞誉。梁启超对清代学术有深刻的了解，熟悉清儒繁富的著作，少年时代就读于广州学海堂，受过朴学的严格训练，又曾接触过考证学派耆宿，获得亲身闻见，随后，本人即是晚清今文学派和输入新思想的关键人物。两个世纪之交的丰富经历，加上掌握西方进步的学术观点和方法，使他上升到新的时代高度，俯视过去学术递嬗变化之路，对其源流曲折、前因后果了然在目。《清代学术概论》概述了清代学术的演变历程，论述各个阶段的趋势、时代条件和主要成就，评价了三百年间所有主要学者的历史地位，做到纵横论列，气势非凡，又巨细兼顾，分析精当，全文约七万余字，却被誉为是一部"无所不包"的著作。《中国近三百年学术史》（约二十四万字）的内容与《清代学术概论》互相发明。《清代学术概论》所重在"论"，阐述学术思潮的源流变化，分析各个时期及其代表人物的成就与不足。《中国近三百年学术史》所重在"史"，有充足的篇幅，更加全面、深入而翔实地叙述一代学术发展的历史，因而此书各章对于前书均是重要的发挥、补充。《中国近三百年学术史》共分十六章，主要论述三方面的内容：（1）清代学术思潮的变迁与政治的影响；（2）三百年来的学术建设及学派演变；（3）清代学者整理旧学的总成绩。几十年来研究清代学术史者，无不对这两部著作反复钻研，据以立论，详加引用。

史学理论方面，除《新史学》外，还有《中国历史研究法》及《中国历史研究法补编》，都是近代史学理论奠基之作。

历史文献学的论著极多，其尤为著名者，有《墨经校释》《墨子学案》《国学入门书目及其读法》《古书真伪及其年代》《要籍解题及其读法》等。

这里重点讲梁氏在先秦史领域的高深造诣。这方面的著作有：《春秋载记》《战国载记》《先秦政治思想史》《儒家哲学》《先秦诸子系年》《论中国学术思想变迁之大势》（先秦部分）等。《春秋载记》《战国载记》两篇是享誉近代史坛的名著。著名史学家张荫麟认为：梁氏的《春秋载记》《战国载记》和《欧洲战役史论》，如以质不以量言，非止可媲美近代中外名家，抑且足以压倒吉朋（1737—1794）、麦可莱（1800—1859）、格林（1837—1883）和威尔斯（1866—1946）[①]。

再举出一个很有说服力的例子：梁启超对胡适著作的精辟评论。梁启超于 1921 年撰有《评胡适之中国哲学史大纲》一文，文中既中肯地称誉胡适著作的成就，又直率地批评其缺点。他称许《中国哲学史大纲》是近来出现的一部名著，"哲学家里头能够有这样的产品，真算得国民一种荣誉"，肯定"这书处处表现出著作人的个性，他那锐敏的观察力，致密的组织力，大胆的创造力，都是'不废江河万古流'的"；"胡先生专从时代的蜕变，理会出学术的系统，这是本书中一种大特色"，而对于先秦名学（指逻辑学或知识论）的研究尤为突出。但梁氏指出，把知识论作为讨论先秦哲学史的唯一的观察点，"以宗派不同之各家，都专从这方面论他的长短，恐怕有偏宕狭隘的毛病"。胡适研究中国哲学史，以老子、孔子为起点，对此，梁氏认为这样做是"把思想的来源抹杀得太过了"。因为，《诗》《书》《易》《礼》四部书，大部分是孔子以前的作品，那里头所包含的思想，都给后来的哲学家提供了营养。"孔子、老子，自然是受了这种熏习，得许多素养，才能发挥光大成一家之言。"并认为胡适所言诸子之

---

① 张荫麟《跋梁任公别录》，《思想与时代》，1941 年第 4 期。

兴，是由于"战乱连年""政治黑暗"诸端，这些提法甚不中肯，更应该重视的是"西周时代，凡百集中王室，春秋以后，渐为地方的分化发展，文化变成多元的"；"霸政确立之后，社会秩序比较的安宁，人民得安心从事学问，加以会盟征伐，常常都有，交通频繁，各地方人交换智识的机会渐多"等项原因。① 梁启超所提出来商榷的各项，确实中肯地批评了其缺失之处，也正是后人所应重视和改进的地方。

（三）爱国情怀

梁启超是伟大的爱国者，他的政论和学术著作都洋溢着强烈的爱国思想，他一生的各个时期都突出表现了高昂的爱国感情。我们可以举出以下生动的例证。

1. 任《时务报》主笔，以满腔爱国热情和奉献精神宣传维新变法。

《时务报》成为维新派的喉舌，风行海内，发挥了极大的宣传新思想的作用，数月之内销至一万二千份，"举国趋之，如饮狂泉"。他曾回忆当时废寝忘食、挥汗执笔的情景："（启超）忝任报中文字，每期报中论说四千余言，归其撰述。东西各报二万余言，归其润色；一切奏牍、告白等项，归其编排；全本报章，归其复校。十日一册，每册三万字，经启超自撰及删改者几万字，其余亦字字经心经目。六月酷暑，洋蜡皆变流质，独居一小楼上，挥汗执笔，日不遑食，夜不遑息。记当时一人所任之事，自去年以来，分七八人始乃任之。"②

2. 自觉担负思想启蒙的时代使命。

他提出："输入文明思想，为我国放一大光明。"因为，他相

---

① 梁启超《评胡适之中国哲学史大纲》，见《饮冰室合集》文集之三十八，中华书局，1989 年版，第 50—56 页。

② 梁启超《创办时务报源委》，见中国近代史资料丛刊《戊戌变法》（四），上海人民出版社，1957 年版，第 526 页。

当明确地认识到 19 世纪与 20 世纪之交是新旧思想激烈搏斗的年代，说："中国两异性之大动力相搏相射，短兵紧接，而新陈代嬗之时也。"因此报纸要"广民智，振民气"；尤其以宣传民权、反对专制为最中心的任务："倡民权，始终抱定此义，为独一无二之宗旨，虽说种种方法，开种种门径，百变不离其宗。海可枯，石可烂，此义不普及于我国，吾党非措也。"① 他曾写诗表达献身救国启蒙事业的崇高使命感："献身甘作万矢的，著论求为百世师。誓起民权移旧俗，更研哲理牖新知。"

他于 1900 年，当新世纪到来之际，撰写了《少年中国说》的名文，以满腔热情，唱出时代最强音："少年智则国智，少年强则国强，少年独立则国独立，少年自由则国自由。红日初升，其道大光；河出伏流，一泻汪洋；潜龙腾渊，鳞爪飞扬；乳虎啸谷，百兽震惶；鹰隼试翼，风尘吸张；奇花初胎，矞矞皇皇；前途似海，来日方长。美哉我少年中国，与天不老！壮哉我中国少年，与国无疆！"一个世纪过去了，梁启超充满感情的诗句，仍然成为激励中华儿女尤其是青年一代的强大精神力量！

3. 策划讨袁，保卫共和政体。

1915 年初，袁世凯加紧进行复辟阴谋。梁启超为要在中国实现民主共和理想而奉献一切，即使遭受顽固势力仇恨，也在所不顾！在"筹安会"出现第七天，他连夜起草《异哉所谓国体问题者》，义正词严反对帝制阴谋。8—9 月，梁启超与蔡锷等多次密商，确定由蔡锷秘密到云南发难讨袁。如蔡锷所说，前后由先生"咨受大计。及部署略定，先后南下"。梁、蔡分别时相约发誓：此役若失败则死难，决不亡命；胜利则退隐，决不在朝。

梁启超在上海，为云南前线指挥作决策，连续草拟了大量文告、通电，发到前方；派人在北京搜集袁世凯情报，又通过外交，争取日本方面在财政和联络等项的帮助，并利用冯国璋（时在南京）与袁世凯的矛盾，说服冯与云南前线呼应。"诸如战争

---

① 梁启超《清议报一百册祝辞并论报馆之责任及本馆之经历》，《饮冰室合集》文集之六，中华书局，1989 年版，第 53—56 页。

的战略战术、财政策划、官兵思想、组织宣传、对外方针等等，事无巨细，无不运筹帷幄。而前线蔡锷、唐继尧、刘显世各都督各总司令无不依赖梁启超之决策之指挥。"所以，他"不仅是护国战争的军师，而且是最高指挥者"。[1]

1916 年 3 月，梁启超偷渡香港、越南，历经艰险。袁世凯派军警、密探沿途搜查、缉拿或暗杀，又通过法国政府指使越南当局截捕。在如此危险情况下，梁启超经过千般曲折，或反锁于船舱暗室，或昼伏夜行，化装改扮，秘密地经过越南海防、帽溪，历时半月，终于到达广西龙州。如他在致陆荣廷电报中所说："此次应招来桂，实颇历艰辛，蛰伏运煤船舱底，不见天日者八昼夜。无护照而偷入安南境，避间谍耳目，一日数迁。旬日以来，几於日不得食，夜不得息。"[2] 途中这样危险艰苦，但他还起草了《护国军政府宣言》《上黎大总统电》《致公使团领事团电》《军务院布告》《在军中敬告国人》等文件。在帽溪山中得大病，病起后又振笔著成《国民浅训》，约两万字，三日夜写成。

对梁启超策划讨袁、保卫共和政体的殊勋，民国初年的知名人士都曾予以高度赞誉。1929 年梁启超逝世时，章炳麟所撰挽联中说："逮枭雄僭制，共和再造赖斯人。"蔡元培挽联中说："保障共和，应与松坡同不朽。"王文濡挽联中说："倒袁讨张，成革命之元勋，指挥若定，大功不居。"[3] 陈寅恪则结合自己当年的真实感受，撰文高度评价梁启超剖析袁世凯恢复帝制的阴谋，有拨云雾而见青天的历史功绩："忆洪宪称帝之日，余适旅居旧都，其时颂美袁氏功德者，极丑怪之奇观。深感廉耻道尽，至为痛心。至如国体之为君主抑或民主，则尚为其次者，迨先生《异哉所谓国体问题者》一文出，摧陷廓清，如拨云雾而睹青天。"[4]

① 董方奎《梁启超与护国战争》，重庆出版社，1986 年版，第 301—302 页。
② 梁启超《盾鼻集·致陆都督电》，《饮冰室合集》专集之三十三，中华书局，1989 年版，第 34 页。
③ 丁文江、赵丰田《梁启超年谱长编》，上海人民出版社，1983 年版，第 1209—1210 页。
④ 陈寅恪《读吴其昌撰梁启超传书后》，见《寒柳堂集》，上海古籍出版社，1980 年版，第 148 页。

4. 梁启超对中国文化的深切热爱和对中华民族前途的信心，还集中地体现于他对中国学术发展前景的展望。他从少年时期即熟读传统文化典籍，吸收了丰富的思想营养。同时他生性聪颖，才华横溢，身处中西文化交流活跃、学术近代化潮流向前发展的时代际遇中，一方面，他对吸收西方新学理怀有异常的敏感和热情，站到了近代学术文化潮流的前头，另一方面，他对中华文化的固有价值与再创造的前景，抱有强烈的信心。因此他在 1920 年所著《清代学术概论》的结尾，以警策的语句预言中国学术和中华民族一定有光辉灿烂的未来：

> 我国民确富有"学问的本能"，我国文化史确有研究价值，即一代而已见其概。故我辈虽当一面尽量吸收外来之新文化，一面仍不可妄自菲薄，蔑弃其遗产。
>
> ……
>
> 而吾对于我国学术界之前途，实抱非常乐观。盖吾稽诸历史，征诸时势，按诸我国民性，而信其于最近之将来，必能演出数种潮流，各为充量之发展。
>
> 吾著此篇竟，吾感谢吾先民之饷遗我者至厚；吾觉有极灿烂庄严之将来横于吾前。①

我们今天所处的时代，是中西文化交流更加深入、广阔的时期，也是学术文化发展的关键时期。梁启超提出的基本精神，仍然适用今天的时代。只要我们大力发扬传统文化和近代文化的精华，同时努力吸收西方新学理，不断增强我们的创造力，中国学术文化就一定有更加美好的前途！

（原刊《江海学刊》2013 年第 5 期）

---

① 梁启超《清代学术概论》，见《饮冰室合集》专集之三十四，中华书局，1989 年版，第 78—80 页。

二、理性主义对待"排满"与近代民族理论体系的初步构建

（一）理性主义对待"排满"

　　"排满"口号在 20 世纪初大为流行，实为事势之必然。20 世纪初中国历史前进的要求，是推翻封建专制政权，建立民主共和国。这一专制政权，就是满族统治的清朝朝廷。清初入关后对汉族民族众实行的屠戮政策，惨绝人寰。历顺、康、雍、乾各朝为了铲灭汉族的民族意识，清廷屡兴文字狱，捕风捉影，罗织罪名，广为株连，制造一桩桩大规模冤狱，令人发指。乾隆中叶以后，吏治败坏，民不聊生。到了清末，面对帝国主义不断侵略，清廷毫无御侮图强、保卫国家民族利益的决心，一次次割地赔款，屈辱求和，彻底暴露其卖国求荣、昏聩腐朽的本质，对民众反抗则加紧镇压，如慈禧太后所言"宁赠友邦，不与家奴"。因此中国要进步，就必须推翻这个反动无能透顶的封建专制政府。同时，"排满"的口号有利于革命的发动，"推翻满人的朝廷、恢复汉室"的宣传，更容易被民众所理解所接受，在发动武装起义阶段确实取得成效。从全面的功过论，清代前期巩固和扩大多民

族统一国家规模，奠定了今日中国的版图，经济、文化有一定程度的发展，应当给清朝以一定的历史地位。另一方面，它又实行残酷的民族压迫，处处对汉人防范、猜忌，实行极端的文化专制，以闭关锁国为国策，对外国事务颟顸无知，加剧了中国在世界上落后的局面，至其末年已完全腐朽不堪，无可救药，全国民众有目共睹，因而绝对逃脱不了彻底覆亡的命运。

当时，革命派对"排满"口号有两种态度，一种是单纯的"排满革命派"。章炳麟即为其代表人物，他认为革命即反满，从满人手里夺回政权，实现"光复"，重归汉人手里，革命也就完成了。章炳麟的排满主张在一段时间内发挥了有利于革命的鼓动作用，如梁启超所说，"其早岁所作政谈，专提倡单调的'种族革命论'，使众易喻，故鼓吹之力綦大"①。然而在理论上，却表现出浓厚的大汉族主义，具有严重的局限性。1903年，在《訄书》重订本上，章炳麟撰有《序种姓》，宣告以继承清初王夫之的反满思想为职志，希望保持汉种独贵，不可使"异类"攘夺政权。《序种姓》的核心思想，就是要辨明"夷族"和汉族姓氏的根源，使之流别昭彰，不得互相混淆。章氏提出：革命后，对于巴、僰、賨、蜑这些"吊诡"之族，尚可按一定等差对待，"独有满洲与新徙塞内诸蒙古，……视之若日本之视虾夷"②。1907年，章炳麟作《中华民国解》，则针对当时一种从尊重民族融合的传统和向前看的观点解释"中华民国"含义的言论，加以驳难。当时有人认为，"中华"不仅历来已用以称呼历代在中原地区建立的国家，称呼中国广大区域的各族人民，而且，"华"又表示民族间文化发展已达到更高的水平，体现出各族文化发展的方向，因为，按《春秋》公羊家言，华夏与夷狄是相对以文明程度与礼俗水平高下为区分标准。中国各族历经数千年，混杂数千百人种，而其称中华如故。华又为花之原字，正好形容文化之

---

① 梁启超《清代学术概论》，《饮冰室合集》专集之三十四，中华书局，1989年版，第69页。
② 章太炎《訄书·序种姓下》，见《章太炎全集》（三），上海人民出版社，2014年版，第190页。

美。这比强调以血统、种族区分意义更强。章太炎不赞成此说。他认为，（1）华本华山，因古代民族居民居近华山而得称，不能望文生训。（2）公羊家自刘逢禄起，引《公羊》夷狄与华夏是文化水平相对而言来立说，是为了拥戴虏酋，讨好满洲。《春秋》只有贬诸夏为夷狄者，未有进夷狄为诸夏者。"若如斯义，满洲岂有可进之律。正当使首冠翎顶、爵号巴图鲁者，当退黜为夷狄等耳。"（3）中国人以血统论，汉族占绝大多数，其余各族为少数。现在首先是讲排满，恢复汉族的政权，"覆我国家"。讲各族经过几千年同化而成为中华民族，是臆想而已。章氏还主张，革命以后，在满族、新疆、蒙古、西藏"未醇化以前，固无得豫选举之事"。即在革命后一段时间内，不给满族及以上边疆民族以选举权，"必期以二十年然后可与内地等视"。^① 章炳麟的这些言论，无论从总结历史传统和预见发展方向说，都与民主革命的时代潮流不相符合，也与历史文化认同的前进趋势相违背。

章炳麟这种在民族观问题上的严重局限性，是由其思想体系的浓厚封建性决定的。当时，以陈天华、孙中山为代表的革命派人物，不仅愤恨清廷的残暴、昏庸、卖国，而且从历史发展的高度，深刻地认识两千年封建专制所造成的罪恶，必须从根本上推翻它，对于革命后所要建立的民主制度有更明确的目标和进步的设想，对于 20 世纪的世界潮流有清醒的认识，并且自觉地肩负推进民族文化认同和国家统一的时代责任。因此，他们明确地对"排满"与革命作了正确的区分，指出推翻清朝建立民主国家之后，将实现包括满族在内的各民族平等、联合，为民族融合和统一国家的发展指出光明的前景。陈天华于 1906 年 12 月蹈海自杀之前写了《绝命辞》，以充满义愤的遗言告诫革命党诸同志，其中重要的一项，即强调他主张革命，是重政治而轻民族："近今革命之论，嚣嚣起矣，鄙人亦此中之一人也。而革命之中，有置重于民族主义者，有置重于政治问题者。鄙人平日所主张，固重

---

① 章太炎《别录·中华民国解》，《章太炎全集》（四），上海人民出版社，2014 年版，第 257 页。

政治而轻民族，观于鄙人所著各书自明。去岁以前，亦尝渴望满洲变法，融合种界，以御外侮，然至近则主张民族者，则以满汉终不并立。我排彼以言，彼排我以实；我之排彼自近年始，彼之排我，二百年如一日；我退则彼进，岂能望彼消释嫌疑，而甘心情愿与我共事乎？欲使中国不亡，惟有一刀两断，代满洲执政柄而卵育之。彼若果知天命者，则待之以德川氏可也。满洲民族，许为同等之国民；以现世之文明，断无有仇杀之事。故鄙人之排满也，非如倡复仇论者所云，仍为政治问题也。盖政治公例，以多数优等之族，统治少数之劣等族者为顺，以少数之劣等族，统治多数之优等族者为逆故也。鄙人之于革命如此。"[1] 陈天华是满腔热血的革命者，他不是以"排满"为出发点，而是以推翻污浊黑暗之专制统治为出发点，同时主张在革命成功之后，许满族为同等之公民。这与孙中山一贯的民族观点甚为合拍。

（二）孙中山的民族统一思想

孙中山是 20 世纪初站在时代潮流前头指导潮流前进的历史巨人，他为指导革命发表的言论中，曾一再论及"排满"与革命的区别，见识卓越，对于推进近代的民族文化认同有极重要的贡献。1906 年 12 月，孙中山在《民报》周年纪念大会上发表了《三民主义与中国前途》的演说，强调推翻清朝专制政权与狭隘排满的原则区别，他说："有最要紧的一层不可不知，民族主义并非是遇着不同族的人，便要排斥他。""到了今日，我们汉人，民族革命的风潮，一日千丈；那满洲人也倡排汉主义，他们的口头话，是说他们的祖宗，有团结力，有武力，故此制服汉人，他们要长保这力量，以便永居人上。他们这几句话，本是不错，然而还有一个最大的原因，是汉人无团体（大拍掌）。我们汉人有了团体，这力量定比他大几千万倍，民族革命的事，不怕不成

---

① 《陈天华集》，湖南人民出版社，2008 年版，第 236 页。

功。惟是兄弟曾听见人说："民族革命是要尽灭满洲民族。'这话大错。民族革命的原故是不甘心满人灭我们的国，主我们的政，定要扑灭他的政府，光复我们民族的国家（大拍掌）。这样看来，我们并不是恨满洲人，是恨害汉人的满洲人（大拍掌）。假如我们实行革命的时候，那满洲人不来阻害，我们决无寻仇之理。"[①]至1912年1月，他在《临时大总统就职宣言》中，明确提出汉、满、蒙、回、藏"民族统一"的思想："国家之本，在于人民。合汉、满、蒙、回、藏诸地为一国，如合汉、满、蒙、回、藏诸族为一人，是曰民族之统一。武汉首义，十数行省，先后独立。所谓独立，对于满清为脱离，对于各省为联合，蒙古、西藏意亦同此。行动既一，决无歧趋，枢机成于中央，斯经纬周于四至，是曰领土之统一。"[②]此月月底，孙中山又在致蒙古科尔沁亲王等各蒙古王公电文中，以新造的中华民国要实现包括蒙族、满族在内各民族平等联合的崇高目标再次周告海内："汉、蒙本属同种，人权原自天赋，自宜结合团体，共谋幸福。况世界潮流所趋，几于大同，若以芸芸众生，长听安危于一人，既非人道之平，抑亦放弃天职。今全国同胞见及于此，群起解除专制，并非仇满，实欲合全国人民，无分汉、满、蒙、回、藏，相与共享人类之自由。究其政体虽更，国犹是国。故稍有知识之满人，亦莫不赞同恐后。"[③]同年9月，他在北京五族共和合进会与西北协进会上发表演说，更反复论述新创建的中华民国以各民族平等为根本政策，预示中国各族推翻专制政体之后，同心协力，相亲相爱，必能建设成强盛、文明的国家："我国去年之革命，是种族革命，亦是政治革命。何则？汉、满、蒙、回、藏五大族中，满族独占优胜之地位，握无上之权力，以压制其他四族。满洲为主人，而他四族皆奴隶，其种族不平等，达于极点。种族不平等，自然政治亦不能平等，是以有革命。要之，异族政治不平等，其结果惟革命，同族间政治不平等，其结果亦惟革命。革命之功用，在使

---

① 《孙中山选集》，人民出版社，1956年版，第73页。
② 《孙中山选集》，人民出版社，1956年版，第82页。
③ 《孙中山全集》第二卷，中华书局，1985年版，第48页。

不平等归于平等。""我国去年革命，影响及于全部，而仅以数月之短时期，大功（已）告成。成功之速，可云天幸。今者五族一家，立于平等地位，种族不平等之问题解决，永无更起纷争之事。所望者以后五大民族，同心协力，共策国家之进行，使中国进于世界第一文明大国，则我五大民族公同负荷之大责任也。"又说："民国人口繁殖，占地球全人口四分之一，为他国所莫及；版舆辽阔，除英、俄二国以外，无与比伦。……从前衰弱，实因压抑于专制淫威（所）致。此时国体改定共和，人民生息于良政治之下，其文化进步甚速，不出十年八年，必成一至强极盛之国无疑。是故以前之中国，为悲观失望之中国。但愿五大民族相爱相亲，如兄如弟，以同赴国家之事。"① 以后他又一再申明，革命后建立的民主制政府实行各民族一律平等的政策，反对复仇和歧视："余之民族主义，特就先民所遗留者，发挥而光大之，且改良其缺点，对于满洲不以复仇为事，而务与之平等共处于中国之内。"② 孙中山的"民族统一"思想，是近代历史文化认同极为光辉的成果，对于多民族统一国家的发展起到具有重大历史意义的推动作用。

（三）梁启超对近代民族理论体系的初步构建

梁启超是在学理上为近代民族观的形成做出了重大贡献的人物。他是充满爱国主义热情的维新运动政治家、宣传家，又是近代学术的出色奠基者和开拓者。他对新学理、新知识感觉极敏锐，在哲学上，他原本信奉中国本土的朴素进化观——公羊学说，值世纪之交，西方近代进化论学说传入后，他心悦诚服地接受，并以此指导自己的学术研究，他对民族问题尤为关注，突出地显示出其理论创新精神。他在 1902 年揭起"新史学"大旗之

---

① 《孙中山全集》第二卷，中华书局，1985 年版，第 439 页。
② 《孙中山全集》第七卷，中华书局，1985 年版，第 60 页。

前后，即对民族观多有涉及，此后，他又相继写成《历史上中国民族之观察》《春秋载记》《战国载记》《中国历史上民族之研究》等文，因而初步地构建了近代民族观的理论。

1903 年以后，梁启超在政治上主张实行君主立宪，与革命派展开了激烈的论战，辛亥革命爆发、清朝覆亡的史实证明了其政治路线的行不通。但是如果放在历史发展的长河来看，梁启超在 19 世纪末年以后激烈批判封建专制、倡导维新运动、热情进行思想启蒙、开拓近代学术文化领域，都建树了巨大功绩。正如郭沫若所说："平心而论，梁任公的地位在当时确实不失为一个革命家的代表。他是生在中国的封建制度被资本主义冲破了的时候，他负载着时代的使命，标榜自由思想而与封建的残垒作战。在那新兴气锐的言论之前，差不多所有的旧思想、旧风习都好像狂风中的败叶，完全失掉了它的精采。二十年前的青少年——换句话说，就是当时有产阶级的子弟——无论是赞成或反对，可以说没有一个没有受过他的思想或文字的洗礼的。他是资产阶级革命时代有力的代言人。"① 我们应当从历史发展的实质看问题，超越当年革命派与立宪派的相互对立，如实地评价革命派人物和梁启超都是冲破旧的封建主义思想体系、创辟新的近代资产阶级思想体系的进步人物。在民族观问题上，孙中山和梁启超二人，一个在政治思想层面，一个在学术思想层面，各自做出了重要的建树，二者相辅相成，同样对近代历史文化认同的推动功不可没。梁启超构建近代民族观的理论体系的贡献主要有下列三项。

第一，首次对"民族"的涵义给以符合近代科学的界定。

他论述说："民族"不同于"种族"。种族是人种学研究的对象，一种族可析为多个民族，相反，一民族可包含多个种族。"民族"又不同于国民。国民为法律学研究的对象，"一国民可包含两个以上之民族，例如今中华国民，兼以蒙、回、藏诸民族为构成分子"。②

---

① 郭沫若《少年时代》，人民文学出版社，1979 年版，第 113 页。
② 梁启超《中国历史上民族之研究》，《饮冰室合集》专集之四十二，中华书局，1989 年，第 1 页。

梁氏认为，界定和识别何种人群为同一民族最主要的条件是
"民族意识"。"血缘、语言、信仰，皆为民族成立之有力条件，
然断不能以此三者之分野，径指为民族之分野。民族成立之唯一
的要素，在'民族意识'之发现与确立。"何为民族意识？梁氏
举出例证，从当今看，"凡遇一他族而立刻有'我中国人'之一
观念浮于脑际者，此人即中华民族之一员也"。从历史上看：
"《史记·楚世家》两载楚人之言曰：'我蛮夷也。'（一为西周时
楚子熊渠之言，一为春秋初楚武王之言。）此即湖北人当春秋初
期尚未加入中华民族之表示。及战国时，天下冠带之国七，而楚
与居一焉，则其时楚人皆中华民族之一员也。"那么，民族意识
是如何形成的？梁氏认为，这是由最初有血缘关系的人群，在同
一环境长期共同生活、互相交往，借助语言、文字等相互影响，
经过极漫长的历史年代而共同形成的一种文化心理。"举要言之，
则最初由若干有血缘关系之人人（民族愈扩大，则血缘的条件效
力愈减杀），根据生理本能，互营共同生活。对于自然的环境，
常为共通的反应。而个人与个人间，又为相互的刺戟、相互的反
应。心理上之沟通日益繁富，协力分业之机能关系日益致密，乃
发明公用之语言、文字及其他工具，养成共有之信仰、学艺及其
他趣嗜。经无数年、无数人协同努力所积之共业，厘然成一特异
之'文化枢系'。与异系相接触，则对他而自觉为我。此即民族
意识之所由成立也。"① 关于中华民族的来源，针对当时一些外国
学者提出的"外来说"，梁氏指出，其所持种种说法，都找不出
任何确凿证据："中国古籍所记述，既毫不能得外来之痕迹，若
撷拾文化一二相同之点攀引渊源，则人类本能不甚相远，部分的
暗合，何足为奇。吾非欲以故见自封，吾于华族外来说，亦曾以
热烈的好奇心迎之，惜诸家所举证，未足以起吾信耳。"② 梁氏论
述的界定"民族"的最重要的特征是"民族意识"的观点实具极

---

① 梁启超《中国历史上民族之研究》，《饮冰室合集》专集之四十二，中华书
局，1989年，第1—2页。
② 梁启超《中国历史上民族之研究》，《饮冰室合集》专集之四十二，中华书
局，1989年，第3页。

高的科学价值，经过近百年学术界的反复探讨和争鸣，这一观点已成为人们普遍接受的共识。

第二，以大量确凿的证据，论证中华民族"多元结合""诸夏一体"，经历数千年而形成的复杂而稳固的民族，标志着中国人对历史文化认同的认识至此取得了意义重大的突破。

梁氏对此项的论证堪称思想深刻、内容丰富。他主要论述三个层次的理论问题。

（1）论证旧史所言唐、虞、夏、商、周皆出自黄帝，同一祖宗血胤衍生是非科学的观点，应予否定，代之以中华民族"多元结合"的观点。梁氏依据近代科学理性精神，提出问题："中华民族由同一祖宗血胤衍生耶？抑自始即为多元的结合？"他认为，古代典籍上的许多记载，恰恰对这一各族同出黄帝的说法提供了反证。不仅《史记·三代世表》上所记帝舜、帝禹、成汤、周文王等的世次互相矛盾，而且《诗经》中所云"天命玄鸟降而生商""厥初生民时维姜嫄"的诗句，恰恰也否定了商族、周族之始祖出于黄帝、帝喾之说。"使二代果为帝喾之胤，诗人何至数典而忘祖，乃反侈陈种种神秘以启后世'圣人无父感天而生'之怪论。故知古帝王之所自出，实无从考其渊源。"再则，梁氏认为古代华夏族惯于自称"诸夏"，以示区别于夷狄。"诸夏之名立，即民族意识自觉之表征。'夏'而冠以'诸'，抑亦多元结合之一种暗示也。"古代民族以"夏"命名，可推定为起于大禹时代，应与大禹治水建立了功勋而受到拥戴有关。"自兹以往，'诸夏一体'的观念渐深入于人人之意识之中（三代同祖黄帝等神话，皆从此观念演出），遂成为数千年来不可分裂不可磨灭之一大民族。"[①] "诸夏一体""多元结合"的特点从上古时代即由此显示出来，由此经过数千年的发展、融合、锤炼，形成这人口众多、无比坚强的中华民族，成为国民最值得骄傲的伟大历史遗产。

---

① 梁启超《中国历史上民族之研究》，《饮冰室合集》专集之四十二，中华书局，1989 年版，第 3—4 页。

（2）论证自古代以来各族的融合是必然的历史趋势，而作为中国主体民族的汉族，之所以发展成为世界上人口最多的民族，正是在长期发展过程中跟各族融合而成的混合体。

根据当时的科学认识水平，梁氏将中国境内区分为六个民族，这就是：中华民族（指汉族），蒙古族，突厥族（指新疆境内各族），东胡族，氐羌族，蛮越族。梁氏特别强调，中华族（即汉族）之所以在历史上有伟大的联合力、创造力，枝叶繁茂、生命力特强，就因为自古代以来几千年融合了无数古代民族而成，"由无数支族混成，其血统与外来诸族杂糅者亦不少"。①

梁氏将古代民族分为八组：诸夏组，荆吴组，东夷组，苗蛮组，百越组，氐羌组，群狄组，群貊组。然后，以他对古代典籍常人难以企及的精熟，以其敏锐的观察力和高度的概括力，论证在历史上不同时期众多支族融合到华夏族之中的史实，有力地揭示出中国历史发展的重大特点和历史文化认同的强有力发展趋势。他分析说，经过长期历史发展，以上古代民族八组中，荆吴组、东夷组、百越组之全部，苗蛮组、氐羌组、群狄组之大部，至今已完全融合到汉族之中。汉族的前身诸夏族，在西周、春秋时期，已具有极强的同化力，凭借其发展、措施，通过与各族的交往以至发生战争，形成了中华民族交融的极重要历史阶段："历夏、商两代八九百年，民族的基础益趋巩固。周创封建制度，更施一番锤炼组织。其制度，一面承认固有之部落，使在王室名义的支配之下各行其统治权；一面广封宗亲功臣，与之参错，既箝制其跋扈，亦使各得机会以受吾族文化之熏染。此制度行之极有效。春秋以降，文化遂为各地方的分化发展。晋、齐、燕皆立国于夷狄势力范围内，以多年奋斗之结果，成为泱泱大部。鲁、卫、宋、郑，以文化最高之国，尽媒介传达之责任。秦、楚、吴、越皆当时半开化之族，因欲与诸夏强国——齐、鲁等对抗之故，不能不求得诸夏小国之同情，于是努力自进以同化于我。故

① 梁启超《中国历史上民族之研究》，《饮冰室合集》专集之四十二，中华书局，1989年版，第6页。

在春秋初期，诸夏所支配地，惟有今河南、山东两全省（其中仍有异族）及山西、陕西、湖北、直隶之各一小部分。及其末期，除此六省已完全归属外，益以江苏、安徽二省及浙江省之半，江西省之小部分。及战国末年，则除云南、广东、福建三省外，中国本部皆为诸夏势力范围矣。"① 梁氏又认为，南方的楚，在春秋初期是与北方诸夏族相区别的蛮夷，具有不同的民族意识，但至春秋中叶以后，楚已与诸夏族相融合，此对中国历史的发展影响至巨。梁氏将此一民族融合模式概括为"用夏变夷"，"以征服为归化"，作了精辟的论述："周初时楚已甚强。然而彼之君长屡宣言'我蛮夷也'，是其别有一种民族意识之证据。然则彼此后何故能与诸夏化合为一耶？彼因势力发展之结果，蚕食诸夏，所谓'汉阳诸姬，楚实尽之'（《左传》文）。诸夏文化本高于彼，彼欲统治其所灭之国，遂不得不自进而与之同化。楚人之'用夏变夷'，其最大动机当在是。此后鲜卑、女真、满洲之对我，皆以征服为归化，其先例实自楚开之。春秋中叶以降，楚与晋'狎主夏盟'，自此遂成为中华民族之一主要成分。"古代西南一带原有众多的少数民族，历几千年时间以来已经大部分与汉族互相融合，梁氏将历史上的融合概括为四种方式："其一，寇暴内地，留而不归，后遂散为齐民。""其二，华人投入其族，抚有其众，因率以内附。""其三，略卖为奴婢，渐滋殖成编氓。""其四，历代用兵征服，强迫同化。"上述诸项证明，西南地区中华民族的融合，几千年来是以多种途径进行，且至今日仍然在持续："要之，湘、桂、滇、黔四省之中华民族，其混有苗蛮组之血者，恐什而八九。远者或混化在千年以前，近者或直至现代犹未蜕其旧。"②

在分析丰富复杂史实的基础上，梁启超以深刻的辩证眼光和高度概括能力，总结中华民族几千年融合演进的历史趋势说：

① 梁启超《中国历史上民族之研究》，《饮冰室合集》专集之四十二，中华书局，1989 年版，第 11 页。

② 梁启超《中国历史上民族之研究》，《饮冰室合集》专集之四十二，中华书局，1989 年版，第 13、14—15 页。

"曰'诸夏',曰'夷狄',为我族自命与他族之两主要名词。然此两名词所函之概念,随时变迁。甲时代所谓夷狄者,乙时代已全部或一部编入诸夏之范围;而同时复有新接触之夷狄发现。如是递续编入,递续接触,而今日硕大无朋之中华民族,遂得以成立。"

(3)总结出"政治上之征服者,变为文化上之被征服者"[1]的规律,精当地概括了历史上处于文化落后阶段的少数族,以征服者身份进入中原之后,反而被文化发展的汉族所同化这一独特的民族融合模式。梁氏以鲜卑族和满族为典型事例作了精彩的论证。鲜卑拓跋部占据北中国建立北魏,与南朝对峙几三百年。"孝文迁洛以还(太和十八年,494年),用夏变夷,殆底全绩,就中改鲜卑姓为汉姓,尤属促进民族混合之大政策(所改各姓具见《通志·氏族略》。其显著者如拓跋为元,贺鲁为周,贺葛为葛,是娄为高,屈突为屈,叱李为李,高护亦为李,莫卢为卢,拔烈兰为梁,阿史那为史,渴烛浑为朱,破多罗为潘)。盖自魏之中叶,鲜卑的民族意识早已渐灭,纯然自觉为中国人矣。宇文之兴,与慕容相先后,中间经衰落,卒乃承魏之敝,建北周朝。然其官制及公牍乃悉拟三代,其沉醉华风可想。自余若乞伏秃发号为'河西鲜卑',皆五胡时据有凉土,逐渐同化。盖中世诸夏民族之化合,鲜卑人实新加入诸成分中之最重要者。"[2]再看满族,当明朝衰败,满族崛起东北,后乘明之乱入主中夏。"当其初期,创制满洲文字,严禁满汉通婚,其他种种设施,所以谋保持其民族性者良厚。然二百余年间,卒由政治上之征服者,变为文化上之被征服者。及其末叶,满洲人已无复能操满语者。其他习俗、思想皆与汉人无异。"此类历史上鲜卑族、满族与中原民族的同化,是伴随着征服、压迫、杀戮等等血与火的过程进行的,因而中华民族走向融合的道路决非平坦,而是为此付出了巨

---

① 梁启超《中国历史上民族之研究》,《饮冰室合集》专集之四十二,中华书局,1989年版,第27页。

② 梁启超《中国历史上民族之研究》,《饮冰室合集》专集之四十二,中华书局,1989年版,第25页。

大的代价。"由今观之，过去侵暴已成陈迹，东胡民族全部变为中华民族之成分，吾侪但感觉吾族扩大之足为庆幸云尔。"① 梁氏难能可贵地以历史的辩证发展的眼光总结了民族融合的艰难进程，并要求现代中国人对民族融合的结果倍加珍惜！梁氏总结历史上华夏族与其他族融合的途径，将"平等交际"列为第一位，"如春秋时秦、楚、吴、越诸国之同化于诸夏是"。当然大量的是由于征服或伴随征服而采取的措施，若区分其不同方式，则有："我族征服他族，以政治力量支配之感化之，使其逐渐同化于我，如对于氐、羌、苗、蛮族屡次之改土归流是"；"用政治上势力，徙置我族于他族势力范围内，使我族同化力得占优势向其地发展，如周代封齐于莱夷区域、封晋于赤狄区域，徙秦民万家于蜀，发谪戍五十万人开五岭之类是"；"我族战胜他族，徙其民入居内地，使濡染我文明，渐次同化，如秦、晋徙陆浑之戎于伊川，汉徙百越于江淮，汉、魏徙氐、羌于三辅，唐徙突厥于塞下之类是"。② 当然，还有前述少数族征服中原民族，"遂变为文化上之被征服者"的相反情况。中国历史上民族融合、同化的进程极其复杂，梁氏在分析错综纷纭史料的基础上所作提纲挈领的归纳概括，对于人们认识中华民族的由来确实裨益极大。

第三，在理论上揭示中华民族具有强大凝聚力的深层原因。

中华民族历经几千年的发展，沿着"多元结合""诸夏一体"的途径，融合成为坚强稳固的全世界第一大民族，其间虽然遭受过无数挫折劫难，却能绵延不绝、衰而复振，不惟是当代中国人的骄傲，也是人类历史上的奇迹。梁氏依据客观史料对此进行冷静的科学研究，同时又深为祖先给予后人的这笔丰厚遗产感到自豪。因此他要更进一层探求中华民族具有如此强大的凝聚力的原因，总结出其中蕴涵的优秀文化传统和伟大民族精神予以发扬。梁氏眼光如炬，所论原因甚为切中肯綮。其中包括：

---

① 梁启超《中国历史上民族之研究》，《饮冰室合集》专集之四十二，中华书局，1989 年版，第 27 页。

② 梁启超《中国历史上民族之研究》，《饮冰室合集》专集之四十二，中华书局，1989 年版，第 32 页。

具有共同的地域，成为中华各族融合统一的舞台："我所宅者为大平原，一主干的文化系既已确立，则凡栖息此间者被其影响，受其函盖，难以别成风气。"

使用共同的文字，成为凝聚各族的坚强纽带："我所用者为象形文字，诸族言语虽极复杂，然势不能不以此种文字为传达思想之公用工具。故在同文的条件之下，渐形成一不可分裂之大民族。"

自古代起，中国人便形成趋向统一、爱好和平、兼容并包、对于他族成员和文化尊重和接纳的价值观和民族心理，成为凝聚各族的精神动力："我族夙以平天下为最高理想，非惟古代部落观念在所鄙夷，即近代国家观念亦甚淡泊。怀远之教胜，而排外之习少，故不以固有之民族自域，而欢迎新分子之加入。""我族爱和平，尊中庸，对于他族杂居者之习俗，恒表相当的尊重（所谓因其风不易其俗，齐其政不易其宜）。坐是之故，能减杀他方之反抗运动。假以时日，同化自能奏效。"①

此外还包括各族的迁徙促进了交流融合，边境民族入主中原结果反被中原文化同化等项。梁氏所论确具有真知灼见，作为近代第一位阐发中华民族强大凝聚力深层原因的学者，他的论述所具有的理论价值更加值得重视。经过近百年学者们相继探讨、论列，梁氏所揭示的中华民族从古代以来就具有趋向统一、爱好和平、兼容并包的民族性格；汉族作为主干民族所具有的高度经济文化水平对周边民族具有巨大的吸引力；中国地理环境的特点成为促进各民族统一的决定性条件之一；共同的文字成为中华民族长期连续发展的文化载体等项；这些精彩论点今日已成为知识界和广大民众的共识。阐发中华民族凝聚力的理论对于巩固我国多民族的统一和弘扬民族精神具有十分深远的意义，而梁氏不愧为在这一领域内最早进行探索的学者，由于他具有高度的理论洞察力，所提出的论点才能经受一个世纪时间的考验。而从《中国历

---

① 梁启超：《中国历史上民族之研究》，《饮冰室合集》专集之四十二，中华书局，1989年版，第33页。

史上民族之研究》这篇重要论文的总体言，梁氏归纳、概括而得的一系列重要理论认识，包括"民族"的界定，民族意识的重要性，中国古代民族的分类，汉族是在长期发展过程中跟各族融合而成的混合体，中国各民族的融合是依据"多元结合""诸夏一体"的途径演进，文化落后的征服者进入中原以后反而成为文化上的被征服者等，至今仍然闪射出其理论的光辉。梁氏有的观点可视为近年在学术界极有影响力的"中华民族多元一体格局"理论之滥觞，有的观点又与马克思主义经典作家的论断互相吻合。费孝通论述中华民族的"多元一体格局"说："它（指中华民族）的主流是由许许多多分散孤立存在的民族单位，经过接触、混杂、联结和融合，同时也有分裂和消亡，形成一个你来我去、我来你去，我中有你、你中有我，而又各具个性的多元统一体。"[①] "汉族在整个过程中像雪球一样越滚越大，而且在国家分裂时期也总是民族间进行杂居、混合和融化的时期，不断给汉族以新的血液而壮大起来。""如果要寻找一个汉族凝聚力的来源，我认为汉族的农业经济是一个主要因素，看来任何一个游牧民族只要进入平原，落入精耕细作的农业社会，迟早会服服帖帖地主动融入到汉族之中。"[②] 马克思、恩格斯则将野蛮的征服者最终被"同化"，作为一条历史规律来阐发："野蛮的征服者，按照一条永恒的历史规律，本身被他们所征服的臣民的较高文明所征服。"[③] "在长时期的征服中，比较野蛮的征服者，在绝大多数情况下，都不得不适应由于征服而面临的比较高的'经济状况'；他们为被征服者所同化，而且多半甚至不得不采用被征服者的语言。"[④] 梁启超的有关分析和论断，从研究思路和观点上，都与这

---

① 费孝通等《中华民族多元一体格局》，中央民族大学出版社，1999 年版，第 1 页。

② 费孝通等《中华民族多元一体格局》，中央民族大学出版社，1999 年版，第 31 页。

③ 马克思《不列颠在印度统治的未来结果》，《马克思恩格斯选集》第一卷，人民出版社，1995 年版，第 768 页。

④ 恩格斯《反杜林论》，《马克思恩格斯选集》第三卷，人民出版社，1995 年版，第 526—527 页。

些论述极为接近，甚至完全吻合，这些都决非偶然。

由于时代的局限和本人的局限，梁氏当时尚未能对中华民族与汉族这两个概念作明确的区分，叙述各族关系的史实也有不准确的地方。但从总体言，梁氏《中国历史上民族之研究》一文为近代民族史理论作了意义重大的奠基工作，标志着近代民族观的形成。白寿彝先生评价此文的价值说："这是一篇对中国民族发展相当概括的论述"；"有些话说得很有见识，概括力也很强。……从民族研究的发展看，这是一很有影响的文章。"①

（四）梁启超对近代民族理论的成功运用

梁启超在民族观上达到了时代的高度，他将其进步的理论和开阔的视野运用到对中国历史、文化的研究中，使其论著精见迭现，读之益人神智。《春秋载记》是他撰写的享誉学林的名著，作为全篇纲领的总论，高屋建瓴地论述春秋时期中国境内的民族大融合是推动春秋史的主要动力之一，由此造成中国从古代民族复杂、小部落众多的状况走向秦汉时期大一统的必经阶段，因而对于整部的中国史具有极为重大的意义。其论云：中国先民很早就形成了民族统一的意识，"曰以天下为一家，中国为一人，其粗迹之表见于政论者，则曰大一统。繄古以来，明王哲士经世之业，皆向此鹄而迈进者也。……我国所以能岿然独立而与天地长久盖恃此也。而其酝酿之而宇育之者，实在春秋之世。春秋分立百数十国，其盛强者尚十数，日寻干戈，二百余年，宜若与大一统之义绝相反也。殊不知非经此阶段，则后此一统之象决无自而成"。梁氏将春秋时期历史的进化划分为两个阶段。上古时代部落小邦林立，"周初封建以本族文化为根干而条布之于四方，然周所建国校诸固有之部落曾不能什之一也。经数百年以逮春秋，则旧部落陵夷略尽，惟余十数文化较盛之国，相与竞雄长，遂为

---

① 白寿彝主编《中国通史·导论》，上海人民出版社，1989年版，第29页。

霸政之局"。至春秋前期，齐楚晋秦鲁宋卫郑各国，已经形成了本国的特性。这是历史进化的第一阶段。其后，"霸政既起，朝聘会盟征伐无虚岁，其劳费诚为各国所共患苦，然而交通之利坐是大开。……霸政全盛之代，尤以仗义执言摧暴扶微为职志，各国不敢恣相侵伐，民愈得休养生息，以孳殖其文物。而以并立竞存之故，各国恒争自濯磨不敢暇豫，惧一衰落而无以自全也。于是前此业已成熟之特性，益发扬充实；而以交际频繁之故，彼此之特性日相互有所感受，徐徐蒸变化合而不自知。于是在各种特性基础之上，别构成一种通性。此即所谓中国之国民性，传二千年颠扑不破者也，而其大成，实在春秋之季。"① 这是春秋史进化的第二阶段。以往春秋时期一向被视为礼坏乐崩、列国纷争、战乱不已、民不聊生的衰败时期，梁启超却从民族大融合和走向全国统一之必经阶段这一视角重新予以审视，揭示出春秋史进程的实质内涵，高度评价春秋史对于中华民族发达史的重要意义。这不仅与旧史家笔下的记述相去天壤，而且置之同时代史家之列也是光彩焕发、独一无二。宜乎著名史学家张荫麟评价此篇与《战国载记》如以质不以量言，非止可媲美近代中外史家，抑且足以压倒吉朋（1737—1794）、麦可莱（1800—1859）、格林（1837—1883）和威尔斯（1861—1946）。②

梁氏撰成的多部学术文化史名作，也都体现出以其民族观理论为指导，揭示民族大融合推动学术发展达到高潮、造就傲视百代的杰出人物的规律，议论别开生面，使人一新耳目。《论中国学术思想变迁之大势》论述周末（指春秋末年至战国时期）学术思想勃兴的一个根本原因，就是北方华夏族文化与南方楚文化互相交汇激荡的结果。因地理环境的影响，北方民族学术思想是以"务实际，切人事，贵力行，重经验，……崇古之念重，保守之情深，排外之力强；则古昔，称先王，内其国，外夷狄，重礼文，系亲爱，守法律，畏天命"为特点。南方民族则以"常达观

① 梁启超《春秋载记》，《饮冰室合集》专集之四十五，中华书局，1989 年版，第 1—3 页。
② 张荫麟《跋梁任公别录》，见《思想与时代》，1941 年第 4 期。

于世界以外，初而轻世，既而玩世，既而厌世，不屑屑于实际，故不重礼法，不拘拘于经验，故不崇先王，……探玄理，出世界，齐物我，平阶级，轻私爱，厌繁文，明自然，顺本性"为特点。至春秋末年之后，由于交通频繁，南北两大系统文化密切交融吸收，互相影响推动，因而造成中华文化的"全盛时代"。[①] 与此密切相联系的是，在《屈原研究》这篇著名讲演中，梁氏对屈原在文学史上的地位作了崇高的评价。以他独到的"中国境内出现民族融合高潮以后，文学必放异彩"的理论来考察，认为："楚国当春秋初年，纯是一种蛮夷，春秋中叶以后，才渐渐的同化为'诸夏'。屈原生在同化完成后约二百五十年，那时候的楚国人，可以说是中华民族里头刚刚长成的新分子，好像社会中才成年的新青年。从前楚国人，本来是最信巫鬼的民族，很含些神秘意识和虚无理想，像小孩子喜欢幻构的童话。到了与中原旧民族之现实的伦理的文化相接触，自然会发生出新东西来，这种新东西之体现者，便是文学。楚国在当时文化史上之地位既已如此，至于屈原呢，他是一位贵族，对于当时新输入之中原文化，自然是充分领会。他又曾经出使齐国，那时正当'稷下先生'数万人（按，应作'数百千人'）日日高谈宇宙原理的时候，他受的影响当然不少。他又是有怪脾气的人，常常和社会反抗，后来放逐到南荒，在那种变化诡异的山水里头，过他的幽独生活；特别的自然界和特别的精神作用相击发，自然会产生特别的文学了。"[②]

梁氏对屈原杰出的文学成就背景的分析，确实为文化史研究开辟了新境界，也为他在《论中国学术思想变迁之大势》中论述周末南北民族大融合造成的学术文化全盛期的精湛见解，提供了极富说服力的个案例证。

公元4至6世纪，中国经历了东晋十六国和南北朝时期，此

---

① 梁启超《论中国学术思想变迁之大势》，《饮冰室合集》文集之七，中华书局，1989年版，第18页。

② 梁启超《屈原研究》，《饮冰室合集》文集之三十九，中华书局，1989年版，第52—53页。

三百年时间，旧史家一向视之为分裂、战乱、倒退的黑暗时代。梁启超却从民族大融合的崭新视角，论证这一时期虽然由于历经割据战争和破坏，付出了沉重的代价，但却因诸多民族大规模的交流、融合，为文化发展和社会进步创造了条件。《情圣杜甫》一文对此作了十分精采的论证："两晋六朝几百年间可以说是中国民族混成时代。中原被异族侵入，掺杂许多新民族的血。江南则因中原旧家次第迁渡，把原住民的文化提高了。当时文艺上南北派的痕迹显然，北派直率悲壮，南派整齐柔婉，在古乐府里头，最可以看出这分野。唐朝民族化合作用，经过完成了，政治上统一，影响及于文艺，自然会把两派特性合冶一炉，形成大民族的新美。初唐是黎明时代。盛唐正是成熟时代，内中玄宗开元间四十年太平，正孕育出中国艺术史上黄金时代。到天宝之乱，黄金忽变为黑灰，时事变迁之剧，未有其比。当时蕴蓄深厚的文学界，受了这种激刺，益发波澜壮阔，杜工部正是这个时代的骄儿。"梁氏称誉杜甫是情圣，是因为"他的情感的内容，是极丰富的，极真实的，极深刻的。他表情的方法又极熟练，能鞭辟到最深处，能将他全部完全反映不走样子，能像电气一般一振一荡的打到别人的心弦上。中国文学界写情圣手，没有比得上他。"①杜甫诗歌中如此强烈的艺术感染力，就是此前几百年间民族大融合而形成的伟大文化创造力的一个生动体现。

梁启超关于民族问题的理论主张和研究实践，突出地贯串着求真的科学态度和热烈的爱国精神。作为"新史学"的倡导者，他极其重视以求真的科学精神治史，尊重史实，广搜史料，务求鉴空衡平，以达到对中国民族的起源，古代民族的分布，各族在历史演进诸阶段的交流和融合等项之历史真相获得正确认识，让今日的中国人都能明了中华民族何以"能抟拢数万万人以成为全世界第一大民族"。②对于传统史学中讲求"实事求是"原则和

① 梁启超《情圣杜甫》，《饮冰室合集》文集之三十八，中华书局，1989年版，第38页。

② 梁启超《中国历史上民族之研究》，《饮冰室合集》专集之四十二，中华书局，1989年版，第33页。

对史料严密考证的优良方法，他自觉地继承和发扬；而对于旧史家一向所持的"唐、虞、夏、商、周、秦、汉，皆同祖黄帝"的不正确观点，则以史实予以纠正，并以出色的理论创造的魄力，提出具有极高科学价值的古代华夏族即是"多元结合""诸夏一体"的新说。作为近代思想启蒙的代表人物之一，他对祖国怀着炽烈的爱，研究中国民族不断融合统一的历史，是为了珍惜这一宝贵的遗产，巩固和发展多民族的统一。梁氏在文章中反复强调的"我族以环境种种关系，能合而不析"，"大抵每经一度化合，则文化内容必增丰一度。我族亦循此公例，四五千年，日日在化合扩大之途中，故精力所耗虽甚多，然根柢亦因之加厚"，[1] 中华民族子孙在今日的共同任务，就是推进"此已成民族向上之发展"。[2] 总之，梁启超撰成于 20 世纪初的《中国历史上民族之研究》等论著，鲜明地贯彻了实事求是治史的科学精神和热烈的爱国主义感情，因此无愧为近代民族观理论的奠基之作，而且具有推进近代历史文化认同的宝贵思想价值。

（本文原以《20 世纪初民族观的历史演进——兼论历史文化认同在中国近代的发展》为题，刊于《北京师范大学学报》2006年第 5 期。现经作者对内容作补充，并改为今题）

---

[1] 梁启超《中国历史上民族之研究》，《饮冰室合集》专集之四十二，中华书局，1989 年版，第 8 页。

[2] 梁启超《中国历史上民族之研究》，《饮冰室合集》专集之四十二，中华书局，1989 年版，第 34 页。

三、梁启超晚年的文化自觉：
《欧游心影录》的思想价值

　　《欧游心影录》一书，是梁启超在第一次世界大战刚刚结束这一特殊的历史时刻游历欧洲后写下的观感，由于篇中生动及时地报道了欧洲遭受这场人类历史上亘古未有的浩劫之后，政治、经济、社会、文化各方面的直接信息，处处透露出这位睿智哲人的深刻思考，加上梁氏特有的笔端常带感情的文字，因此在其发表的当时即引起极大的反响。这篇著作在近些年来论述五四时期社会思潮或梁氏后期思想的论著中也屡被提到，但其着眼点却颇有值得商榷之处。原因是，有的论者只注意到书中有"我的可爱的青年啊，立正，开步走！大海那边有好几万万人，愁着物质文明破产，哀哀欲绝的喊救命，等着你来超拔他哩。"一段话，据此批评梁氏文化观点的保守和倒退，而对全篇的极有价值的探索和文化反思则未作全面检讨。本文乃有感于此而发，旨在阐明书中梁氏对欧洲社会的观察和对中国文化反思的意义乃在于表明他在晚年对于中西文化问题已达到自觉认识的阶段。

（一） 梁氏游欧的目的

1918 年 11 月，第一次世界大战结束。此年年底至 1920 年初，梁氏偕蒋方震、丁文江、张君劢等人赴欧洲游历、考察，历时一年有余。梁氏于启程赴欧前夕，与张东荪、黄溯初谈了一通宵，"着实将从前迷梦的政治活动忏悔一番，相约以后决然舍弃，要从思想界尽些微力"，换一个生命。梁启超此行目的有二："第一件想自己求一点学问，而且看看这空前绝后的历史剧怎样收场，拓一拓眼界。第二件也因为正在做正义人道的外交梦，以为这次和会真是要把全世界不合理的国际关系根本改造，立个永久的和平基础。想拿私人资格把我们的冤苦，向全世界舆论伸诉伸诉，也算尽一二分国民责任。"① 梁氏一行于 1918 年 2 月抵伦敦，先后到法国、比利时、荷兰、瑞士、意大利，再返回法国，年底到柏林。梁启超在巴黎时，正值国际和会召开，英、法、美等大国操纵和会，他们屈服于日本的压力，居然牺牲中国利益，同意日本继承德国在中国山东的全部权利的无理要求。对此，梁启超满怀爱国义愤，以中国民间代表的身份，向国际舆论界表示强烈抗议。同时，他与国内民间组织国民外交协会保持密切联系，及时报告和会消息，鼓动国内人士敦促北洋政府在收回山东主权问题上采取坚定态度。4 月底，梁氏将山东交涉失败的消息报告国内，呼吁拒签对德和约。他在致国民外交协会的电报中说："请警告政府及国民，严责各全权万勿署名，以示决心。"梁启超的坚决态度和努力，对五四运动的爆发产生过直接的影响。② 帝国主义列强分赃和大国操纵国际事务的行径，使梁启超深受刺激和教育，他称"惊醒了正义人道的梦"，并使他对于中国时时面临

---

① 梁启超《欧游心影录》，《饮冰室合集》专集之二十三，中华书局，1989 年版，第 38 页。
② 据梁敬錞《我所知道的五四运动》，载《传记文学》（台北）第八卷第五期。参见耿云志、崔志海《梁启超》，第五章第一节。

着帝国主义侵略掠夺的威胁，有更清醒的认识。

梁启超欧游所抱定的第一个目的是开拓眼界、寻求学问，实则包含对欧洲文明的真价值之考察，和对中国救国道路的探求两个部分，在这方面他有更大的收获。欧洲之行引起他的强烈震撼，使他心灵深处酝酿着一场"绝大的革命"。1919 年 6 月，他在英国写信给国内的弟弟梁启勋，报告他四个多月考察各地的感受："至内部心灵界之变化，则殊不能自测其所届。数月以来，晤种种性质差别之人，闻种种派别错综之论，睹种种利害冲突之事，炫以范象通神之图画雕刻，摩以回肠荡气之诗歌音乐，环以恢诡葱郁之社会状态，饮以雄伟矫变之天然风景，以吾之天性富于情感，而志不懈于向上，弟试思之，其感受刺激，宜何如者！吾自觉吾之意境，日在酝酿发酵中，吾之灵府必将起一绝大之革命，惟革命产儿为何物，今尚在不可知之数耳。"①

梁启超是在特殊时刻进行对欧洲的考察的，他到处目睹欧洲各国经历世界大战遭受严重破坏的现实。各国互相残杀的结果，欧洲人口死伤达三千万，法国失去壮丁近半数，到处满目疮痍。粮食及各种物品严重匮乏，物价飞涨，晚上连电灯照明都难以保证，进入冬季连取暖用煤都没有。诚如梁氏所言，连战胜国英法也"荆天棘地"。他又描述凡尔登战场留下的惨状，只好拿被维苏威火山毁成废墟的庞贝城相比拟。梁氏严厉谴责帝国主义国家间的野蛮残杀，痛斥文明人制造的武器造成的破坏比野蛮人不知要超出多少倍！他观察到欧洲战后劳资两大阶级之间矛盾更加尖锐，罢工风潮"看得见听得见的每月总有几次"，规模最大的英国铁路罢工，"简直就是两个敌国交战"。同时，他报道了一些欧洲人士对西方文明弊病的尖锐批评。大战以后，欧洲人对先前过分相信"科学万能"感到幻灭。"当时讴歌科学万能的人"，眼看科学不但没有给人类带来幸福，"倒反带来灾难"，因而"到如今

---

① 丁文江、赵丰田《梁启超年谱长编》，上海人民出版社，1983 年版，第880—881 页。

却叫起科学破产来"。①最典型的是美国记者赛蒙和梁启超谈话，他不赞成把西方文明输入中国，而说他"回去就是关起大门老等，等你们把中国文明输进来救拔我们"。②可见大战灾难确实给西方思想界带来危机。梁氏在篇末所讲欧洲人愁着物质文明的破产，等着用中国文明去超拔他们，其导因也正在这里。

（二）社会成员的自主自觉精神，
是欧洲进步的不竭源泉

尽管梁启超目睹了欧洲"文明国家"互相厮杀造成的惨祸和战后种种矛盾，并耳闻一些欧洲人士的悲观论调，然而，他在书中仍然明确地表达了对欧洲前途的信心。最重要的原因在于，梁启超经过一番考虑，认识到欧洲文明以往取得的巨大进步，如优越的社会组织，发达的产业，先进的科学技术，各种学说的创造等等，其根基立在下层民众的自主自觉意识和"个性发展"，使社会进步和文明建立在大多数人的基础之上。因此，这次大战虽然使战胜国和战败国都陷于一蹶不振的境地，但绝不会如同历史上的埃及、希腊、罗马那样，造成以往灿烂文明的终绝。梁启超断言，欧洲的文明"是建设在大多数人心理上，好像盖房子从地脚修起，打了个很结实的桩儿，任凭暴风疾雨，是不会动摇的"。③他把欧洲民众发挥自主自觉意识的文化特征概括为"群众化"，并作了颇有深度的分析："欧洲百年来物质上精神上的变化，都是由'个性发展'而来，现在还日日往这条路上去做。他和古代中世乃至十八世纪前的文明，根本上有不同的一点，从前是贵族的文明、受动的文明，如今却是群众的文明、自发的文明。从前的文明是靠少数特别地位特别天才的人来维持他，自然逃不了'人亡政息'的公例；今世的文明，是靠全社会一般人个

---

①②③　梁启超《欧游心影录》，《饮冰室合集》专集之二十三，中华书局，1989年版，第12、15、16页。

个自觉、日日创造出来的，所以他的'质'虽有时比前不如，他的'量'却比从前来得丰富，他的'力'却比从前来得连续。现在的欧洲，一言以蔽之，万事万物，都是'群众化'。"[1]

现代文明的创造依赖于社会成员发挥自觉精神，这样，政治的民主、良好的秩序、物质的富裕等才有广泛而坚实的基础，成为推动社会进步的不竭源泉。梁启超早年著《新民说》，正是希望在中国造就出这样有责任感和创造力的现代国民。他在欧洲，特别重视从所见所闻的社会现实中，发现和感受"民众自主自觉"的精神，因为这些正是他反思中国文明的特点和缺点，思考改造国民性和探索中国前途的重要参照系。在法国兰士，正遇到当地驻军连队在广场上举行授勋仪式，由高级军官代表总统向两名负伤士兵授予勋章，场面隆重、热烈，他十分重视这种做法，认为其确能发挥出"国家主义下一种精神教育"的作用。在著名战地凡尔登，他了解到，当日两军激战时，法军总炮台里面宽敞的地下室内，竟还经常为士兵演电影、举行音乐会，还有一个设备完备的士兵消费协会，为士兵购买各种价格低廉的生活用品，由士兵自己组织，军官加入，由此，梁氏对法国士兵所表现出来的国民高度自治能力和民主管理精神表示了由衷的赞叹！在另一著名战地梅兹城，梁氏最受感动的是这里将矗立起一座法国普通士兵的新铜像，取代被市民捣毁的过去德军所立德皇威廉一世的铜像。梁氏高度评价由此而体现的西方人重视下层民众意志的精神和现代欧洲"平民化"的时代趋势，说："我看了这铜像，觉得他用意真是深长美善。他表示出一国中历史上大事业，并不是一两位有名人做出来的，乃是大多数无名人做出来的。所以这个铜像，我叫他做'平民化'的铜像。其实欧美今后大势所趋，那件事不是平民化！这铜像不过一种显著的表征罢了。"[2]

---

① 梁启超《欧游心影录》，《饮冰室合集》专集之二十三，中华书局，1989 年版，第 16 页。

② 梁启超《欧游心影录》，《饮冰室合集》专集之二十三，中华书局，1989 年版，第 115 页。

（三）对中国文明前途的深刻思考

梁氏考察欧洲，更重要的目的在于探索中国如何才能富强的大学问。由于他相当深刻地认识到欧洲文明进步的基础在于民众的觉悟和能力，两相对照，学习欧洲文明的长处，提高中国人的自觉成为他思考的核心。《欧游心影录》"总论"下篇即以"中国人的自觉"为题，论述他对中国如何摆脱贫穷落后、寻求民族强盛之路的主张。

首先，梁氏提出"爱国"应与"世界眼光"联系起来："一面不能知有国家不知有个人，一面不能知有国家不知有世界。"即应确实知道世界局势，学习别人长处，赶上世界潮流，发奋努力，以期对人类全体文明做出更大贡献。[1] 当时，中国正处于北洋军阀统治的黑暗时代，社会弊病丛生，矛盾错综复杂，梁氏呼吁从西方文明曾经遇到巨大挫折、经受了考验、取得辉煌成功的历史，得到启示和借鉴，鼓舞中国民众在种种困难面前绝对不能悲观，而应该鼓起百倍勇气去争取光明前途。

其次，梁氏拿西方的法治精神、民众素质为对照，反思中国国民性的弱点，有力地加以针砭，强调培养法治精神发展个性的重要。继《新民说》之后梁氏在此篇中进一步警告中国人若不改变缺少团体意识的劣根性，必将无法在国际社会立足，"结果非被淘汰不可！"这就是需要借鉴、学习欧美人的组织能力和法治精神的原因。一者生活方式是"单调生活，不是共同生活"。二者国家和家族，长期是权力至上的人发号施令，"不容有公认法则来束缚他"，别人只能随时无条件服从。故"法治"二字，在从前社会，可谓全无意义。明乎此，更应该下大力气在国民中进

---

① 梁启超《欧游心影录》，《饮冰室合集》专集之二十三，中华书局，1989年版，第21页。

行教育、培养。① 他主张由市自治会、乡自治会这样的地方自治，来培养管理国家的兴趣和责任心。

再次，梁氏呼吁"思想解放"，这与"五四"精神是相合拍的。他提出，对于什么问题都要穷竟原委，求出个真知灼见，不受束缚。欧洲现代文明，都从"自由批评"产生出来，由自己的审择——批评，而必然引起别人的审择，由此便开了思想解放的路，互相浚发，互相匡正，真理日明，世运日进。杰出人物的学说，必定是首先摆脱古代思想和并时思想的束缚，独立自主研究，才立出一家学说。而中国学术的衰落、停顿，正是由于长期受到"定于一尊"的束缚、禁锢之结果。"真金不怕红炉火"，针对各种问题敢于发表不同见解，自由进行批评，可以刮垢磨光，越发显出真价值。② 对于当时受人注意的"社会主义"理论，梁氏也直率地发表了自己的看法。他认为从国民生计上来看，这自然是现代最有价值的学说，国内提倡新思潮的人开始渐渐地注意研究它，也是很好的现象。但他主张区分精神的方法和实行的方法。其精神（即原则上）"是绝对要采用的"；至于实行的方法，那就各国各时代种种不同，"采用的程度如何，总要顺应本国现时社会的情况"。具体而言，不同意有人所主张现在中国应注重生产问题而先不管分配问题。他主张"一面用全力奖励生产，同时眼光并须顾及分配"。梁氏对当时阶级的现状分析，并未能抓住要领，主张最好能避免发生社会革命。但他不反对社会主义原理，而提出应根据中国实际情况行事，实则主张首先大力发展中国的民族资本工业，同时兼顾工人的利益，兼顾分配问题，"力求分配趋于公平"，"令小资本家以至赤贫的工人，都有正式的防卫的武器"，认为"这便是目前坦坦平平的一条大路"，③ 这种认识却是有正确的成分。

① 梁启超《欧游心影录》，《饮冰室合集》专集之二十三，中华书局，1989 年版，第 30 页。
② 梁启超《欧游心影录》，《饮冰室合集》专集之二十三，中华书局，1989 年版，第 25—26 页。
③ 梁启超《欧游心影录》，《饮冰室合集》专集之二十三，中华书局，1989 年版，第 32—34 页。

最后，梁启超提出中国文化发展的前景："拿西洋文明来扩充我的文明，又拿我的文明去补助西洋的文明，叫他化合起来成一种新文明。"他批评对传统文化盲目崇拜和虚无主义两种态度，同时提出总结、发挥中国文化应借西方文化做途径，因其方法严密，而且思想解放有久远传统，内容丰富，很值得参考。具体来说，他对中国文化的发展规划了四个步骤："第一步，要人人存一个尊重、爱护本国文化的诚意；第二步，要用那西洋人研究学问的方法去研究他，得他的真相；第三步，把自己的文化综合起来，还拿别人的补助他，叫他起一种化合作用，成了一个新文化系统；第四步，把这新系统往外扩充，叫人类全体都得着他好处。"① 面对中西文化的各种复杂问题，梁氏洞察利弊，高屋建瓴，理出了清晰的思路，主张一方面要充分尊重自己的文化传统，另一方面要大力学习和运用西方的先进学理和科学方法，对我们的原有文化进行有系统的总结，并吸收西方文化的优良东西来补充，最终达到东西方文化融合，创造出一种新文化，扩充到世界，为全人类做出贡献。——他的设计方案鲜明地不同于文化的保守主义和民族虚无主义，突出地体现出辩证思想和"不懈地向上"的精神，这种对中西文化问题的自觉认识，无愧是代表了五四时期的时代智慧。

（原刊《学术研究》2003 年第 7 期）

---

① 梁启超《欧游心影录》，《饮冰室合集》专集之二十三，中华书局，1989 年版，第 35—37 页。

四、梁启超生平著述年表

1873 年　同治十二年癸酉　出生

正月二十六日（阳历 2 月 23 日），梁启超出生于广东省新会
县熊子乡茶坑村。祖父梁维清（1815—1892），号镜泉，郡
生员。父梁宝瑛（1849—1916），字莲涧，屡试不第，在本
地教私塾。母赵氏，粗知诗书。

此年，康有为（1858—1927）十五岁。

1876 年　光绪二年丙子　三岁

从祖父及母亲受四子书、《诗经》。祖父又常向他讲古豪杰哲
人嘉言懿行，尤喜举亡宋、亡明国难之事。

1878 年　光绪四年戊寅　五岁

从父读书，受中国略史。五经卒业。

1880 年　光绪六年庚辰　七岁

学习作文。

1881 年　光绪七年辛巳　八岁

已能写千言文章。

1882 年　光绪八年壬午　九岁

年初赴广州应童子试。归途于舟中吟诗，语出惊众。

1883 年　光绪九年癸未　十岁

读到张之洞的《书目答问》，大大增长了文献目录知识。

1884 年　光绪十年甲申　十一岁

第二次到广州应学院试，考中秀才，补了博士弟子员。日治帖括，虽对此不喜爱，"然不知于帖括外，更有所谓学也"。而颇喜词章，祖父及父母常教他唐诗，嗜之过八股。家贫，无书可读，惟有《史记》《纲鉴易知录》各一部，祖父每日课读，故《史记》文章能诵者十有八九。长辈有人爱其聪慧，赠以《汉书》、姚鼐《古文辞类纂》，大喜，读之卒业。

此年，中法战争爆发。

1885 年　光绪十一年乙酉　十二岁

入广州学海堂读书，在这里一直学习到十六岁。学海堂以训诂词章课业，梁启超所从业的老师吕拔湖等，虽不是名学者，但于汉学却有根基，故梁启超在这里受到训诂考据的训练，"乃决舍帖括以从事于此，不知天地间于训诂词章之外，更有所谓学也"。

1888 年　光绪十四年戊子　十五岁

取得学海堂正班生资格，同时又做菊坡、粤秀、粤华等书院的院外生。

此年十一月，康有为第一次向光绪帝上万言书请求变法。未达。

1889 年　光绪十五年己丑　十六岁

在学海堂经四年苦读，学业出众，此年专科生季课大考，四季皆第一。

八月，应广东乡试，中举人第八名。主考官为李端棻。

1890 年　光绪十六年庚寅　十七岁

春，赴京会试，不第。归途经上海，购得《瀛寰志略》，"始知五大洲各国"，且见上海制造局所译西书。

回学海堂读书。因同学陈千秋（学海堂高才生），拜谒刚刚上书不达、从北京回粤的康有为，执弟子礼。康以大海潮音，"取其所挟持之数百年无用旧学更端驳诘，悉举而摧陷廓清之"。梁觉冷水浇背，当头一棒。次日，康教以陆王心学，而并及史学、西学之梗概。"自是决然舍去旧学，自退出学海堂，而间日请业南海之门。生平知有学自兹始。"

1891 年　光绪十七年辛卯　十八岁

康始讲学于万木草堂，梁从就读。"先生为讲中国数千年来学术源流，历史政治，沿革得失，取万国以比例推断之。"梁则"与同学日札记其讲义"，自称"一生学问之得力，皆在此年"。康"又常讲佛学之精奥博大"。

与闻康氏大同学说。时康著《新学伪经考》，梁从事校勘；著《孔子改制考》，梁从事分纂。康日课又授宋元明儒学案、"二十四史"、《文献通考》等，"而万木草堂颇有藏书，得恣涉猎，学稍进矣"。

十月，入京，与李蕙仙结婚。

本年，始交夏曾佑。

1892 年　光绪十八年壬辰　十九岁

二月，入京会试，不第。夏，南归后仍在万木草堂受业。于国学书籍外，购得江南制造局译书及傅兰雅辑《格致汇编》等。

1893 年　光绪十九年癸巳　二十岁

冬，讲学于东莞。讲学期间，作《读书分月课程》以教门人（系据康有为《长兴学记》改编）。

与陈千秋同为万木草堂学长。至此学于草堂者三年。

1894 年　光绪二十年甲午　二十一岁

客居北京，与京国所谓名士多所往还。六月，甲午战争起，惋愤时局，有时发表对时局的见解，但其时未被重视。更努力读译书，治算学、地理、历史等。十月，归粤。

此年十月，孙中山在檀香山创立兴中会。

1895 年　光绪二十一年乙未　二十二岁

春，与康有为同赴北京会试，不第。

二月，中国在战争中失败。三月二十三日，清廷签订卖国的《马关条约》。二十八日，梁发动广东、湖南两省举人上书都察院，要求拒绝和议。四月，康有为发动十八省应试举人一千多人"公车上书",请求拒和、变法等项。六月,康在北京创办《万国公报》(后改名《中外纪闻》),由梁启超、麦孟华等编辑。七月,协助康有为在北京组织强学会,任书记员(强学会于十二月被清廷封禁)。

是年,结识谭嗣同,及陈炽、沈曾植等。

1896 年　光绪二十二年丙申　二十三岁

三月,梁应康之召,由京到沪,初交黄遵宪。梁与黄及汪康年,以上海强学会(上年成立后被封禁)余款作资金,筹办《时务报》。至七月正式发行,梁任主笔。梁在报上发表《变法通议》中《自序》《论不变法之害》《论变法不知本原之害》《学校总论》等篇,及《论中国积弱在于防弊》等文,论证变法是"天下之公理",变法才能"保国、保教、保种"。《时务报》风行海内,数月之内行销至万余份,"举国趋之,如饮狂泉"。时人以"康梁"并称,"新会梁启超"之名传扬遐迩。

本年结识严复,严氏译成《天演论》,未刊之前即持以示梁。此年还撰有《论中国宜讲求法律之学》《古议院考》《论报馆有益于国事》《西学书目表序例》《西学书目表后序》《说群序》《波兰灭亡记》等。

1897 年　光绪二十三年丁酉　二十四岁

仍任《时务报》主笔,继续在报上发表《变法通议》中《论科举》《论学会》《论师范》《论译书》等篇。五月,所辑《西政丛书》出版,内容包括史志、官制、学制、公法、农政、工政、商政、兵政八门,"介绍西人所以立国之本末",共三十二册。

因张之洞对《时务报》横加干涉,梁与汪康年矛盾激化。至十月,梁愤而离沪,就任湖南时务学堂总教习,学生中有蔡锷、林圭、李炳寰、蔡钟浩等。教学内容是:公羊学说、变法理论、西学。在学生中宣传中国历代王朝"间有数霸者生于其间,其余皆民贼"。顽固派人物、湖南劣绅王先谦、叶德辉诬蔑维新派为"灭圣经","堕纲常"。

此年，谭嗣同间月由南京到上海，所著《仁学》每成一篇，均与梁讨论，并共治佛学。

本年还撰有《论君政民政相嬗之理》《论中国之将强》《治始于道路说》《倡设女学堂议》《试办不缠足会简明章程》《史记货殖列传今义》《春秋中国夷狄辨序》《日本国志后序》《读日本书目志书后》《新学伪经考叙》《南学会叙》《知耻学会叙》《医学善会叙》《复友人论保教书》等。

1898 年　光绪二十四年戊戌　二十五岁

正月，大病，离湘赴沪就医。二月，辞《时务报》主笔职务。大病初愈，至北京。

三月，康在京成立保国会。梁于保国会第二次集会时"以笔代舌"，呼吁举国四万万人奋起救亡。四月，光绪帝下诏，宣布变法，"百日维新"开始。三月，光绪帝召见梁，命呈《变法通议》，赏六品衔，办理京师大学堂译书局事务。维新变法期间，梁协助康有为倡行新政。

八月初六日（阳历 9 月 21 日），政变发生。梁于当晚避入日本公使馆，旋乘日轮逃亡日本。八月十三日，谭嗣同等"六君子"遇害。

十一月，梁启超与冯镜如等在日本横滨创刊《清议报》（旬刊）。先后发表有关政变事件的文章数篇，刊于《清议报》中，后来合成为《戊戌政变记》一书。

本年还撰有《读春秋界说》《读孟子界说》《公车上书请变通科举折》《清议报叙例》《仁学序》《译印政治小说序》《纪年公理》《说动》《论湖南应办之事》及小说《佳人奇遇》等。

1899 年　光绪二十五年己亥　二十六岁

二月，梁在日本箱根学日文，大量阅读日本所译西书（如孟德斯鸠著作）和日本维新思想家（如福泽谕吉）的著作，深受影响，自称"思想言论，与前者若出两人"。

梁于夏、秋间，与孙中山交往日密，讨论政治、种族等项问题，言论趋于激烈，"渐赞成革命"，且曾有联合立会之计划。康获悉后，令梁即赴檀香山办理保皇事务。十一月，梁离横滨至檀香山。

本年，始作《自由书》。又撰有《论中国人种之将来》《论支那宗教改革》《国民十大元气论》《爱国论》《商会议》《论商业会议之益》《论内地杂居与商务关系》《瓜分危言》《亡羊录》（一名《丙申以来外交史》）《论近世国民竞争之大势及中国前途》《论中国与欧洲国体异同》《论支那独立之实力与日本东方政策》《各国宪法异同论》《论学日本文之益》等。

1900 年　光绪二十六年庚子　二十七岁

居檀香山半年。倡议成立保皇会。其间曾致书康有为，力辩欲"救时"首先必倡"自由"，"不受古人之束缚"，且批评其师只开民智、不讲民权。

此年，义和团起义爆发。七月，八国联军侵略中国。

七月，梁曾因参与策划自立军事件，由日抵沪，逗留十日。后因自立军起义失败，梁转赴新加坡晤康有为。八月后，游历澳洲半年。

此年底，清廷公布"变法上谕"，伪称"维新"。

本年撰有《立宪法议》《少年中国说》《十种德性相反相成义》《论今日各国待中国之善法》等。自上年，梁撰文常署名"哀时客"，自撰《少年中国说》后，改署"少年中国之少年"。

1901 年　光绪二十七年辛丑　二十八岁

四月，由澳抵日，发表《中国积弱溯源论》，运用近代资产阶级社会学说，从思想上、风俗上、政治制度上分析造成中国衰弱的原因。又撰《中国史叙论》，强调近世史家的任务根本不同于旧史家，近世史家必说明历史的因果关系，"探察人间全体之运动进步，即全部国民之经历，及其相互之关系"。

七月，清政府签订卖国的《辛丑条约》。

十一月，《清议报》出版一百册后，因火灾停刊。

本年，又撰有《国家思想变迁异同论》《尧舜为中国中央君权滥觞考》《过渡时代论》《灭国新法论》《清议报一百册祝辞并论报馆之责任及本馆之经历》《南海康先生传》《霍布士学案》《斯片挪莎学案》《卢梭学案》《中国四十年来大事记》（一名《李鸿章》）等。

1902 年　光绪二十八年壬寅　二十九岁

正月，于日本创办《新民丛报》（半月刊）。自创刊号开始发表《新民说》，本年陆续刊出十五节。梁氏强调国家富强直接依赖于民众的觉悟和能力，"国也者，积民而成"。又发表《保教非所以尊孔论》，阐述保教之说不利于救亡图强的事业，不利于思想的自由发展。

又发表《新史学》《论中国学术思想变迁之大势》。前者对旧史进行激烈批判，倡导"史界革命"，初步提出 20 世纪中国资产阶级史学的理论主张。后者是运用进化论观点，对几千年中国学术思想发展的阶段和趋势作出阐述。

四月，黄遵宪致信梁启超，称道梁氏文章"惊心动魄，一字千金。人人笔下所无，却为人人心中所有，虽铁石人亦应感动。从古到今，文字之力之大，无过于此矣"。十月，《新小说》创刊，梁氏发表《新中国未来记》等小说。

本年著述极多，还有：《论学术之势力左右世界》《新民议》《中国改革财政私案》《教育政策私议》《释革》《论宗教家与哲学家之长短得失》《中国专制政治进化史论》《论专制政体有百害于君主而无一利》《论立法权》《论政府与人民之权限》《论小说与群治之关系》《论民族竞争之大势》《中国史上人口之统计》《论佛教与群治之关系》《论教育当定宗旨》《政治学学理摭言》《亚洲地理大势论》《地理与文明之关系》《格致学沿革考略》《三十自述》《生计学学说沿革小说》《论希腊古代学术》《亚里士多德之政治学说》《进化论革命者颉德之学说》《近世文明初祖二大家之学说》《天演论初祖达尔文之学说及其略传》《法理学大家孟德斯鸠之学说》《乐利主义泰斗边沁之学说》，以及《张博望班定远合传》

《赵武灵王传》《匈牙利爱国者苏噶士传》《意大利建国三杰传》《罗兰夫人传》《斯巴达小志》《雅典小史》，小说《世界末日记》《劫灰梦传奇》《新罗马传奇》《十五小豪杰》。

1903 年　光绪二十九年癸卯　三十岁

正月，离日赴北美。先抵加拿大，后到美国，至十月归抵日本。三月时，曾致信徐勤，云"中国实舍革命外无别法"。闰五月，上海"苏报案"发生。梁氏由此称此后"乃益不敢复倡革义矣"。由美归后，言论大变，称："共和共和，……吾与汝长别矣。"

本年撰有《近世第一大哲康德之学说》《政治学大家伯伦知理之学说》《论中国国民之品格》《论独立》《服从释义》《说希望》《敬告我国国民》《日本之朝鲜》《二十世纪之巨灵托辣斯》《新大陆游记》（附《华工禁约》《夏威夷游记》《游台湾书牍》）等。

1904 年　光绪三十年甲辰　三十一岁

正月，曾赴香港参加保皇大会。后秘密抵沪，遂返抵日本。筹办《时报》。四月，作《时报》之《发刊词》。

本年撰有《中国历史上革命之研究》《中国法理学发达史论》《论中国成文编制之沿革得失》《外资输入问题》《中国货币问题》《余之死生观》《子墨子学说》，开始编撰《中国通史》，成稿二十万言。又撰有《朝鲜亡国史略》《中国之武士道》《中国国债史》《中国殖民八大伟人传》。

1905 年　光绪三十一年乙巳　三十二岁

二月，挚友黄遵宪卒，梁在《饮冰室诗话》中一再深深表示悼念，并评价黄在近代诗歌史上的成就。

七月，以孙中山为首的同盟会在东京成立。十月，革命派与改良派展开论战。

本年撰有《重印郑所南心史序》《驳某报之土地国有论》《关税权问题》《世界史上广东之位置》《俄国革命之影响》《越南小志》《越南亡国史》《德育鉴》《郑和传》。

1906 年　光绪三十二年丙午　三十三岁

正月，发表《开明专制论》，反对革命，主张实行开明专制。
十一月，致信康有为，称与革命死战为第一义，与政府死战
犹是第二义。

本年还撰有《答某报第四号对新民丛报之驳论》《申论种族
革命与政治革命之得失》《现政府与革命党》《暴动与外国干
涉》《中国历史上民族之观察》。

1907 年　光绪三十三年丁未　三十四岁

夏，为筹组政党事奔走于上海、神户、东京间。九月，政闻
社机关报《政论》创刊于东京，梁撰《政闻社宣言书》。同
月，政闻社在东京成立，马相伯任总务员，实际上由梁
操纵。

十月，《新民丛报》出九十六号后停刊。时已"革命论盛行
于国中"。

本年撰有《社会主义论序》《世界大势及中国前途》《政治
与人民》《国文语原解》。

1908 年　光绪三十四年戊申　三十五岁

年初，政闻社本部迁至上海。至七月，清政府诏禁政闻社。
此后，梁一度"专务著述"。

十月，一直处于囚禁中的光绪帝卒，溥仪即位，改元宣统，
次日西太后那拉氏死。梁曾策划倒袁世凯。

本年撰有《中国古代币制考》《王荆公》《中国国会制度私
议》。

1909 年　宣统元年己酉　三十六岁

三四月间，著《管子传》《财政原论》。曾向弟启勋表示：
"兄前此诸学，悉泛滥涉猎，无一专精，故无所得，今虽不
尽除好博之病，然稍稍定所归向，大约国法与生计二学，为
我巢穴矣。"

十一月，十六省谘议局代表在沪开会，决定成立国会请愿同
志会，梁深深卷入。

本年还撰有《张恰铁路问题》《城镇乡自治章程质疑》《论
各国干涉中国财政之动机》。

1910 年　宣统二年庚戌　三十七岁

正月,《国风报》创刊,梁撰《国风报叙例》。

五月,梁撰文批评清政府阻扰召开国会,呼吁社会各界投入请愿。十月,清政府宣布将预备立宪期由九年改为五年,梁撰《感言》予以抨击,警告若不速开国会,则将来世界字典上,决无"宣统五年"一词。

本年大量撰述,大都集中在法制与财政问题,有:《发行公债整理官钞推行国币说帖》《论国民宜亟求财政常识》《各省滥铸铜元小史》《论中国国民生计之危机》《公债政策之先决问题》《地方财政先决问题》《论地方税与国税之关系》《国民筹还国债问题》《再论筹还国债》《论直隶湖北安徽之地方公债》《论币制颁定之迟速系国家之存亡》《币制条议》《节省政费问题》《外债平议》《国家运命论》《说常识》《说政策》《为国会期限问题敬告国人》《宪政浅说》《国会与义务》《责任内阁与政治家》《官制与官规》《外官制私议》《中国外交方针私议》《国会开会期与会计年度开始期》《改盐法议》《中国国会制度私议》《现今全世界第一大事》《国风报叙例》《谘议局权限十论》《国会期限问题》《锦爱铁路问题》《米禁危言》《论政府阻挠国会之非》《资政院章程质疑》《评资政院》《将来百论》《改用太阳历议》《说国风》(上、中、下)及《朝鲜灭亡之原因》《日本并吞朝鲜记》。

1911 年　宣统三年辛亥　三十八岁

三月,黄兴发动广州起义失败。梁作《粤乱感言》,称在今日之中国,持革命论与持非革命论都"不能自完其说",后者更甚。

八月十九日(阳历10月10日),武昌起义爆发,一举成功。梁于次月撰《新中国建设问题》,认为英国式的"虚君共和政体"最适宜于中国。

九月,清廷宣布开放党禁。当月,梁离日返国,至沈阳,觉形势于己不利,又折回日本。同月,袁世凯组成"责任内阁"。梁曾表示,愿与袁"分途赴功,交相为用"。

本年撰有《中俄交涉与时局之危机》《论边防铁路》《中国前途之希望与国民责任》《责任内阁释义》《时事杂感》《违制论》《欧洲战役史论》等。

1912 年　民国元年　三十九岁

1月1日（阳历，下同），中华民国成立，孙中山就任临时大总统。2月，清帝退位。同月，孙中山辞职，袁世凯任临时大总统。

4月，梁在《庸言》发表《中国立国大方针》，说："共和之局，则既定矣，虽有俊杰，又安能于共和制之外而别得治国之途？"四五月间，有请康有为退隐之意，康、梁政治分途。

8月，民主党成立，梁为首领。

10月，由日本抵北京。

本年撰文还有《箴立法家》《中国道德之大原》《政策与政治机关》《初归国演说辞》《治标财政策》《国民性》《罪言》《宪法之三大精神》等。

1913 年　民国二年　四十岁

3月，袁世凯派人在沪刺杀宋教仁。5月，进步党成立，梁为理事。7月，"二次革命"发生，后失败。

9月，梁任进步党"人才内阁"司法部长。

本年撰文有《暗杀之罪恶》《一年来之政象与国民程度之映射》《说幼稚》《读中华民国大总统选举法》《述归国后一年所感》等。

1914 年　民国三年　四十一岁

2月，任袁世凯政府币制局总裁，至12月辞去。辛亥后，梁、袁关系密切，屡受舆论抨击；此后关系疏远。年底，迁居天津。

此年8月，爆发第一次世界大战。

本年撰文有《币制条例理由书》《整理滥发纸币与利用公债》《良知（俗识）与学识之调和》等。

1915 年　民国四年　四十二岁

1月，任《大中华》总撰述，撰有《吾今后所以报国者》一文，表示今后当中止与一切政治团体之关系，以言论报国。

年初，日本提出灭亡中国的"二十一条"。5月，袁世凯接受日本侵略要求，全国愤起抗议。

夏、秋间，袁世凯策划恢复帝制。杨度、刘师培、严复等组织"筹安会"为袁"劝进"。军阀、官僚、无耻的政客一起鼓噪，闹得乌烟瘴气。梁撰《异哉所谓国体问题者》一文，痛斥恢复帝制的种种谰言。此文发表，有"摧陷廓清，如拨云雾而睹青天"的力量。

8月，与蔡锷在天津策划反袁大计。12月，袁世凯复辟帝制。梁离津南下至沪。蔡锷宣布云南独立，以护国军讨袁。护国军向全国发布的公文函电，多为梁氏起草。

本年还著有《余之币制政策》《告小说家》《菲斯的人生天职论述评》《中日交涉汇评》《痛定罪言》《伤心之言》《孔子教又实际裨益于今日国民者何在欲昌明之其道何由》《论中国财政学不发达的原因及古代财政学说之一斑》等。

1916 年　民国五年　四十三岁

3月，由沪辗转到广西。时方知袁世凯已被迫取消帝制。此后，梁任两广"护国军都司令部"都参谋。一再通电广西都督陆荣廷、北京参政院（议）长黎元洪及各省都督，坚主袁世凯退位。6月，袁世凯死。7月，南方军务院宣布撤销，南北形式上归"统一"。

本年撰有《袁政府伪造民意密电书后》《袁世凯之解剖》，揭露袁世凯的窃国丑剧。年底，将护国运动中所写文章公文函电，结成《盾鼻集》出版。

本年还撰有《曾文正公嘉言钞序》《扩充富滇银行以救国利商议》《国民浅训》等。

1917 年　民国六年　四十四岁

此年，一直在段祺瑞的内阁中周旋。

6—7月，张勋、康有为等扶清废帝溥仪复辟。梁启超通电反对复辟。同月，段祺瑞再度组织内阁，梁任财政总长。至11月，段内阁辞职。梁辞去财长职务。

本年撰有《政局药言》《外交方针质言》等。

1918 年　民国七年　四十五岁

此年大部分时间在天津著《中国通史》。其设想的体例，是由"载记""年表""志略""传记"四体综合而成。主要完成的有《春秋载记》《战国载记》，各约四万余字。写成后致信友人云："自珍敝帚，每日不知其手舞之足蹈之也。"近代史家张荫麟曾对此两篇评论说：如以质不以量言，非止可媲美中外名家，抑且足以压倒吉朋、麦可莱、格林诸家之作。现见于《饮冰室合集》中有《中国通史》的部分作品，还有《太古及三代载记》《纪夏殷王业》《春秋年表》《战国年表》《志三代宗教礼学》等。

11 月，俄国爆发十月革命。第一次世界大战结束。

年底，由沪赴欧洲游历。行前与友人谈话，对从前迷梦的政治活动表示"忏悔"，说今后"要从思想界尽些微力"。

1919 年　民国八年　四十六岁

5 月 4 日，国内爆发了五四爱国反帝群众运动。

自 2 月起，在欧洲游历。4 月底，曾为中国出席巴黎和会代表拒签和约事，由欧洲致电国民外交协会："请警告政府及国民，严责各全权，万勿署名，以示决心。"

在欧洲考察战时各处战地。先后至英国、法国、比利时、荷兰、瑞士、意大利。回巴黎后，又于 12 月抵柏林。先后记录见闻、感想达六七万言。经刻苦用功，能以英文略读书报。

1920 年　民国九年　四十七岁

年初由马赛归国，3 月抵沪。

3 月起，《欧游心影录》在报上连载。文中把中国旧文化视为拯救世界的法宝，说："我的可爱的青年啊，立正，开步走！大海那边有好几万万人，愁着物质文明破产，哀哀欲绝的喊救命，等着你来超拔哩。"

4 月，与蒋百里组织共学社，编辑新书。9 月，《解放与改造》杂志改名《改造》，梁撰发刊词。

本年刻意著述，著作甚多。《清代学术概论》影响最大，划分清代学术演变历程为启蒙期、全盛期及蜕分期三个阶段，论述各个阶段的发展趋势、时代条件和主要成就，做到巨细兼顾、分析精当，全文尚不足七万字，却被誉为是一部"无所不包"的著作。整理有《墨经校释》，撰有《老孔墨以后之学派》《太古及三代载记》《纪夏殷王业》《战国载记》《地理及年代》《志语言文字》《志三代宗教礼学》《佛教之初输入》《印度佛教概观》《翻译文学与佛典》《佛典之翻译》《读异部宗轮论述记》《说四阿含》《说"六足""发智"》《说大毗婆沙》《读修行道地经》等。

1921 年　民国十年　四十八岁

2 月，发表《复张东荪书论社会主义运动》，断言中国不存在劳动阶级，因此，"欲社会主义之实现，其道无由"。7 月，中国共产党成立，梁始终站在敌对方面。

秋，在天津南开大学讲《中国文化史》。10 月以后，在天津、北京各校作公开讲演多次。

本年继续用功著述，成《墨子学案》及《中国历史研究法》。前者认为墨子学说的最大价值，在于树立了舍己救人、"摩顶放踵利天下"的精神，二千年来深入于人心，成为民族生命力的一部分。后者进一步构建了中国近代资产阶级史学理论体系。还撰有《老子哲学》《中国历史上民族之研究》《政治运动之意义及价值》《历史上中华国民事业之成败及今后革新之机运》《自由讲座制之教育》《从发音上研究中国文字之源》《阴阳五行说之来历》等。

1922 年　民国十一年　四十九岁

3 月，讲学于清华学校。自 4 月起，至次年 3 月，梁在北京、济南、苏州、上海、南京、南通、天津等地巡回讲学，讲演的题目包括广泛的学术领域，如文化、历史、哲学、文学、教育、科学、美术，以至女权和政治等问题。前后为时一年，拥有广泛的听众。《科学精神与东西文化》即为其中一次讲演（在南通）的内容。本篇从东西文化对比的角度，评析传统文化中障碍科学发展的落后价值观念，又具体指出以往中国学术界在观念上和方法上存在的弊端。10月下旬赴南京东南大学讲学，后据讲义整理成《先秦政治思想史》，此书从历史的发展变化中去研究政治思想的演进蜕变，能密切地结合时代的条件，阐述社会思想由较低层级向较高层级的前进运动。并将中国先秦思想与古代希腊、罗马思想比较研究，得出中国古代思想"以研究人类现世生活之法理为中心"的结论。

本年撰有《中国韵文里头所表现的情感》《我对于女子高等教育希望特别注重的几种学科》《美术与科学》《趣味教育与教育趣味》《中学国史教本改造案并目录》《情圣杜甫》《教育与政治》《教育家的自由田地》《学问之趣味》《生物学在学术界之位置》《美术与生活》《敬业与乐业》《教育应用的道德公准》《五十年中国进化概论》《近著第一辑序》《屈原研究》《历史统计学》《人权与女权》《护国之役回顾谈》《什么是文化》《为学与做人》《作文教学法》等。

1923年　民国十二年　五十岁

年初，结束讲学，回到天津。2月，科学与人生观论战发生，梁参加论战。5月，撰《人生观与科学》诸文。7月至9月，先后在南开大学及清华学校讲学。10月，发起戴东原诞生二百周年纪念会。

本年撰《国学入门书要目及其读法》，对所列古代典籍分了大类，区别主次，并且以自己一生治学体会，用最简要的文字说明如何读法。对于重要的典籍，既介绍它在"国学"上的意义，对其时代内容或真伪作必要的评价，又将可供参考的后人研究成果介绍给读者。还撰有《陶渊明》《朱舜水年谱》《治国学的两条大路》《研究文化史的几个重要问题——对于旧著〈中国历史研究法〉之修补及修正》《东南大学课毕告别辞》《湘报序》《关于玄学科学论战之"战时国际公法"——暂时局外中立人梁启超宣言》《黄梨洲朱舜水乞师日本辩》《颜李学派与现代教育思潮》等。

1924 年　民国十三年　五十一岁

1 月，在北京召开戴东原生日二百年纪念会，撰《戴东原先生传》《戴东原哲学》，对这位反理学思想家的进步思想作了很高评价。

春季讲学于南开大学。4 月，会见印度诗人泰戈尔。

9 月，夫人李蕙仙病故。

本年，在讲稿的基础上整理成《中国近三百年学术史》一书出版。此书内容足与《清代学术概论》相发明，它所重在"史"的论述，更加全面而翔实地叙述一代学术发展的历史，是对前书的重要补充。书中用四章的篇幅论述《清代学者整理旧学的总成绩》，分别论述清儒在经学、小学及音韵学、校注古籍、辨伪书、辑佚书、史学、方志学、传记及谱牒学、历算学及其他科学、乐曲学等项的成就，尤便参考。

本年还撰有《中国之美文及其历史》《桃花扇注》《明清之交中国思想界及其代表人物》《印度与中国文化之亲属关系》《近代学风之地理分布》《非"唯"》《说方志》等。

1925 年　民国十四年　五十二岁

3 月 12 日，孙中山在北京逝世。梁前往吊唁。同月，坚决拒绝参加段祺瑞发起的宪法起草会。

9 月，开始主持清华研究院。又担任京师图书馆馆长。

本年，出版《要籍解题及其读法》，论述《论语》《孟子》《史记》《荀子》《韩非子》《左传》等十二部要籍著者（或编定者）的生平，思想内容的特点，主要价值，典籍的流传和影响等项。

本年还撰有《无产阶级与无业阶级》《沪案交涉方略敬告政府》《复余姚评论社论邵二云学术》《中华图书馆协会成立演说辞》等。

1926 年　民国十五年　五十三岁

年初，因病住院治疗。

本年，居北京，著《中国历史研究法补编》，是对其史学理论体系的重要补充。

又著有《王阳明知行合一之教》《先秦学术年表》《庄子天下篇释义》《荀子评诸子语汇解》《韩非子显学篇释义》《尸子广泽篇吕氏春秋不二篇合释》《淮南子要略书后》《司马谈论六家要旨书后》《汉书艺文志诸子略考释》《荀子正名篇》《中国考古学之过去及将来》等。

1927 年　民国十六年　五十四岁

年初，除继续任清华学校导师外，又在燕京大学兼课。

春，北伐军胜利进军，梁却感到惊惧。3 月，赴上海祝康有为七十寿辰。同月，康逝世，梁为其作祭文。

8 月以后，除清华任职外，完全摆脱其他事务治病休养，病情有所减轻。

本年，在讲义基础上整理《中国文化史·社会组织篇》，是近代对中国社会组织变迁史初步勾勒之作。又著有《儒家哲学》，通过对由古希腊哲学发源的西方哲学与中国哲学相比较，认为中国古代哲学"与其说是知识的学问，毋宁说是行为的学问"，故可称为"人生哲学"。"没有从论理学认识论入手"，则是"儒家哲学的缺点"。此书对自孔子至康有为，二千年儒家哲学的演变，作了纵贯分析。又著有《古书真伪及其年代》，此书是在两宋、明、清学者成就的基础上，对于辨伪学的总结性著作。

1928 年　民国十七年　五十五岁

1 月及 4 月，因病住院治疗。随后，即因病辞去清华研究院导师职务和其他事务。9 月，尤抱病作《辛稼轩先生年谱》，成十之七八。至 10 月，病重绝笔。11 月底，住院治疗。

1929 年　民国十八年　五十六岁

1 月 19 日，病逝于北京协和医院，终年五十六岁。

梁氏论著汇编刊印，始于光绪二十八年（1902）何擎一编，上海广智书局出版的《饮冰室集》。第二次，用分类体，光绪三十一年（1905）印于日本东京金港堂，国内由上海商务印书馆发行。同年，广智书局也用分类体作第三次出版。民国四年（1915），中华书局作第四次编印，也仍取分类体。

次年，商务印书馆收《新民说》等十三种，称为《饮冰室丛书》，为第五次编印。民国十四年（1925），其侄梁廷灿重编，按时期先后，分为五集，每集再按文字性质略为区分，由中华书局印行，这是第六次。目前通行的《饮冰室合集》，为梁氏友人林志钧编辑，杨树达、陈寅恪帮助校订，出版于民国二十一年（1932）（1936 年、1941 年两次重版，最近又由中华书局影印出版）。《饮冰室合集》共四十册，一百四十八卷，分文集、专集两部分，大体按年编排。"文集"包括文七百余篇，诗话一种，诗词三百余首。"专集"基本上是各种专著，共有一百零四种。

（选自陈其泰、陆树庆、徐蜀编《梁启超论著选粹》，广东人民出版社 1996 年版）

跋　语

读书治学之路崎岖曲折

却又充满欣喜格外充实

大学里种下梦想

研究生阶段幸遇名师指导

从此走进学术殿堂

深深庆幸自己赶上这伟大时代

沐浴着学术发展的大好春光

刻苦自励辛勤耕耘

三十几个寒暑

三百万字篇章

抒写我对祖国优良文化传统的挚爱

对新世纪学术灿烂前景的渴望

　　上面这段话，表达了我编完《史学萃编》全书后的真切感受。直至此刻，我的心中仍然洋溢着殷切的感激之情，因为这九种著作的相继撰成和全书汇集出版，论其根源都应得力于时代之赐！这也正如我在最近完成的《历史学新视野——展现民族文化非凡创造力》一书后记中所言："置身于这个伟大的时代，我才有真情、有毅力为深入发掘和理性对待祖国优秀传统文化而接连写出这些论著，并且充满乐观和深情地展望我们民族的未来。"

北京师范大学历史学院对本书的汇集出版给予了宝贵的大力支持。华夏出版社对全书出版予以热心帮助，责任编辑杜晓宇、董秀娟、王敏三位同志为编校工作付出很大心力。为这九本书稿做查核引文、校正错字、规范注释的工作甚为复杂繁重，幸赖各位教授、博士热心为我帮忙，细致工作，付出很大心力，他们是：晁天义、张峰、刘永祥、屈宁、焦杰、李玉君、张雷、施建雄、宋学勤、谢辉元。谨在此向以上单位和朋友郑重表示衷心的谢忱！夫人郭芳多年以来除尽力服务于其本职工作和照顾家庭之外，又为帮助我电脑录入、校对文稿等项付出辛勤的劳动，也在此向她深切致谢！

书中不当之处，诚恳地期望专家、读者惠予指正！

陈其泰

2017 年 8 月 12 日